宁波大学中国语言文学系学术文库

语海一得

兼及语言是什么

沈怀兴　著

浙江大学出版社

代　序

语言学的出路在哪里？

"中国现代语言学"这一术语，现在还没有一个公认的定义，本书中常用，指套用西方语言学理论研究汉语的学问。不引起混淆时简称"现代语言学"。

一、中国现代语言学研究的特点

从《马氏文通》问世算起，中国现代语言学产生至今已经 120 多年了。在这一个多世纪里，现代语言学的研究到底有哪些理论建树？20 世纪末出版的几部讲中国现代语言学史的书里讲了不少，但是不知道有多少是真正靠得住的。例如，其中一部书里把"联绵字/词"的发现及相关理论的创建说成 20 世纪汉语研究的重要贡献，却不知道汉语里没有他们说的"联绵字/词"，一个也没有。又如，我们作为世界上最为庞大的一支语言学研究队伍，却没能建立起一个语言学流派，也只能说明中国语言学研究没有多大的理论建树。有学者指出："国内语言学界没有流派，只有宗派。"

就连参加汉语研究学术研讨会，也得遵循"语言学原理"发声，殊不知通常说的"语言学原理"只是没有搞清楚语言究竟是什么的西方学者基于印欧语研究建立起的理论。遵循"语言学原理"发声，很明显是忽视了人文科学研究的中西文化差异性，[①]说到底就是自觉"以西化中"（参看南志刚，2006：65），自觉放弃了以求真为原则的汉语史研究与解释的权力。换言之，由于语言究竟是什么的问题尚未解决，世界上根本不存在具有普遍意义的语言学原理。如果连这一事实也不能正视，就不只是没有什么理论创新的问题了。

那么，中国现代语言学研究的实际情况是怎样的呢？潘文国（2008：96）指出："'语言学是一门领先的科学'这一论断在中国并没有得到体现。事实上，除了语言学家自己弹冠相庆之外，根本没有人感觉到它的存在。"[②]是不是潘氏言重啦？看看其他学者是怎么说的吧。

张世禄（1981）总结说："汉语语法学的建立，从开始到现在，已经快要一个世纪了。在这八九十年中间，研究、学习汉语语法的几乎全部抄袭西洋语法学的理论，或者以西洋语言的语法体系做基础来建立汉语的语法体系。"

吕叔湘（1987）总结说："过去，中国没有系统的语法论著，也就没有系统的语法理论，所有理论都是外来的。外国的理论在那儿翻新，咱们也就跟着转，机械地搬用乃至削足适履的事情不是没有发生。"但是，既然是"跟着转"，那么是在多大程度上"机械地搬用乃至削足适履"的呢？吕先生没有说，那就看其他学者是怎么说的吧。

张志公（1990）在总结"跟着转"的汉语研究之教训的基础上指出："以印欧语系的语言为基础而产生的语法框架和语言学理论，从根本上同汉语不适应。"果真如张先生所言，而且"外国的理论在那儿

---

① 关于人文科学研究的中西文化差异性问题，已有专论（详见沈怀兴、聂仁发《人文社会科学研究的时代性与中西文化差异性》，《宁波大学学报（人文科学版）》2020年第5期），本书不作详细论述。

② 确切地说是在世界各国都没有得到体现（参看后文），否则就得证明语言学的研究不需要知道语言究竟是什么，同时还得令人信服地列出语言学到底是在哪些方面领先了。至少那些鼓吹"语言学是一门领先的科学"的文章里没有列出确能令人信服的事实。

翻新，咱们也就跟着转"，那么汉语研究到底在多大程度上是"机械地搬用乃至削足适履"，已经无须精确计算了。所以直到张先生逝世前还说："实事求是地说，到现在为止，恐怕还没有任何一部是真正汉语的汉语语法。从引进以后，又亦步亦趋，人家有什么，我们就跟着引进什么。"（张志公，1995）这话实际上是在很大程度上否定了百年来"跟着转"的汉语研究，与前面所援引的他的观点是一致的。并且，张先生（1980、1983）在其他文章中早有这一类的表述。如果这种认识没有大问题，就更不用计较百年来"跟着转"的汉语研究到底在多大程度上"机械地搬用乃至削足适履"了，因为"到现在为止，恐怕还没有任何一部是真正汉语的汉语语法"。

又如，潘文国（2008：107）也指出：中国现代语言学研究的基本特点就是"全面打扫干净了自家的客厅，虔诚地到西方去迎请众神"，而且"离开了西方理论的术语，就不会说话了"（潘文国，2008：257）。潘先生这话看上去有点夸张，但是看看"跟着转"的汉语研究始终在西方语言学理论框架中转来转去，完全忽视了人文科学研究的中西文化差异性，就不难理解了。而且，张志公"到现在为止，恐怕还没有任何一部是真正汉语的汉语语法"之说也从一个侧面印证了潘先生的话。

总之，在上述四位名家眼里，"跟着转"的汉语研究就是人云亦云，依样画葫芦。清代赵翼有诗曰："只眼须凭自主张，纷纷艺苑漫雌黄。矮人看戏何曾见，都是随人说短长。"拿这首诗比喻百年来"跟着转"的汉语研究，比喻中国现代语言学研究，再贴切不过了！

二、汉语研究而"跟着转"的结果

将"跟着转"的做法及其结果对照一下，则有利于了解"跟着转"的基本情况及其实质。

　　从上引张世禄、吕叔湘、张志公、潘文国等名家对"跟着转"的汉语研究的评价看,随着时代的进步,学者们越来越敢讲真话了。特别是张志公先生的话更是发人深思。然则"跟着转"的汉语研究,其实践意义到底有多大? 张志公(1995)早就指出:"本来语言是很普通的东西,每个人从二三岁时就会说话,而学语法反而是越学越困难了,而且也没有什么用。"把张先生这话与前面所引各家的评论对照着看,也许没有多少人还会相信"跟着转"的汉语研究有着像现代语言学基础理论教科书里宣称的那些重要意义。

　　如果说张志公(1995)是从宏观角度评价现代语言学研究的结果,曹志耘(2010)则从微观角度说:"我从事语言研究工作已经二十多年了,现在还负责着一个语言研究所,但是我们研究这些东西到底有什么用? 我也主持着一个学术期刊《语言教学与研究》,每年出版 6 期,每期发表十几篇文章,该刊创刊 30 年了,已经发表 2000 余篇,这些文章到底有多少人看? 它们的价值体现在哪里? 我还担负着指导研究生的工作,但我能教他们些什么?"虽然这话与张先生说话的角度不同,但都是在说"跟着转"的汉语研究没有用,只是前者直言"没有什么用",后者说不知道其"价值体现在哪里",表述风格不同而已。

　　然而,岂止没有什么用呢? 近 20 年来,批评"跟着转"的汉语研究者越来越多,特别是指出现代语言学研究之危害者已不乏其人。其中,仅潘文国一人的反思性文章与专著就不下百余万言。潘氏从哲学、历史、文化学、语文教学、对比语言学以及语言研究的指导思想等多个角度初步考察了"跟着转"的汉语研究,不仅对其后果作了概括性论述,而且揭示出其所以然。例如,潘先生(2001)早就指出:索绪尔语言观指引下的现代语言学研究"给本世纪语言研究带来了灾难,它使语言研究脱离了使用它的母体——人,和使用它的环境——社会,成为实验室里供解剖的标本",可谓一针见血。特别其《危机下的中文》上编第三章各节所论当前汉语文教学的危机,如"外语式的母语教学""无声地读，无序地写""指挥棒下的无奈""所谓双语教学"
等，及其第四章各节所论汉语研究的危机，如"从领先学科到社会弃
儿""语法研究，想要爱你不容易""自绝经脉的'现代'研究""乐此不
疲地'跟着转'""故作超然的研究态度""对危机的麻木不仁"等，无不
入木三分，发人深省。甚至只看上录各节题目，就不难看出"跟着转"
的汉语研究之后果的严重性了。

如果说潘先生批评"跟着转"的汉语研究主要是宏观上的，是侧
重于面的考察、反思与批评，是多角度、多层面地讲述百年来"跟着
转"的汉语研究的基本情况及其后果，那么沈怀兴则是从微观角度考
察"跟着转"的汉语研究问题。他曾就汉语规范化、联绵字理论及其
实践、现行语言观及语言研究方法等问题进行调查研究，其讨论及批
评性文章、专著也不下百余万言。与潘先生的宏观研究相对照，可以
更清楚地看到现代语言学研究之问题的严重性。特别其《联绵字理
论问题研究》考察了现代联绵字理论产生、发展情况及其在汉语研究
中造成的理论混乱，《现代联绵字理论负面影响研究》依次考察了现
代联绵字理论流行期间在汉语词汇研究、汉语文教学与人才培养、词
典编纂与释义等各领域里造成的危害，可借以大致收到管中窥豹的
效果。值得注意的是，在"跟着转"的汉语研究领域里，这样的情况很
不少。特别像长期教学不是"真正汉语的汉语语法"（张志公语），[1]长
期推广"无法就范的规范"（傅懋勣语）[2]等等，其后果都相当严重。因
此，杨自俭（2006）曾经指出："中国语言学百年历史证明，中断自己的

---

[1]　直到1997年掀起的全国语文教学大讨论持续了近十年之后，那种"不是真正汉语的汉语语法"
才慢慢退出中学语文教学。但是其间半个世纪的"试错"造成的损失已经无法挽回了。

[2]　张志公（1957）曾经描述了现代汉语规范化运动中的一种场景："我确实知道有为数不少的编
辑和作家在语法书的分歧繁复到难以理解的术语和解释面前却步，有为数不少的学习小组不能把学习
坚持到底，还有为数不少的参加语法讲习班之类，结果是'乘兴而来，败兴而归'，因为他们发现，学了一
阵子之后，除去知道了一些术语、解释之外，在运用语言上'依然故我'。"这样的工作持续了数年，其损
失无法计算。后来，这场运动的"遗响"遇上改革开放的东风而逐渐息声。

传统、跟着外国的理论转是没有出路的。"

三、汉语研究而"跟着转"的原因

看来，百年来"跟着转"的汉语研究问题是有的，而且不少，甚至相当严重。为什么会是这样的呢？为什么至今还在"跟着转"呢？原因很多，下面先看两个主要原因。一个是不知道语言究竟是什么，一个是近代以来弱国弱民之文化自信缺失，致使崇洋心理填充。如果只有第一个原因，就像古代小学家那样，不管语言究竟是什么，只研究语文应用，其研究不仅对汉民族优秀文化的传承与发展发挥了无可替代的作用，而且在较大程度上满足了汉语社会广大民众的语文需要，不是像"跟着转"那样不仅"没有什么用"（张志公，1995），而且早已沦为"自绝经脉的'现代'研究"（潘文国，2008：103－106）。如果没有第一个原因，语言学家的确知道语言是什么，不是什么，即使文化自信缺失，一般也不会套用没有普遍意义的西方语言学理论研究汉语，自然不会像"跟着转"的汉语研究那样弊多利少。

因此，百年来所以"亦步亦趋，人家有什么，我们就跟着引进什么"（张志公，1995），始终"乐此不疲地'跟着转'"（潘文国，2008：106－113），除了不知道语言究竟是什么，而且文化自信缺失、崇洋心理过重之外，其他原因就都是次要的了。至于某些学者喜欢把"跟着转"或"亦步亦趋"说成"与国际语言学接轨"，就像"多么美的花纹！多么美的色彩！"之类（《皇帝的新装》），大概不是心里话。因为谁都知道，接轨是对接，哪里有跟在人家后面忙接轨的呀？再说，"跟着转"的危害都明摆在那里的呢。

其实，只要不是先入为主，就会清楚地看到，现代语言学的根本问题在于其元理论不成立，以至于语言符号系统论指引下的现代语言学研究不只是没有应用价值。那么，何以见得其元理论不成立？

例如，语言是人的，可是语言符号系统论里面却没有人的因素。尤其叶尔姆斯列夫对其理论支柱——语言基础关系论作了修改之后，就更没有人的因素了。如果不是受了崇洋心理的影响，又怎么会套用这样的语言观指引下建立起的语言学理论研究汉语呢？再说，索绪尔提出语言符号系统论的哲学基础是西方哲学中的本体论，而语言本体到底是什么？岂是所谓语言符号系统？是的话，其理论基石与理论支柱都靠不住（参看下文），何以证明其所谓语言符号系统是一种客观存在？还有，西方哲学家的本体论只是一种理论构想，能不能处处落到实处？一旦不能落到实处，像不知何谓语言本体那样，而与重实践、轻空谈、得鱼而忘筌的中国传统文化有没有本质性的区别？如果不是文化自信缺失、崇洋心理过重·只要看到这两种事实，大概一般的汉语研究者都不会"跟着转"了。遗憾的是，文化自信缺失、崇洋心理过重的"跟着转"者恰恰忽视了这两种具有决定性作用的事实。更令人遗憾的是，本来就不成立的现代语言学元理论与"跟着转"而来的次生理论通过教学、考试，培养出一代一代依样画葫芦的人才，继续"跟着转"。在这种情况下，如果国内现代语言学研究不是"跟着转"，倒是不可思议了。如果其理论意义、应用价值像现代语言学家们宣传的那样，就更不可思议了。

其实，只要联系语言实际进行具体考察，就会发现语言符号系统论的理论支柱是在想象的基础上穿凿附会创造的，对语言符号系统论没有什么支持力。[①] 但是，它却一直与语言符号系统论的理论基石——由想象而来的"音义结合是任意的"之说一起写进语言学基础理论教科书，贻误无数的受教育者。然而，如果已经知道语言是什么，不是什么，同时不是文化自信缺失、崇洋心理过重，肯定不会"跟

[①] 这个问题涉及的范围比较广，但是已有专论，其中部分内容已经公开发表（详见沈怀兴，2017），不再多说。

着转"。

再看语言符号系统论的理论基石——"音义结合是任意的"之说。这个问题已经有过专论(详见沈怀兴,2006),现在只举两个现实、常见且不容易引起争议的例子。例如,我们每个人都可以做个简单的实验:与人交谈时,话语中随意插上任意音义结合而成的"词",看看结果怎样。我曾经面对不同的年龄、性别、职业、文化层次的受话人做过多次实验,其结果是,不仅大大影响了自己表情达意的有效性,而且给受话人造成了理解障碍,以至于言语交际无法顺利进行。大家不妨也来做这么个实验看一看。一旦做过这个实验,大概再也不会轻信索绪尔"音义结合是任意的"之说了,[①]同时也不会再盲目套用语言符号系统论指引下基于印欧语研究建立起的语言学理论研究汉语了。

又如,如果语言符号的音义结合的确是任意的,为什么读汉文古书需要辨通假、正讹误而求本字?为什么从事古籍整理先要求得善本?为什么国学中还产生了一门校勘学?

只要注意到上述某一事实,同时多几分文化自信,少几分崇洋心理,多几分独立思考,少几分人云亦云,就不会迷信"音义结合是任意的"之说,不会轻信结构主义语言学理论,自然不会"跟着转"了。[②]

看来,关键是搞清楚语言究竟是什么,不是什么,同时找回文化自信,借以冲淡积淀了百余年的崇洋心理,并在此基础上从汉语实际出发,坚持让事实说话的原则做研究,而不是一味地盲从西方语言学理论而扭曲汉语事实。正像前面所言,在各国语言学家真正搞清楚语言

---

① 部分学者总喜欢模仿索绪尔的口吻说,同一事物在不同民族语言中有不同的名称,因而语言符号的音义结合是任意的。其实,那是在不知道语言究竟是什么而且偏执共时论情况下说的(参看沈怀兴《联绵字理论问题研究》第197—205页),不足为训。

② 这是因为,半个多世纪以来产生的语言学流派大多不同程度地受了语言符号系统论的影响,一般都与结构主义语言学有些关系,所以一些"语言学概论"教材中往往会指出结构主义语言学在学科中的基础性作用。

究竟是什么之前，世界上根本不存在什么放之四海而皆准的语言学原理。

语言观制约着语言学方法论，是决定语言学能否健康发展的重要因素。反映语言本质的语言观可以引领语言研究得出正确的结论，促进语言学健康发展；不能反映语言本质的语言观只能误导语言研究，使语言学成为"劣质的人文学"（参看戴浩一，2000）。上面通过对语言符号系统论这一现行语言观的简单考察，发现它的理论基石及理论支柱均由臆想而来，可知包括索绪尔、叶尔姆斯列夫在内的西方语言学家在语言符号系统论指引下基于印欧语研究建立起来的"普通语言学理论"缺乏坚实的客观基础，所以国内学者套用于汉语研究难以奏效。上文所介绍的吕叔湘、张志公、杨自俭、潘文国、曹志耘等学者的相关认识以及潘文国、沈怀兴对"跟着转"的汉语研究之后果的论述也从不同的角度证明了这一点。由此看来，国内汉语研究之所以"跟着转"，且形成百年传统，主要是由于不知道语言究竟是什么，同时文化自信缺失，崇洋心理过重。明乎此，就不会再迷信西方语言学理论了。

除了上面讲的两个主要原因之外，一些次要原因也在"跟着转"之传统形成过程中发挥了一定的作用，不妨简单提一提。

1. 学者要在语言符号系统论的框架内研究语言，就只能偏执共时论，从而不可避免地走上了反历史主义的道路。例如，索绪尔（《汉译本》1985：120）就曾要求："必须把产生这一状态的一切置之度外，不管历时态。"然而，在这种反历史主义的思想误导下的语言研究，往往会得出与客观事实不相符的结论，如所有被判为双音单纯词的"联绵字/词";①同时也会臆造出一些经不起事实检验的理论,就像无奇不有的现代联绵字理论那样。但是,受这种反历史主义思想熏陶的人大多从学生时代就已习非成是,也习惯于戴着共时的"墨镜"看问题。因此,遇上偏执共时论做研究所得出的错误结论或臆造的理论,一般不会用审视的眼光看它们,而是接受下来,其结果也就在一定程度上固化了"跟着转"的传统。

2. 包括语言学在内的人文学科研究的中西文化差异性一直没有引起中国现代语言学家的重视,"语言学无国界"之说被部分学者奉为不刊之论,这就消除了汉语研究者的责任意识,使之随波逐流,所以"西方的=科学的"之类囫囵认识在中国语言学界大有市场,这就等于给"跟着转"上了"保险"。这样一来,也就大大加固了"跟着转"的传统。

3. "跟着转"的汉语研究只是因为"时代碰巧在'现代'"(参看潘文国,2013),经过"现代"包装,称为"现代语言学",被罩上了"科学、进步、发展"的光环,以至于一般人不能较真儿或不便较真儿。并且,还有一些学者竭力鼓吹现代语言学研究的理论意义和实践意义,且写进语言学基础理论教科书,代代相传,这样两个方面的因素在共同发挥作用,也让"跟着转"的传统越来越牢固了。

4. 小学被"利用"。一般人不清楚小学与语言学是两门截然不同的学问,于是某些乘着"现代"东风的学者通过贬损小学来吹嘘现代

---

① 更荒唐的是,某些成见过深者看到有人考见被误判为双音单纯词的"联绵字/词"实际上是合成词,就说它语素融合了(或结构退化了),囫囵一团了,也不论证它的两个语素是怎么融合为一个语素的,什么时候融合为一个语素的。给读者的印象是,说它是单纯词,它就是单纯词;谁考见它是两个语素组成的词,那是因为他不知道它已语素融合了(或结构退化了),因为它已囫囵一团了,而考辨者却没有历史发展的眼光。但是,这在没有现代联绵字理论之成见者眼里,只能看到共时论负面效应的严重性。

语言学①；同时，一些语言学教材中喜欢把只有小学才有的功用说成语言学的功用。例如，帮助人们读懂古代经典以满足文化传承之需要、能够为语文教学提供理论方法上的支持等，本来都是小学的功用，与"研究语言的本质、结构和发展规律的学科"的语言学无关。否则，一些知名的现代语言学家读不懂古书的现象就不容易解释。又如，20世纪后半叶，现代语言学为语文教学提供的理论方法的支持很少无害。直到1997年，全国掀起语文教学大讨论，历时十年，中学语文教学中才不再受现代语言学理论方法的"支持"了。然而，在现行语言学基础理论教科书里，小学的这两大用途都被拉到语言学名下，于是"跟着转"的现代语言学又罩上了"实用"的光环。后生辈真假莫辨，也就"跟着转"了。换言之，"跟着转"后继有人，"跟着转"的传统"焕发青春"了。

5. 教育理念滞后于社会发展，应试教育虽然有其相对公平的一面，却不容易培养出独立思考、积极创新的人才。于是"跟着转"而来的语言学理论婢作夫人，继续误导后生辈，也大大增强了"跟着转"传统的生命力。

6. 浮躁的学风影响学者锐意求真，现有的科研管理制度却不能给予有效的引导或约束，致使根深蒂固的"跟着转"传统延续不衰。

7. 现代语言学界"言路不畅"，也是"跟着转"传统形成且日益稳固的原因之一。潘文国（2008：序言页5）指出："在中国学术界，语言学界是最不喜欢反思的，岂但自己不反思，而且反对别人反思。在世纪之交，语言学家们撰文总结20世纪的语言学史，就是一派歌舞升平气象，处处都是成绩，年年都在进步。"一边反对别人反思，一边歌

---

① 例如，《中国当代语言学丛书·出版者前言》（上海教育出版社2003年版）："中国语言学在20世纪二三十年代开始摆脱传统小学的樊篱，进入现代语言学的新阶段。"国内语言学界持这种观点者很多，说到底是既不懂小学，又不真懂现代语言学，不知道它们是本质上没有联系的两门学问。如果不是这样，就是在有意混淆视听。又如，《现代汉语词典》在"附庸"条的义项❷下释曰："泛指依附于其他事物而存在的事物：语言文字学在清代还只是经学的附庸。"持这种观点的人也不是真懂小学。

舞升平,误导后生,"跟着转"的弊害始终得不到正视,于是"跟着转"的传统更加稳固了。

然而,黄节在《李氏〈焚书〉跋》里说:"夫学术者,天下之公器。王者徇一己之好恶,乃欲以权力遏之,天下固不怵也。"《科学道德和学风建设宣讲参考大纲》(中国科学技术出版社 2012 年版,第 11 页)更是明确指出:要"完善学术平等机制,从制度层面支持学术争鸣,保护不同意见"。因此,与历史上一切消极的东西一样,看似根深蒂固的"跟着转"传统不是社会发展所需要的,所以注定会成为历史的。不过,如上所述,促使"跟着转"传统形成的原因错综复杂,互相联系,共同作用,以至于历经百年而不衰。对此,也应该有足够的思想准备——既要积极为语言学寻出路,为促使其健康发展做贡献;又要对促使"跟着转"百年传统形成的原因有个清醒的认识,随时准备迎接来自各个方面的考验。

四、语言学的出路

中国语言学的出路在哪里呢？一直有人在试图解决这个问题,但是见仁见智。如张世禄顺应潮流,倡言"始终抱定一贯的宗旨,就是采取西洋语言学的原理来说明中国语言和各种外国语的现象",并实践这一思想而编著《语言学原理》(商务印书馆 1930 年版),就是要把西方现代语言学理论横移过来指导汉语研究。这一思路实际上贯穿着整个中国现代语言学史,直到 20 世纪末出版的《二十世纪的中国语言学》一书的"内容介绍"中还说:"中国传统语言学科汲取西方现代语言学理论的营养,得到飞速发展。"[①]这种意见的突出特点是

---

① 《现代汉语词典》在"语言学"条下释曰:"研究语言的本质、结构和发展规律的学科。"从这个意义上讲,中国在 1898 年之前没有语言学,只有小学/传统语文学。今所谓"中国传统语言学",源于认识不清,以至于引发理论混乱,不利于汉语学健康发展。

"顺应潮流",可以看作"见智"的一种答案。但是,后来张先生却来了个一百八十度的大转弯,在其耄耋之年还特别著文呼吁"打破洋框框,建立自己的语法体系"(张世禄,1981)。这说明他当初主张"采取西洋语言学的原理来说明中国语言"的想法已经被实践证明行不通。再联系上文所引吕叔湘、张志公、杨自俭、潘文国、曹志耘等名家的观点以及本书作者的研究看,所谓"见智"的道路,或曰"跟着转"的道路,已经走不下去了,尽管主流派还在"跟着转"。

那么,语言学的出路到底在哪里呢?还有一种"见仁"的答案,虽然是"小众"的。那就是淡化崇洋心理,找回文化自信,从汉语实际出发做研究。

"见仁"的答案也很早。例如,早在 20 世纪 20 年代,就已有学者对模仿性的汉语研究提出批评,较有代表性的学者是陈承泽、胡以鲁。陈承泽在《国文法草创》(1922)第二章里面有明确反模仿的表述,胡以鲁在《国语学草创》(1926)中也主张研究汉语语法必须从汉语特点出发,尽管其书主要由模仿写成。

到了 20 世纪 30 年代,反模仿之声大大增强,并且注意落到实践中。陈寅恪是这方面较有代表性的学者。如他在 1932 年 8 月 17 日给傅斯年的信里说:"若马眉叔之谬种尚在文法界有势力,正须摧陷廓清","盖所谓文法者,即就其语言之特点归纳一通则之谓,今印欧系格义式马氏文通之文法,既不能用,合与中国语特点最有关之对子,而更用何最简之法以测验学生国文文法乎?"[①]这里不仅反模仿,而且力主就语言特点归纳文法通则。同年,陈先生给刘文典的信里还进一步指出:"从事比较语言之学,必具一历史观念,而具有历史观念,必不能认贼作父,自乱其宗统也。"批评了马建忠的做法,非其非

---

① 见陈寅恪《书信集》,生活·读书·新知三联书店 2001 年版,第 42 页。

而叹曰:"呜呼! 文通,文通,何其不通如是耶?"①总括陈先生观点:研究汉语必须从实际出发,坚持历史观念,采用比较语言学的方法,不能像马建忠著《文通》那样"认贼作父,自乱其宗统"。

20 世纪 40 年代反模仿而较有影响的是王力先生,其代表作《中国现代语法》(1943)是分析《红楼梦》等小说中语料写成的。不过,其理论框架大致是西方语言学的。

20 世纪五六十年代搞汉语规范化,是从语言使用上寻出路。由于是在语言工具论主导下工作,不可避免地走上了规定主义道路;同时又受了苏联语言政策的影响,以至于多遭诟病。例如,受苏联专家龙果夫、康拉德"帮助"制订的《暂拟汉语教学语法系统》用于教学,但是在实践中行不通,特别是现代汉语语法规范化最受诟病。说到其深层原因,一是所执行的规范标准缺乏坚实的汉语基础,实施中主要看"语言法官"的意愿;二是语言工具论没有揭示语言的本质,而且又被片面理解。

到了 20 世纪八九十年代,"'全方位'地开放,引进西方各种语言学"(潘文国,2008:107),同时中国文化语言学异军突起,代表性学者是申小龙。研究语言与文化的关系,强调语言的人文性,对在西方语言学理论框架内研究汉语的学术传统提出了尖锐的批评,认为中国现代语言学的产生与发展造成了文化断层(申小龙,a.1987),汉语的人文性与汉语研究的科学主义是中国现代语言学的症结所在(申小龙,b.1987)。

中国文化语言学产生发展十来年,随着申小龙受围攻而被"跟着转"的洪流所淹没,使读者看清了一个事实:开创汉语研究新局面的阻力之大出人意料,人们只看到"跟着转"的汉语研究弊多利少远远不够,还必须看到"跟着转"的势力大得可怕。加之"还是 XX 的月亮

---

① 见陈寅恪《书信集》,生活·读书·新知三联书店 2001 年版,第 160—161 页。

圆"的思想基础还在,这就在很大程度上保证了"跟着转"的传统继续存在。①

值得一提的是,中国文化语言学研究虽然自身不够成熟,且遭遇坎坷,却为寻求中国语言学的出路提供了新的视角。例如,20世纪90年代初,徐通锵为汉语研究寻出路而提出字本位理论,其合理的内核主要来自中国文化语言学研究。又如,近20年来反思派中较有影响的语言学家大多接受了中国文化语言学研究中合理的成分,特别是潘文国批评现代语言学研究的著作中,多有文化语言学的影子。

进入21世纪以来,越来越多的学者从不同角度考察"跟着转"问题,接下来也要为汉语研究寻出路。其中,一种较为强烈的呼声就是坚持文化自信,发扬小学研究求真致用的优良传统,从汉语实际出发做研究。例如,杨自俭(2006)在给潘文国、谭慧敏的《对比语言学:历史与哲学思考》作的序里指出:中国语言学的出路在于从汉语实际出发建立汉语自身的语言学。杨先生为什么不提倡"语言学原理",而倡导建立汉语自身的语言学呢？又如,潘文国《危机下的中文》中也提出"建设中国特色语言学"的观点,并通过解释"何谓中国特色"问题,阐发"借鉴只是借鉴""勿忘传统""通过对比发掘汉语特色"等观点,对如何建设中国特色语言学提出了一家言。

近年来各种汉语研究学术研讨会上也常有人发表类似的观点。例如,在第一届全国现代语言学史高端论坛上(2016年10月28—30日,西南大学),就有人发表类似的意见,并且其报道之题目"尊重历史,适应时代:构建中国语言学研究体系"已经明确体现了这一思想(详见张春海、饶颖,2016)。不过,我们也看到这只是个开端,各种意

---

① 在这期间,最应该做的是集中精力对百年来"跟着转"的汉语研究进行全面调查研究,坚持让事实说话,让越来越多的人清楚地看到"乐此不疲地'跟着转'"的种种后果;并且适当地总结经验教训,以便尽快搞清楚语言究竟是什么,为寻求语言学出路找准切入点。这是改变百年"跟着转"传统的先决条件。接下来,随着我国社会的发展、国家综合实力的不断增强和国际地位的日益提高,长则几十年,短则十几年,"跟着转"的传统就会成为历史。

"语言究竟是什么?——汉语学出路新探",50余万字。一、从宏观角度廓清一些外围的理论问题。1.论述人文科学研究的时代性与中西文化的差异性;2.讨论"语言学无国界"之说的问题;3.多角度比较小学与语言学,说明它们是截然不同的两门学问;4.讲述语言研究远离社会政治的是与非。二、多角度论述为什么要更新语言观。三、论述语言不是什么,重点考察分析语言符号系统论和语言工具论存在的问题。四、多角度证明语言是人与生活世界互动作用中产生的表情达意的音义符号,说明遵循这一语言观做研究应该坚持的原则与方法,初步阐明语言学的出路在哪里。五、研究"语言发展的内部规律"之说问题。发现现代语言学家们讲的"语言发展的内部规律",实际上是不存在的。但是,由于对一些语言现象认识错误,却机械地用唯物辩证法的内外因关系论加以比附,就提出"语言发展的内部规律"之说。这项研究既是对第三项研究的补充,同时也是用实践检验第四项研究是否靠得住。最后,还通过考察"不+名"的现有解释来检验前面所讲述的理论是否靠得住。上述研究中较为重要的认识是,正视语言符号系统论的虚构性与语言工具论的肤泛性、片面性,破除"语言学原理"之迷信,认清"跟着转"的弊端;明确语言与人的关系,阐明"语言发展的内部规律"之谬,彻底更新语言观,立足汉语实际做研究;发扬独立思考、锐意求真的学术精神,坚持论从史出、论从材料来的原则,有一分证据说一分话;继承和发扬小学研究的优良传统,实现汉语研究古今融通;打破门户观念,广开言路,鼓励学者发表不同观点;汲取历史教训,调整教育理念,防止各种谬论通过教育流传开来。

五、余 言

其实,由于语言究竟是什么的问题尚未解决,探索语言学的出路一直是个世界性难题。美籍华裔语言学名家戴浩一（2000）指出：20世纪后期的语言学是不成熟的科学，也是劣质的人文学。看来，包括美国语言学在内，[①]语言学研究还处在"前科学时代"。所以至此，各国原因不尽相同，但是起决定性作用的原因还是不清楚语言究竟是什么，没有揭示语言本质的语言观引领语言研究；仅就"跟着转"的汉语研究看，更失在忽视了人文科学研究的中西文化差异性，机械地套用西方语言学理论做研究，却美其名曰"与国际语言学接轨"。然则要遏止语言学在全球范围内的颓势，首先要弄清楚语言究竟是什么，在更新语言观的前提下不断完善研究方法，自觉从语言实际出发，朝着社会效益最大化的目标研究语言。

那么，怎样实现这一愿望呢？前面从汉语研究角度介绍了学界同仁开出的"药方"，也简单提到我个人的认识，有没有可参考之处？

我国语言学研究队伍之庞大，无与伦比。如果能够消除崇洋心理，全面反思"跟着转"的危害，并正视之，早日终止"跟着转"的传统，为促进语言学在全球范围内健康发展做出与大国相称的贡献不是没有可能。

同时，为了语言研究之社会效益最大化，也为了语言学健康发展，有着百年"跟着转"传统的中国现代语言学该做好脱胎换骨的思想准备了。

参考文献

曹志耘：《语言研究之惑》，《中国社会科学报（语言学版）》2010年2月23日。

陈承泽：《国文法草创》，商务印书1922年版。

---

① 如果搞清楚了语言究竟是什么，语言学方法论也就容易统一了，自然可以有效地避免"萝卜根理论""簸箕理论"之类产生，美国也就没有那么多"语言学流派"了。美国"语言学流派"多，从事语言研究的学者却很少；美国语言学变化那么快，其应用价值却极小；近40年来，国内现代语言学家主要是跟着美国语言学转，更是乏善可陈。这些事实也从不同角度证实了戴浩一之说，自然也印证了本书的观点。

戴浩一:《新世纪台湾语言学研究之展望》,《汉学研究》2000 年特刊。

胡以鲁:《国语学草创》,商务印书馆 1926 年版。

吕叔湘:龚千炎《中国语法学史稿》序,语文出版社 1987 年版。

南志刚:《叙述的狂欢和审美的变异》,华夏出版社 2006 年版。

潘文国:《语言的定义》,《华东师范大学学报(哲学社会科学版)》2001 年第 1 期。

潘文国:《危机下的中文》,辽宁人民出版社 2008 年版。

潘文国:《索绪尔:绕不过去的存在》,《社会科学报(学术探讨版)》2013 年 6 月 13 日。

申小龙:a.《文化断层与中国现代语言学之变迁》,《复旦学报(社会科学版)》1987 年第 3 期。

申小龙:b.《汉语的人文精神与汉语学的科学主义》,《北方论丛》1987 年第 2 期。

沈怀兴:《"语言是一种符号系统"说疑议》,《宁波大学学报(人文科学版)》2006 年第 5 期。

沈怀兴:《联绵字理论问题研究》,商务印书馆 2013 年版。

沈怀兴:《现代联绵字理论负面影响研究》,中国社会科学出版社 2015 年版。

沈怀兴:《试论语言层级装置论的臆断性》,《宁波大学学报(人文科学版)》2017 年第 6 期。

王　力:《中国现代语法》,商务印书馆 1943 年版。

杨自俭:《对比语言学的新发展》,潘文国、谭慧敏《对比语言学:历史与哲学思考》序,上海教育出版社 2006 年版。

张春海、饶嘉:《尊重历史,适应时代:构建中国语言学研究体系》,《中国社会科学报》2016 年 11 月 2 日第 1 版。

张世禄:《语言学原理》,商务印书馆 1930 年版。

张世禄：《关于汉语的语法体系问题》，《复旦学报（社会科学版）》1981 年版第 1 期。

张志公：《语法研究的理论意义和实用意义》，《中国语文》1957 年第 1 期。

张志公：《语法研究与语法教学》，《语文研究》1980 年第 1 期。

张志公：《汉语语法的特点与语法学习》（《汉语语法知识讲话》修订本），上海教育出版社 1983 年版。

张志公：《汉语语法的再研究》，《外语教学与研究》1990 年第 3 期。

张志公：《谈〈暂拟汉语教学语法系统〉》，《语文建设》1995 年第 1－2 期。

索绪尔著、高名凯译：《普通语言学教程》，商务印书馆 1985 年版。

目　录

汉语谚语中意合法的应用 ……………………………………… 1

汉语谚语中关联法的应用 ……………………………………… 21

汉语词汇复音化探索 …………………………………………… 35

汉语偏正式构词探微 …………………………………………… 85

"离合"说析疑 ………………………………………………… 108

语文学史上的"长言"说及相关理论 ………………………… 125

研究现代汉语也需要有历史观点

　　——从"蝴蝶""凤凰"二词的结构说起 ………………… 140

再论研究现代汉语也需要有历史观点 ………………………… 155

试论语言层级装置论的臆断性 ………………………………… 180

"不＋名"的现有解释问题及其启示 ………………………… 198

"语言学无国界"说献疑 ……………………………………… 221

学术研究慎言"学界共识" …………………………………… 242

中国语言学怎样与国际语言学接轨？ ………………………… 247

语言研究远离社会政治的是与非 ……………………………… 253

后　记 ………………………………………………………… 263

汉语谚语中意合法的应用*

一、引 言

汉语谚语十分丰富。但是,从理论上研究汉语谚语的著作却不是很多,且研究范围不够一致,表现在谚语定义上则至少有八九种。按照温端政(1984、1985)的说法,谚语有广义和狭义之分,狭义的谚语只包括以说明事理、传授知识和经验为目的的俗语。本文立足狭义谚语探讨汉语谚语中意合法的应用。

根据谚语狭义定义说,我们挑选了几部谚语集子和谚语词典作为考察对象,现在先列举有关的调查数据。孙治平等《谚语两千条》(1984)收谚语 2000 余条,其中 99％即约 2000 条是复句形式的谚语。在这些复句谚中,用关联法创造的只有 52 条,占不到 3％;而用意合法创造的占 97％以上。① 武占坤《中华风土谚志》(1997)汇集史志性

---

* 本文曾发表于《语言教学与研究》2004 年第 3 期,修改后收入本书。

① 意合法与形合法相对。部分特别重形式的语法书里把在各分句相同位置上重复使用相同词语的情况(如"不……,不……""不……,只/就……"之类)也归入形合法。重意义的语法书则把除使用关联词表示各种关系的情况统统归入意合法。为了避免无谓的争论,本文从比较流行的说法"关联法"——用关联词表示分句间关系的方法。并且不将"不……,不……"之类归入关联法。因为,它们在谚语里首先是以词汇意义发挥作用的,它们的关联作用本是在其词汇意义发挥作用的同时,通过语用者预设论定或前后比照等方法的应用而生发出来的;它们不是首先以发挥某种关联作用为目的而被用的。这样,与部分重形式的语法书分"意合法""形合法"的做法相比,本文统计意合法创造的谚语比例略高一点儿,但即使把"不……,不……"之类算在关联法之类 汉语中由意合法创造的复句谚仍占 92％以上,本文基本结论不会改变。

1

风土谚语 2400 余条,扣除非复句谚 389 条,在约 2000 条复句谚中用关联法创造的只有 18 条,占不到 1%,用意合法创造的则超过 99%。中国民间文艺出版社编的《俗谚》(1983)收谚语约 26400 条,扣除非复句谚约 9100 条,下余约 17300 条复句谚中用关联法创造的共 713 条,占 4%强,用意合法创造的则占 95%以上。温端政《汉语谚语小词典》(1989)收谚语 1900 余条,[①]其中复句谚 1052 条,只有 24 条是用关联法创造的,占 2%强,用意合法创造的则占 97%以上。总之,在汉语各类谚语中,大多数(约 66%)谚语是复句谚;而在复句谚中,有 95%以上是用意合法创造的。

为什么汉语复句谚里 95%以上是用意合法创造的呢?这个问题看上去并不难解答。有人可能会说,照认知语法学家的研究,"汉语语序的理据就是对客观有序世界的临摹性","援物、取象、比类、尽意的编码机制导致了汉语重意合"的语法特点,复句谚重"意合"的原因也在这里面,有什么必要再去研究?答曰:且不说物理学与生态学的研究和应用早已充分证明,自有人类起,客观世界就不是完全独立于人而存在和发展;即使只就认知语法学的上述认识看,也不难发现它实际上不仅存在着误把人、言语、语言三者的账都算在语言身上的缺憾,而且还忽视了口语和书面语的区别。同时,用"语言是人与生活世界互动作用的力的镜像"的观点看,"⋯⋯临摹性"云云不仅片面,且有浮泛之嫌。所以可以肯定地说,现有认知语法学的研究还不能令人信服地解答汉语复句谚中为什么意合谚占绝大多数的问题。

也有人可能会说,既然谚语以说明事理、传授知识为目的,事理知识总是客观的,那么它就需要人们给予客观的表述,而不允许在表述中过多地加进主观性成分,因此作为主观标志的关联词语一般派

---

① 准确地说是 1939 条。《汉语谚语小词典·凡例》云,书中包括"又作"条目共收谚语 1800 余条,与本文统计数字略异。

不上用场,致使意合谚比关联谚(用关联法创造的谚语)多得多。同时,既然谚语是俗语中的一类,俗语的特点之一是其口语性,汉语口语里总是重意合法而轻关联法的,那么复句谚里绝大多数是意合谚也就很容易理解了。这不是只要抓住谚语的定义就可以解决问题了吗?然而,问题并非如此简单。如果读者要问:事理知识是怎么来的?汉语社会为什么会有这样的事理知识,而不是那样的事理知识?为什么绝大多数谚语都有很强的口语性?这便需要更深入、更全面的研究了。因此,研究意合谚为什么占绝大多数的问题乃是一个大课题。简单说来,它与汉语社会的文化特质、历史变化、汉民族语言习惯、汉语特点都有密切关系。汉语社会的文化特质等几个方面在促使人们用意合法创造谚语过程中是相辅相成、共同作用的,但为了叙述的方便,下面只能分项说明,并且只是举例性质的。

二、汉语社会文化特质的作用

汉语社会的文化特质是多个方面的,这里暂举其一端。讲中国哲学史的书无不津津乐道中国古代“天人合一”的宇宙观,这固然不错,但不全面。“天道”与“人道”的区别毕竟是实际存在着的。因此,《荀子·天论》就提出了天人之分的哲学观。纵观中国社会发展史,从某种意义上说,起主导作用的就是“天人合一”与“天人之分”之观念的彼此消长。反映到汉语里就有大批相应的语词相继产生出来。据统计,《汉语大词典》里面仅带“天”字的词条就收了 1610 条,其中近 700 条明显体现了“天人合一”或“天人之分”的思想。不用说,受“天人合一”或“天人之分”思想的影响,汉语里天人对举分说、比类交喻的谚语亦举不胜举。如"天作孽,犹可为;人作孽,不可活"①"天无二日,人无二理""天有长短,人有忙闲""天燥有雨,人躁有祸""天凭日月,人凭良心""天怕浮云,人怕倒运""天变一时,人变一世""天无连月雨,人无一世穷""天黄有雨落,人黄有病魔""天有一时雨,人有一时殃""天怕秋里旱,人怕老来穷""天养人人活,人养人人死""天有不测风云,人有旦夕祸福""天有好生之德,人无酬天之心""天气不应节气,人穷不应口气""天无常圆之月,人无不散之席""天不严寒地不冻,人不伤心泪不流""天上下雨地上阴,人留子孙草留根""天无寒暑无节令,人无炎凉不世情""天平地平,人心不平;人心一平,天下太平"等等。这些谚语,或前后映衬,比类尽意,或对比发微,事显理明,或托物兴辞,深入浅出,创造者及接受者凭共有的宇宙观、共喻的事理或可体验的生活等,不需要加什么主观标志——关联词语,就可以有共同的理解,于是一批批的谚语就被人们用意合法创造出来,流传开去。

现在暂撇开"天"不说,仅就人类社会讲,在漫长的中国历史上,与"天人合一"的宇宙观相一致的是所谓君臣一体、官民一家(旧时"君父""父母官"等词的广泛应用是其证),与"天人之分"相一致的则是上下之分、官民之别。君臣一体、官民一家之说,从上古到近世几千年间都只是理想中的或口头上的,所以浩瀚的汉语谚海里竟找不到一条反映这方面事实的谚语。如果一定要找,也只能找到一些反映这方面消极现象的谚语。如"上不正,下参差""上不紧,下不忙""上歪一尺,下歪一丈""上有所好,下必甚焉""皇上旨意,自己主意""官出于民,民出于土""官的排场,兵的钱量""官无不贪,民只能俭"

---

① 这条谚语最早见于《尚书·太甲》,只是本作"天作孽,犹可违;自作孽,不可逭"。至《孟子·公孙丑上》,改为"天作孽,犹可违;自作孽,不可活"。《俗谚》(1983)还收了它另外两个变体:"天作孽,犹可为;自作孽,不可生""天作孽,犹可为;自作孽,不可治"。看来,这条谚语在过去数千年的流传中至少有五种变体。本文所引只是现代社会较常用、较通俗的一种。下面所引其他谚语仿此,不再作注。

"官官相护,公事相顾""上官放个屁,下边唱台戏""皇帝是土匪,土匪是皇帝""官债由人限,私债由人办""官情薄如纸,民事乱如麻"等等。这些谚语,或于一两千年前产生,或于五七百年前产生,或于一二百年前产生,或于数十年前产生,产生之初多有随处可见的事实为证,一定程度上总结了汉语社会某些领域里久为人们所熟知的历史规律,因此一经创造者约定,便在有着共同生活经验、共同认识的人民大众之间流传开来,又哪里需加什么关联词语明确上下句之间的关系呢?其中大多数在后世仍然沿用,或用其本义,或用其引申义,但一方面它们含义明确而结构定型,不宜改,另一方面又有相应的消极的现实存在为明证,不需改,所以它们的意合方式始终不变。

另一方面,随着统治者私欲的不断膨胀,社会矛盾日益尖锐复杂,上下之分、官民之别的社会现实已不容抹杀。于是在上者便产生了上智下愚、上尊下卑、官贵民贱等思想言论;在下者,特别是人民大众却越来越多地看到或遭遇卖官鬻爵、吏治腐败、官黑吏墨、民穷财尽、民不聊生等事实,因而以复句形式反映这些现实问题的谚语便大批大批地涌现出来。像"谋官如鼠,得官如虎""大小当个官,胜过做神仙""强权之下无真理,官大一级压死人""官家争权,百姓遭殃""官家十条路,九条民不知""大老爷丢签,小百姓啃砖""官打没钱的,不打没理的""官不打送礼的,民不打讨米的""官怒了打衙役,衙役怒了官打""大老爷惊堂一拍,小民有苦不敢哭""官为官,丐为丐""官向官,民向民,官吏财主恨穷人""官向官,民向民,种地的向着庄稼人""公堂一点朱,百姓万滴血""官府是把剃头刀,剃完头刀剃二刀""官到尚书吏到部,民到讨饭尽了头""官家不知饿的难受,穷人不知饱的滋味""朝中有一人,强似拾金银""朝廷有人好做官,厨房有人好吃饭"之类,谁都能举出一些。它们也大都有不短的历史了。产生之初,它们也都反映了人民大众十分熟悉而又极其痛恨的官本位现实中特有的东西,所以更无须或不能使用关联词语。这类谚语后世沿用的也不少。但由于上面所谈到的原因,它们仍保持了固有的意合方式。

人们常说,官本位的嫡长子名叫"钱老大"。纵观人类社会发展史,可知此话不谬。所以汉语中反映这方面事实的谚语自然也很不少。如"官事头,钱粮尾""官吏见钱,如蝇见血""官家想一想,银子一千两""官断十条路,谁没钱谁输""穷官胜过富百姓,千里做官只为钱""县官出趟城,一万还挂零""三年清知府,十万雪花银""官不怕你穷,鬼不怕你瘦""官无不贪,无贪不官""官贪似贫,至死不悔""大官大贪,小官小贪,无官不贪""官久自富,疯久自死""官吏心肠黑,贪钱吃穷人"等,它们所反映的也都是到处可见的活生生事实,而事实胜于雄辩,又哪里容得谚语创造者妄加什么主观标志——关联词语呢?这类谚语,后世沿用者,改动一两个字的情况是有的,但改变其意合方式的却未曾见。

再从全体社会成员的角度看,现实生活中钱也的确重要,有钱、没钱对谁都不一样。因此,反映这方面经验、认识的谚语也最多。据统计,仅《俗谚》(1983)一书就收反映钱财重要的谚语 384 条;仅以"有钱"打头儿的就收了 188 条,只有"有钱怕事"和"有钱得钱累,无钱得觉睡"两条是说有钱是坏事的。这方面的谚语多,其中复句形式的自然也多。该书收"有钱"打头儿的 188 条谚语中,复句形式的 126 条,没有一条是用关联法创造的,亦即都是用意合法创造的。如"有钱有人,没钱没人""有钱气落,没钱火着""有钱一条龙,无钱一条虫""有钱是夫妻,没钱常叽叽""有钱钱养人,没钱气养人""有钱是爹娘,无钱死路旁""有钱万事皆灵,无钱寸步难行""有钱买东买西,没钱指东望西""有钱三十为老祖,无钱八十做长工""有钱到处是杭州,无钱杭州净愀愀"等等,它们反映的都是一般现象,只要客观表述出来,因为有大量事实作比照,人人都能准确理解,就无须加什么主观标志了。因此,它们都是用意合法创造出来的。

上面只以中国哲学思想史上"天人合一"与"天人之分"这样两个相对立的宇宙观为例探讨了汉语中大量意合谚产生的深层原因,也探讨了与此有关的官本位和由官本位派生出的其他社会现象在促使汉语中无数意合谚产生过程中的重要作用。

汉语社会的文化特质是多方面的,像儒、释、道各家思想、教义都曾长期影响着中国社会历史的发展变化,并且至今还影响着国人的思想和言行,它们同样于深层影响着汉语意合谚的产生。这方面的实例亦举不胜举,但限于篇幅,只好从略。

三、汉语社会历史变化的作用

在近年发表的文章里,我不止一次地谈到语言是符号系统是思维工具、是信息载体、是人类最重要的交际工具等认识的片面,认为从本体论角度看,语言是人与生活世界互动作用的力的镜像。据此,汉语社会历史变化,特指汉语社团与其生活世界互动作用的力从古至今的种种变化。其中"汉语社团"是广义的,就是说汉语的群体,包括古代的和近现代的,只要是以汉语为母语的,不计时代与地域差别;"生活世界"包括人类社会与自然界;"互动作用"则指人受生活世界制约但同时又认识生活世界、适应生活世界、改造和利用生活世界。这样说来,人与生活世界互动作用的过程中,人是主要因素。我们曾经认定,语言不是有机体,语言发展的内部原因不在所谓语言符号系统的内部,而在语言社团认识之发展变化决定下的语言使用动机、方式、习惯的发展变化。这一认识,当时是在较为全面地探讨汉语词汇复音化的原因后得出的。现在考察汉语社会历史变化对谚语创造的作用,同样可以看到谚语的产生与发展变化无不依赖于汉语社会的历史变化,特别是语言使用者认识的发展变化。所不同的是谚语的产生更注重社群思想的现实性、社群认识的共同性和规律性、表述的客观性和语用的经济性。受这些性质的潜在制约,创造复句谚时,往往不需要或者不允许加上表示主观意向的关联词语。换个角度讲,这便决定了意合法在复句谚创造中的主导地位。例如:

(1)虞叔有玉,虞公求旃。弗献。既而悔之,曰:"周谚有之:'匹夫无罪,怀璧其罪。'吾焉用此,其以贾害也?"乃献之。(《左传·桓公十年》)

(2)慢藏诲盗,冶容诲淫。(《周易·系辞上》)

(3)祸福无门,唯人所召。(《左传·襄公二十三年》)

例(1)"匹夫无罪,怀璧其罪"明言"周谚",可知其历史已经不短了。史家常说,"春秋无义战"。岂止春秋时期?西周乃至夏、商已然。然则诸侯国之间,弱肉强食,相互侵吞,各诸侯国内统治者巧取豪夺,不择手段,反映这一社会现实的谚语"匹夫无罪,怀璧其罪",上、下句间不加转折连词,其转折关系已判然,也就无须赘以"而"字之类了。例(2)是在同样的社会历史背景下产生的谚语。谚云:上梁不正下梁歪。试想:在上者专事巧取豪夺,部分饥寒交迫的或缺乏教养的在下者又将怎样?因此,在公道不昌的社会里,人有钱财而不赶快收藏,则无异于招引盗贼来行窃。另一方面,由于相同的社会原因,且"食色,性也",而淫与盗并生,于是并举相成而创造出"慢藏诲盗,冶容诲淫"这一联合关系的复句谚。从谚语创造者角度讲,正是要并举相成,造成语势,相互发明,上下句之间才不能加进任何成分;从谚语接受者方面说,只要顺着"社会"这根藤蔓摸,藤上的两个"苦瓜"就可同时看到,其客观实在性也将会使人印象更加深刻,因此也不允许加进任何成分。常见的语法书里,总爱说部分联合复句上下句间加不进关联词语,这没错,但只是仅就语言论语言,是只道已然而未道其所以然。例(3)产生的社会历史背景与上二例相同,即它也是在社会混乱、一般人常有不测之灾的情况下被创造出来的。不过,它的创造者能以辩证的观点看问题。当他看到祸与福相互转化的关系时，便主张积极发挥人的能动作用，避祸趋吉，化险为夷。事实也就是这样，公弥正是听了闵子马的劝告，明白了"祸福无门，唯人所召"的道理，于是"敬共朝夕，恪居官次"，才不仅免于"祸倍下民"之难，而且陡然富贵的(详见《左传·襄公二十三年》)。至此，我们已经看到，这条谚语不仅说明了祸与福相互转化的辩证关系，而且说明其所以致此，关键在人的努力。反映这样复杂而深刻认识的一条谚语，人们很难于其上、下句之间加上关联词语使其关系简单化。原句用意合法，倒是"易简而天下之理得矣"。

上引三条谚语，都是在阴暗的社会背景下产生的。随着人类文明的发展，社会的阴暗成分不断减少，但终未灭绝，所以它们一直活在人们语言生活中，历代文献中多有用例是其证。它们既如实地反映了社会历史，又帮助历代人提高认识，努力使矛盾向着有利于自己生存的方面转化。然而，在历代用例中，我们都只能看到它们固有的形式，而找不到它们上、下句间被加了关联词语的情况。对此，学者可能会说，那是由于谚语的定型性决定的。然而，谚语的定型性又是什么原因决定的？学者会答曰：是人们的习用，是约定俗成规律。然而，人们为什么会习用？约定俗成的原因又是什么？看来，讨论语言问题，归根结底不能脱离语言社会历史背景，不能忽视语言社团具体认识和语言使用情况。这个问题，从下面的引例中可以看得更清楚一些：

(1) 白条当钱发，不能当钱花。

(2) 沙尘暴进北京，人民币进内蒙。

(3) 真实的平凡，越平凡越真实；虚假的辉煌，越辉煌越虚假。

上面三例都是近几年产生的新谚语。它们所反映的社会现实谁

9

都知道,所反映的创造者认识,多数人有同感,所以一经约定,便很快流传开来。试想:如果没有某些单位打白条拖欠职工工资而让人生怨、没有沙尘暴为害而引起政府重视、没有某些官员欺世盗名而令人忧虑,哪里会有这些谚语的产生?它们的上、下句间似乎都可加个"而"字,但是一旦加了"而"字,固有的简洁美和整齐美都被破坏了,它们的意蕴也没有那么客观、那么耐人寻味了。这也许就是创造者径用意合法创造谚语的主要原因吧。

如果说上举古今例都是一般原因所致,那么翻开历史,人们还会看到某一特殊原因造成一些畸形的社会现象,也会促使人们用意合法创造新谚语把不寻常的社会现象反映出来。这里只举由避讳而产生的复句谚为例。

(1) 不入兽穴,不得兽子。

(2) 只许州官放火,不许百姓点灯。

(3) 猪婆龙为殃,癞头鼋顶缸。

例(1)引自《北史·李远传》(《北史·韦祐传》里也用过这条谚语)。这条谚语在《后汉书·班超传》里本作"不入虎穴,不得虎子",在《三国志·吴书·吕蒙传》里作"不探虎穴,安得虎子"。到《北史》里所以又变作"不入兽穴,不得兽子",是因为《北史》乃唐代李延寿所撰,寿为避李渊祖父李虎讳而改之。例(2)语出宋陆游《老学庵笔记》卷五:"田登作郡,自讳其名,触者必怒,吏卒多被榜笞。于是举州皆谓灯为火",元宵节放灯也出告示说"本州依例放火三日"。于是就产生了这条谚语,反映统治者为所欲为,却限制人民自由的社会现实,并且一直沿用至今。例(3),明陆深《俨山外集》和明江盈科《雪涛小说》里都有记载:明初南京上清河一带堤坝经常崩塌,老百姓说是猪婆龙在堤坝下打洞作巢所致。因为"猪"与"国姓"同音,犯讳,所以工部奏以"大鼋为害"。而明太祖"以鼋、元同音,益恶之",于是下令尽捕大鼋。而"鼋凡数百斤,一受钓,以前两爪据沙,深入尺许,百人引之不能出"。某老渔翁深谙鼋性,令以穿底缸下覆鼋面,使鼋用前爪搔缸,不复据沙,引之遂出。所以当时南京人制谚"猪婆龙为殃,癞头鼋顶缸",喻指代人受过。

上面只就反映一般与特殊两个方面事实的谚语略举数例,借以探讨人和社会互动作用促使人们用意合法创造谚语的情况。至于人和自然界的互动作用,不用说,同样也会促使人们用意合法创造出一批批的谚语,如农谚、天气谚、天文谚、地理谚等门类中大部分谚语就都是由此而来的。如果只看复句谚,人们还会发现,与一般社会谚相比,这些谚语中意合谚所占比例还要高一些。这只要翻翻一般谚语集子就可以看到了,恕不详述。至于这些门类的谚语中为什么意合谚所占比例更高,其重要原因之一是它们所反映的事物自然属性较强,重要原因之二是谚语创造者文化水平问题(详后)。自然属性强的事物总要求给予更客观的反映,社会性强的事物往往难于完全客观反映。这是语言反映论的基本规律。这一规律反映在谚语创造上则是自然谚中意合谚所占比例更高一些,而社会谚中尽管用关联法创造的谚语所占比例也不高,但是总比自然谚中关联谚所占比例高一点儿。

综上所述,在汉语社会里,不管人与社会的互动作用,还是人与自然界的互动作用;不管是哪一历史时期,也不管是哪些一般原因引起的社会变化,还是某一特殊原因引起的社会变化:只要人们希望客观地反映现实,反映生活世界,言简意赅地表述某种规律性认识,就很可能会用意合法创造谚语来实现。这是因为规律是客观的,客观的表述不需要同时也不允许掺进过多的主观性成分,于是作为主观标志的关联词语在谚语创作中很少用,以关联法生成的谚语古今都不多。

四、汉民族语言习惯的作用

汉语意合谚的生成同汉民族语言习惯也有直接关系。这可以在考察汉谚来源与汉民族谚语创造及使用风格中看得更清楚一些。从来源看,汉谚主要来自口语,并且主要来自劳动大众的口语。这是因为劳动大众是生活的主人,是社群主体,丰富的社会实践使他们明白了很多事理,积累了很多宝贵经验,这些事理知识和生活经验用简练的话语总结概括出来,口耳相传,服务生活,给人教益,便产生了说明事理、传授知识的"现成话"——精切而富有活力的谚语。再从宏观角度看,一般口语中本来就很少使用关联法,谚语创造就更是这样。并且,文化水平越低的人,语言使用中越是少用关联法。此前汉民族劳动大众的文化水平相对说来还较低,因此其口头创作复句谚的过程中,频用意合法而罕用关联法就有其必然性了。再进一步看,在过去几千年的历史上,我国一直是个农业大国,我们这个人口众多的民族长期处于靠天吃饭的自然经济中,因此汉谚中近一半是农谚和气象谚。农业出版社 1980 年出版的《中国农谚》就是在掌握十多万条农谚的基础上编成的,这也可大致说明汉语农谚的丰富。考察结果表明,产生于劳动大众口头的农谚、与农业生产关系密切的气象谚是意合谚比例最高的两类,这不能不说是汉语复句谚中意合谚占绝大多数的重要原因之一。

从谚语创造和使用的风格看,汉民族一个突出的特点就是特别喜欢创造和使用整句形式的谚语。这一点,一翻开谚语汇编就可大致看到,但还不够,因为谚语汇编并不能告诉我们某条谚语的使用情况。不过这也不难证明,因为只要稍加留心,不管翻开哪一类确能反映社会现实的著作,我们都会看到书中用来说明事理的谚语都不少,并且整句谚远多于散句谚和单句谚。比如史书,一部二十五史,引整句形式谚语说明事理的就多达数百例,下面仅以《史记》为例,以见一斑。

(1) 当断不断,反受其乱。(《齐悼惠世家》,又见《春申君列传》)

疑事无功,疑行无名。(《赵世家》)

变古乱常,不死则亡。(《袁盎晁错列传》)

(2) 桃李不言,下自成蹊。(《李将军列传》)

尺有所短,寸有所长。(《白起王翦列传》)

牵牛径人田,田主夺之牛。(《陈杞世家》)

(3) 安危在出令,存亡在所任。(《楚元王世家》)

百里不贩樵,千里不贩籴。(《货殖列传》)

忠臣不事二君,贞女不更二夫。(《田单列传》)

富贵者送人以财,仁人者送人以言。(《孔子世家》)

能行之者未必能言,能言之者未必能行。(《孙子吴起列传》)

智者千虑,必有一失;愚者千虑,必有一得。(《淮阴侯列传》)

(4) 相马失之瘦,相士失之贫。(《滑稽列传》)

力田不如逢年,善仕不如遇合。(《佞幸列传》)

鉴于水者见面之容,鉴于人者知吉与凶。(《范雎蔡泽列传》)

以书[为]御者不尽马之情,以古制今者不达事之变。(《赵世家》。按:句中“为”字据《战国策·赵策二》补。)

非其地,树之不生;非其意,教之不成。(《日者列传》)

狡兔死,走狗烹;高鸟尽,良弓藏;敌国破,谋臣亡。(《淮阴侯列传》)

13

上面所摘录《史记》中四类谚语共 18 例,都是整句形式的。《史记》中散句形式的谚语也有,单句形式的谚语也有,但都远不如整句形式的谚语多。这与后世的情况是一致的。后世只要不是译自外语的,都是整句谚占多数。这表明从古至今汉民族一直喜欢创造和使用整句形式的谚语。一般语用场合的整句总是用意合法构成,那么最重社群思想的现实性、社群认识共同性和规律性、表述的客观性和语用的经济性的谚语,一旦以整句形式出现,就更是要走意合法道路了。所以我们说,以复句形式出现的汉语谚语里之所以绝大多数是意合谚,除了谚语内容的规定性以外,其形式上的整句特点也是一个不容忽视的因素。

现在来看上面摘引的四类整句谚例。第(1)类三例总结了三条历史规律。它们上、下分句不仅字数相等,不宜改动,以免破坏了整齐美;而且押韵,也不便加进关联词语(详后)。顺便说一句,对前文所列几部谚语集子考察结果表明,其复句谚里约半数的条目是押韵的。它们音调和谐优美,上口易记,一定程度上体现出汉民族在谚语创造中自觉以优美的形式反映深刻内容的语用习惯。

第(2)类三例都是用比喻手法创造的,(例一套用拟人,例二兼用对偶)并且都是整体为喻。或喻指为人诚挚,就能感动别人;或喻指各有长短,彼此均有可取之处;或喻指矫枉过正,将事与愿违。如此设喻明理,形象鲜明,示人自然美;而且寓意深沉,妙得含蓄美。如果改用关联法,比如在它们上下句间加个“而”字,固有的自然美与含蓄美就会荡然无存。特别像例二,不仅整体为喻,并举并重,而且上下对偶,相互比照,就更不能加进“而”了。

第(3)类共六例。它们都是把同类的或相关的人或事物并举直陈,使前后所言事理在更大的语境中互相照应,互相发明,从而更好地揭示出规律性的东西。这些谚语均以对偶的手法创造出来,颇能示人以整齐美;同时或兼用映衬,相辅相成,或兼用对比,相反相成,自得和谐美。因此,它们不仅充分表达了谚语创造者的真知灼见,而且也折射出创造者和使用者在语用美学上的嗜尚情趣。换个角度讲,是汉族人民的真知灼见及其在语用美学上的嗜尚情趣主导着这些谚语生成的意合方式。如果硬加进关联词语,让它们走关联法道路,由对偶而来的整齐美与和谐美被破坏不说,同时破坏了汉民族谚语的创造习惯,那便不是地道的汉语谚语了。

第(4)类共六例,都是用起兴的方法创造的。托物兴辞的起兴是汉民族口头创作的传统手法之一,用意合法托物兴辞创造谚语也是汉民族谚语创造的重要方式之一。考察前文谈到的几部谚语集子,这类谚语约占全部复句谚的12%。这类谚语,仅就形式看,前后两个分句是并列的。但从内容上看,前一分句只是起兴之语,略有比喻意味,所涉及的事物通常是比较常见的和比较一般的;后一分句才是正文,正文所揭示的道理对帮助人们参与社会实践多有借鉴作用。因此,这类谚语从起兴语到正文,就是由浅入深,从一般到特殊,引导话语接受者由感性认识向理性认识自然飞跃的过程。所以不管从其整句形式讲,还是从其内容的前后分句关系看;不管从创造者托物兴辞的手法说,还是从接受者认识规律论,这类谚语都不能或无须加进关联词语,也是注定要走意合法道路的一类。

上面借对《史记》中四类整句谚的简单分析,探讨了汉民族运用押韵、比喻、对偶、映衬、对比、起兴等手法创造谚语的习惯。这些习惯,一定程度上排斥了谚语创造中关联法的使用,因而大大促进了意合法的广泛应用。现在需要补充说明的是,汉民族的语言习惯是多方面的,不止上面提到的几点,像运用借代的手法创造谚语(如"年轻不晒背,老来要拿棍儿")、运用夸张的手法创造谚语(如"绳锯木头断,水滴石头穿")、运用回环的手法创造谚语(如"成人不自在,自在不成人")、运用顶真的手法创造谚语(如"远亲不如近邻,近邻不如对门")、运用层递的手法创造谚语(如"贼来如梳,兵来如篦,官来如剃")等,也都排斥了关联法的使用,助成了意合法的运用。

　　另外,还需一提的是,每论及汉语谚语整句形式时,学者总爱说是由汉民族审美心理决定的,窃谓此言有片面之嫌。不错,汉族人的确喜欢创造和使用整句谚,其间自不排除创造者审美心理的作用,这从上面对《史记》整句谚的具体分析中已不难看出。但是,世界上任何民族任何时代的审美都不是单一的,审美总是在为现实服务。具体到汉语整句谚的产生,更重要的是创造者思想认识表达需要和汉语词单、双音节特点等在起作用。也就是说,汉民族劳动大众习惯上采用对偶、对比、起兴等一些修辞手法创造出完美的整句谚,首先是为表达真知灼见服务的。这一点,本文上面已引整句谚共百余例,均可为证。

五、汉语诸特点的辅助作用

　　除了受创造者审美心理影响、满足其表达真知灼见之需要以外,汉语中大量整句形式之意合谚的产生,与汉语词的单、双音节特点也有一定的关系。这是因为,汉语自然音步始终是"右向"的,且汉语自然音步以二音节或三音节组成为常(冯胜利,1998),而二音节的标准音步多由两个单音词组合而成或由一个双音词直接构成,三音节超音步多由一个双音词再加一个单音词而成或一个单音词再加一个双音词而成,这样的音步组织规律和音步范式最容易联句成偶,实现上下句字数相等的整句格局,从而收到较好的表达效果。同时,也正是这种二音节音步、三音节音步组织成句,联句成偶,上下句结构相同或相近,思想表达相辅相成或相反相成,才使人不便加进什么关联词语。这一点,上文所举整句谚例多可供分析证明,这里就不举例分析了。

　　汉语谚语中整句形式的多,押韵的自然也多,而且押韵的方式也与其他某些民族不尽相同,这也与汉语特点有一定的关系。谚语押韵,不仅说来上口,听来易懂易记,富于韵律美,而且是语义对应、连缀的纽带,是确保谚语语境相对完整的重要手段之一,因此各民族谚语创造大多较注意押韵。不过,与其他民族谚语相比,汉语谚语的押韵又有两个特点。一是押韵具有较高的普遍性。据调查,汉语里约有半数的复句谚是押韵的,这样高的押韵比例是其他民族谚语中不多见的。所以至此,原因是多方面的,但是,仅就语言方面说则是汉语语音系统不很复杂、词形较短、元音占优势、使用汉字。语音系统不很复杂且词形较短则音同音近字(词)必多,这便为选词(字)押韵提供了有利条件,同时元音占优势也更便于押韵,故此汉语押韵现象比较广泛。众所周知,押韵的诗歌里一般只用意合法,那么押韵的谚语里就更少例外了。

汉语押韵的第二个特点是只押韵脚,这与既可押韵脚又可押头韵的英语有些不同。汉语之所以只押韵脚,仅就语言论,是与其右向音步规律与二三音节音步范式共同作用有一定的关系。这在本文中无暇详论。但必须指出的是,正是只押韵脚的"定格",才更加强了意合法在整句中的"垄断"地位;而汉语中整句谚占多数,所以汉语的押韵方式对相应意合谚的产生和稳固也有一定的帮助。

谚语短小精悍,言简意丰,颇受语言社会青睐。不少谚语长期被高频率使用,这便在客观上要求它们能够适应更多的语言环境。然而,能够较好地满足这一要求的只能是意合谚,不会是关联谚,因为关联谚的关系总是单一的。这也促进了意合法在谚语创造中的广泛应用。如上引例"上不正,下参差",其句间是并列关系?顺承关系?假设关系?因果关系?条件关系?也许没有人能确定。甚至即使有用例参考,比如对照晋杨泉《物理论》中"语曰:'上不正,下参差',古者所以不欺其民也"之语,仍然不容易确定其句间是顺承关系或假设关系,还是因果关系或条件关系。然而,语言研究者不能确定没关

17

系,语言社会可照常使用,且不会造成歧解。如遇到需要表示条件关系的场合用上它,意思就是只要在上者做坏事,在下者就会做坏事;遇到需要表示因果关系的场合用上它,意思就是因为在上者做了坏事,所以在下者也会做坏事;遇到需要表示假设关系的场合用上它,意思就是如果在上者做坏事,那么在下者就会做坏事;遇到需要表示顺承关系的场合用上它,意思就是在上者一做坏事,在下者就会跟着做坏事;遇到需要表示并列关系的场合用上它,意思就是在上者做坏事,在下者也做坏事。如果这条谚语最初是用关联法创造的,比如初作"上不正,则下参差",还能适应这么多的语境吗?又如"平日不作亏心事,半夜人喊心不惊",这条谚语上下句之间是因果关系还是假设关系或条件关系?实际上也不容易确定。然而,它也因此可以适应于反映因果、假设、条件等种种不同关系的语境。这一类的例子很不少。如果再肯做一点历时的考察,我们还会发现,也许就是由于意合谚能够适应更多的语境,有些本为关联谚的,后来也改为意合谚了。例如,明、清文献中有条关联谚"上不紧,则下慢"[①],上下句之间的假设关系是十分明显的,但是后世改作意合谚"上不紧,下不忙"(见《俗谚》下册第 32 页,1983 年),其关系就不是那么单一了,因而也可以广泛地应用于需要表示假设、条件、顺承、因果以及并列等种种关系的语境了。[②] 相反的,由意合谚改成关联谚且更为通行的情况却至今没有发现。可以断言,即使有意合谚被改成关联谚的情况,也极少。由此看来,汉语中意合谚的大量产生和广泛应用,与语言交际中必须解决语言形式的有限性和思想内容的无限性之矛盾也有一定关系。

---

① 如施耐庵等《水浒全传》第十七回:"上不紧,则下慢。……限十日内,须要捕获各贼正身,完备解京。"又如《说唐》第二十二回:"自古道:'上不紧,则下慢。'本县今限你一个月,要拿到这两名响马。"

② 当然,也有的关联谚,即使不是为了适应更多的语境,后来也可能隐去关联词而变成意合谚,如汉初贾谊《新书·保傅》中的"前车覆,而后车戒"到汉末戴德《大戴礼记·保傅》里就变成"前车覆,后车戒"了。

六、余 言

　　此前,学者研究汉语复句,主要是在有关联词语的复句上下功夫。至于没有关联词语的复句,亦即用意合法组织而成的复句,则一般不予研究。遇到不能绕过去的场合,比如语法教学的场合,就对照上下文,根据自己的理解临时在相应的地方给加上个关联词语,以帮助判断前后分句间的关系。一旦猜出是什么关系,就万事大吉,不再考虑其他问题了。然而,毕竟汉语口语中90％以上的复句是用意合法组织的,并且除了论说文以外,一般书面语里绝大多数复句也不用关联词语,汉语复句以意合的为主乃是不争的事实。这便要求汉语研究者加强意合复句的研究,以便通过这项研究更全面地认识汉语特点。学者中也许早有人认识到这一点,因此近年开始有人用认知语法学的观点、方法研究汉语意合复句。但是,不讳地说,由于受传统语言观的限制,其结论多较肤泛,不能服人。这便又一次使我们认识到语言观的更新是语言学发展的火车头;汉语意合复句的研究不仅刻不容缓,而且很有必要在新的语言观与方法论的帮助下进行。本文用笔者近年提出的"语言是人与生活世界互动作用的力的镜像"的观点,从汉语社会文化特质、历史变化、汉民族语言习惯、汉语诸特点等角度考察了汉语复句谚中95％以上是意合谚这一事实形成的原因,希望在讨论既定问题的同时,也给同行全面深入研究汉语意合复句问题提供一个批评对象。本文研究思路如果能够经得起批评,那本是愿望中的事;如果经不起批评,证明"此路不通",从而给人以借鉴,亦于愿足矣。

参考文献

冯胜利:《论汉语的"自然音步"》,《中国语文》1998 年第 1 期。

黄伯荣、廖序东主编:《现代汉语》,高等教育出版社 1997 年版。

李丽秀:《谚语格言的社会学透视》,《中国社会科学院研究生院学报》1993 年第 4 期。

鲁　川:《汉语语法的意合网络》,商务印书馆 2001 年版。

沈怀兴:《汉语词汇复音化新探》,《中国语文通讯》2000 年第 4 期。

孙治平等:《谚语两千条》,上海文艺出版社 1984 年版。

武占坤、马国凡:《谚语》,内蒙古人民出版社 1980 年版。

武占坤:《中华风土谚志》,中国经济出版社 1997 年版。

武占坤:《中华谚谣研究》,河北大学出版社 2000 年版。

温端政:《谚语的语义》,《中国语文》1984 年第 4 期。

温端政:《谚语》,商务印书馆 1985 年版。

温端政:《汉语谚语小词典》,商务印书馆 1989 年版。

徐宗才:《俗语》,商务印书馆 1999 年版。

中国民间文艺出版社编:《俗谚》(中国谚语总汇·汉族卷),中国民间文艺出版社 1983 年版。

汉语谚语中关联法的应用[*]

　　谚语有广义和狭义之分,狭义谚语只包括以说明事理、传授知识和经验为目的的俗语(参看温端政,1984)。本文研究汉语谚语中关联法的应用仅以狭义谚语中的复句谚为考察对象。

　　所谓关联法,就是用关联词语表示分句间逻辑关系的方法。一般的汉语语法书里总爱说书面语多厓关联法,口语多用意合法(参看黄伯荣等,2002:159－160),[①]但是,考察结果表明,复句形式的谚语里更是少用关联法,多用意合法。[②] 邢么,汉语复句谚里用关联法创造的谚语为什么会这样少呢? 另外,在那些关联谚的创造中,关联词语或关联法的使用又有哪些特点呢?

一、汉语社会创造复句谚而少用关联法的原因

　　这个问题,我们在《汉语谚语中意合法的应用》(2004)一文里已经讲了不少。文中从相互联系、共同作用的汉语社会文化特质、历史变化、汉民族语言习惯、汉语诸特点等四个方面探讨了汉语绝大多数复句谚在创造过程中必须走意合法道路原因。 概括地说,汉语社会

---

　　[*] 本文曾发表于《语文研究》2005 年第 4 期,修改后收入本书。

　　① 这话也许过于笼统,或者说缺乏有力的事实依据。因为,即使在书面语中,关联法的使用实际上也没有意合法那么多。还有,在书面语中,关联法的使用很不平衡。例如,论说文里关联法的使用要比记叙文里关联法使用多一些。不过,总的说来,书面语中关联法的使用多于口语。

　　② 参看《汉语谚语中关联法的应用·引言》中相关的统计数字,这里不再重复。

21

文化特质为复句谚创造中意合法的广泛应用奠定了深厚的认知基础;汉语社会历史变化与汉民族认识发展变化的双向互动作用决定了绝大多数复句谚创造要用意合法;汉民族语言使用习惯拓宽了以意合法创造复句谚的道路;汉语诸特点共同作用,对大量意合谚的生成有一定的辅助作用。如果上述认识可以成立,则由此可以推知,既然它们是促使意合法广泛应用的基本因素,换一个角度看,它们同时也就是限制关联法广泛应用的重要因素。照《汉语谚语中意合法的应用·引言》中相关的统计数字,汉语复句谚中意合谚高达95%以上,而关联谚不足5%,主要原因就在这里。现在需要继续探讨的是其次要原因。总的说来,其次要原因在于谚语性质特点与关联词语性质特点的矛盾性。下面先说谚语的性质特点。

　　谚语的性质特点,马国凡早在1960年就写文章论述过了。在论述中,马先生指出谚语具有口语性、群众性和普遍性等特点,并论及谚语口语性的群众基础及其普遍性规律。今天可以据此得出以下结论:第一,因为人民大众永远是社会实践的主体,一般谚语都是人民大众在社会实践中所获真知灼见的客观反映和精切概括,所以谚语的群众性乃是社会现实性及表述客观性的必然反映。简言之,一般谚语都具有社会现实性和表述客观性。请看《俗谚》(1983)中以"上"字为首字的部分谚语:"上不紧,下不忙""上会当,学回乖""上歪一尺,下歪一丈""上了赌场,不认爹娘""上当学乖,吃亏学能""上挤下拉,写字行家""上山看山势,入门看人意""上门看家事,开口见喉咙""上面糊糊涂涂,下面麻麻杂杂""上轿女儿哭是笑,落第学子笑是哭""上山砍柴先看树,拉马赶牛先看路""上山骡子平川马,下山毛驴不用打",这些谚语无一不是人民大众在社会实践中所获真知灼见的精切概括,它们的社会现实性是显而易见的,故无须详加分析。它们朴实无华,且一字不易,堪称表述客观性的典范,这只要读完引例就不难明白了,恕不烦言。需要进一步说明的是,正是由于谚语具有典型而广泛的社会现实性,所以不少谚语不上一种说法,如"上歪一尺,下歪一丈"就还有"上不正,下参差""上梁不正下梁歪,下梁不正倒下来""上梁不正下梁歪,母猪不好小猪赖"等说法(均见《俗谚》第32—33页),并且各种说法均清水出芙蓉,客观而精切。

第二,谚语的普遍性是社群认识之共同性和规律性的反映。从社会学角度讲,社群认识的共同性源于社会环境的共同性,社群认识的规律性主要来自特定历史时期社会实践的共同性和价值观念的一致性。仍以上录"上不紧,下不忙"等十余条谚语为例,它们都有广泛的社会现实作为反映对象,这些社会现实与同社群中的人(至少是一部分人)的生活息息相关,于是受共同社会环境制约和共同价值观念影响、有着共同社会实践活动、过着共同社会生活的社群必然会对这些社会现实产生大致相同的认识,这便赋予"上不紧,下不忙"等谚语以社群认识的共同性和规律性,使之具有真理性,从而表现出谚语应用的普遍性。因此,从发生学角度讲,没有社群认识的共同性、规律性,就没有谚语的普遍性。

第三,谚语的普遍性引发了谚语使用的高频性,谚语使用的高频性促成谚语简洁性。通常所谓语言经济原则在谚语生成上表现得特别突出。这一事实不仅存在于汉语,其他语言,如英语、日语等语言里也有。所以致此,其实道理很简单:既然谚语的普遍性源自社群认识的共同性和规律性,那么就本质而言谚语具有真理性;既然谚语有与同社群人们生活息息相关的社会现实为基础,并且以说明事理、传授知识和经验为目的,那么就现实而言,谚语具有实用性;然则具有真理性和实用性的谚语一旦产生,就可能影响着广大人民群众的言行举止,会被广大人民群众作为认识工具及思想表达之依据、"捷径"经常不断地应用,这便促成谚语高频率使用。同时,不管在哪种语言里,也不管在怎样的历史时期,人们出于语言表达省时省力的需要,总爱让高频率使用的语言表达式成为最简洁的话语形式,因此被语言社会高频率使用的谚语自然具有简洁性。换句话说,谚语最能体现语言经济原则。

上面借马国凡先生的研究推论出谚语群众性和普遍性两大性质特点形成的直接原因,并简单探讨了谚语普遍性特点的次生影响。至于谚语的口语性特点,其形成原因就无须另作解释了。因为反映与人们生活息息相关的社会现实的谚语,它们既然具有群众性和普遍性特点,自然也有口语性特点。如果以上推论不错,则可以说谚语特点有显性和隐性之分,显性方面有由其真理性和实用性决定的口语性、群众性、普遍性;隐性方面则有社会现实性、社群认识的共同性和规律性以及表述的客观性和语用的经济性,浑言之即真理性和实用性。上述谚语性质特点是就谚语总体而言的,不是说所有的谚语都具有这些特点。谚语的这些性质特点是密切联系的,它们使谚语之所以为谚语,而与格言、歇后语等区别开来。

再说关联词语的性质特点。这需要先把关联词语的范围界定一下。关联词语的范围,目前学术界还没有一个公认的界域;本文所言关联词语,指用来连接复句之各分句的连词和常与这些连词搭配使用的副词以及经常搭配使用的少数副词(如"既然……,就……")。①其范围要比某些语法著作所论范围窄一些。这些关联词语,借当前一个较有代表性的观点说,它们主要表达语用者主观信息,是显露在客观信息之外的主观标志(参鲁川,2001:前言)。这在后文还有具体分析。这里只概括一句:关联词语具有主观标志性,从某种意义上说与上述一般谚语的各性质特点构成一种互不相容的矛盾关系。

接下来要说的是,通过上文讨论可以看到这样的事实:一方面,

---

① 连接单句或连接段落的关联词语也有,而且主要是连词。前者如"只有社会主义才能救中国"中的"只有……才……",后者多单用,如"然而""但是""因此"之类。不过,汉语中没有由两个或两个以上段落构成的谚语,自然无须论及连接段落的关联词语。汉语中的确有一些单句谚,但是单句谚中使用关联词语的情况极其罕见,而且本文暂不论及单句形式的谚语,所以也不考虑这方面的关联词语。

汉语社会的文化特质、历史变化、汉民族语言习惯、汉语诸特点共同作用,决定汉语复句谚的创造频用意合法而罕用关联法;另一方面,一般谚语的真理性和实用性(包括社会性、规律性、客观性、简洁性)同关联词语的主观标志性作用之间的矛盾性也大大限制了复句谚创造中关联法的使用。这相互联系的两个方面的原因同时起作用,汉语社会创造复句谚而使用关联法的现象就很少见了。

二、汉语关联谚创造中关联词语使用的特点

汉语中关联谚很少,所用关联词语自然少。以《俗谚》(1983)为例,书中全部关联谚所用关联词语如下,合用的有:"宁……,不/无/毋/别/莫/休……""宁可/宁肯/宁愿……,不可/不肯/切莫/不要/不愿/勿可/不/莫……""若/若是……,就……""与其……,不如/宁可/宁甘……""既/既然……,就……""只要……,就……""只有……,才……""即使……,也……""就是……,也……""既……,又……""如/如果……,就……""又……,又……""且……,莫……""越……,越……""愈……,愈……",单用的有:"若是""只要""如果""虽然""但是""即使""宁肯""宁可""免得""只是""只管""尽管""纵然""因为""无论""虽""若""要""如""就""则""因""既""但""而""又""也""纵"。除了现在只保留在方言中个别谚语所用的特殊关联词语没有录入外,①《俗谚》所有 713 条关联谚中用过的关联词语不过上面抄录的这些。《俗谚》上、中、下三册,是收谚语比较严格的一部大型谚语汇编。它较好地体现了汉语关联谚中所用关联词语的基本面貌,汉

---

① 如"耐可塞城门,勿可塞狗洞"等条中的"耐可……,勿可……",普通话里有"宁可……,不可……"与之对应,故未录入。另外,"不经一事,不长一智"中的"不……,不……""不怕慢吞吞,只/就怕常停停"中的"不……,只/就……"等也都有关联作用,但文中也没有录入。因为它们首先是以词汇意义发挥作用的,其关联作用本是在词汇意义发挥作用的同时,通过语用者先预设后论定或前后比照等方法的应用而生发出来的;它们不是首先为发挥某种关联作用而被用的。

语(主要指"官话→普通话"阶段)所有关联谚中所用关联词语当不会超过上录关联词语范围太多。这与一般书面语相比,谚语中关联词语不仅出现频率低,而且数量少。换言之,关联词语数量少、使用频率低是汉语复句谚的重要特点之一。①

重要特点之二是关联词语使用比较集中,充分体现了关联词语的主观标志性特点。如上举《俗谚》一书大约 17300 条复句谚中用关联法创造的共 713 条,其中用"宁……,不/无/毋/别/莫/休……"或"宁可/宁肯/宁愿……,不可/切莫/不要/不愿/勿可/不/莫……"类形式创造的共有 273 条,用"若/若是……,就……"或"若/若是"类形式创造的 104 条,两类共 377 条,约占总数的 53%。这是一个很能说明问题的数字,也是一种亟待探讨的现象。但是为避琐碎,现在只说前一类。

总的说来,这类谚语都表达了创造者和使用者明确的取舍意愿,有的甚至表现出"不近常情"的主观愿望或思想主张,其关联词语则表现出典型的主观标志性作用。例如,"宁为玉碎,不为瓦全""宁可站着死,不愿跪着生""宁愿截脑壳,不愿割耳朵""宁叫孩子瘦,不吃财主豆""宁当穷家牛,莫当财主狗""宁为短命贞节鬼,不做偷生失节人""宁为英雄死,不为奴隶生"等,其创造者和使用者都在努力突出人格的伟大,强调气节的无比重要,甚至力图与一些人的苟且行为形成强烈的对比,因而只能用最能表现主观愿望的"宁/宁可/宁愿……,不/不可/不愿/莫……"来表现其思想主张。又如,"宁失骏马,不失正言""宁可没钱使,不可没行止""宁吃过头饭,别说过头话""宁可说得不透,不可过分夸口""宁愿挨一刀,不和秦桧交""宁与智人同死,不与愚人同生""宁肯给君子提鞋,不肯与小人同财"等,也都

_____

① 例如戴木金、黄江海编著的《关联词语词典》收现代汉语关联词语 640 余条,即使因其宽泛而扣除 2/3,仍超过谚语中所用关联词的数倍。而且,本文所录关联词中半数以上只用来创造过几条关联谚,有的甚至只创造了一两条,故谓使用频率低。

是利、义相较而取义，表现出创造者和使用者鲜明的价值取向。为此，最初谚语创造者就必须用"宁/宁可/宁愿/宁肯……，不/别/不可/不肯……"之形式创造谚语，积极倡言，以弘扬正气。再如，"宁入地狱，不入宫门""宁做庶民妻，不做官家姬""宁到山中变鸟，不在房中做小""宁给穷人补破衣，不给富人当偏妻""宁做天上一只鸟，不做富家一房小""宁愿粗食布衣为人妻，不愿锦衣玉食为人妾"等，也都高度赞扬了良家女子鄙视权势而崇尚自由的思想或安贫乐贱而不贪图富贵的德操。为了更好地突出或表现这种纯洁和高尚，也必须用"宁/宁愿……，不/不愿……"的形式。换一个角度看，现实中这种女子极少，才有"宁/宁愿……，不/不愿……"类谚语突出其主观意志，与此相应的，也才有谚语创造者扬清激浊的思想导向。由此看来，不管从哪个角度看，关联谚都凸显了一种主观色彩。

上面列举的关联谚都是积极方面的。它们中的大多数应出自教育家或颇有教育思想的人们之手，被后来的教育家或较有教育思想的人们有意识地反复引用，并且确在弘扬正气，倡导至善至美，于是就成为谚语流传下来。然而，它们表现出很强的主观倾向性，毕竟主要是教育家或有教育思想的人们的鼓动之辞，而与现实社会里多数人的行止不很一致，因此它们不同于那些确能体现社群认识之共同性和规律性的意合谚，所以只能借最能表现人的主观倾向性的"宁可……，不可……"类关联词语创造出来并流传开来。换言之，含有较多主观因素的思想内容，用带有主观标志的语言形式表述，乃是语言表达的一般规律。如果没有其他原因，①复句谚的创造也要遵循这一规律。这便是汉语关联谚的产生机制。另外，含消极思想的谚语也有，如"宁扶竹竿，不扶井绳""宁在世上挨，不愿土里埋""宁在阳间

---

① 事实上其他原因也有，而且十分重要，致使不少明显表示人们主观愿望的复句谚没有用关联法创造。常见的有因修辞手法的应用而径造意合谚，或因各种流行思想作认知基础而径造意合谚等。不过，这些都在《汉语谚语中意合法的应用》中交代过，就不重复了。

喝口水,不去阴间做个鬼""宁说三车话,不舍一文钱""宁帮八吊钱,不把手艺传""宁望邻家买头牛,不望邻家做王侯""宁可独偷一只狗,不要合偷一头牛"等,它们也都是一部分人的真实的思想写照。因为不具有那样广泛的社群认识基础,更不符合社会主流的价值取向,所以创制中也只能走"宁……,不……"类关联法道路,以表明其取利而舍义的心志,或者表达创造者对取利而舍义者的鞭挞。这样说来,不管是含有积极意义的谚语,还是含有消极意义的谚语,只要它仅代表部分人的思想观念,不具备主流认识的共同性,在创造过程中往往需要加上起主观标志作用的关联词语,我们便可以因此了解到它只反映部分人的主观意愿。反之,那些具有社群认识共同性的实践经验或思想成果,用谚语反映出来的时候则不需要或者根本不能加进反映主观意志的标志。

另外,历时地看,还有一种情况,即有些关联谚隐去关联词语,后来变成意合谚了。如意合谚"前车覆,后车戒"就是由关联谚"前车覆,而后车戒"隐去"而"字而成的,并且早在西汉时期就实现了这种变化。如贾谊《新书·保傅》:"鄙谚曰:'不习为吏,而视已事。'又曰:'前车覆,而后车戒。'"到《大戴礼记·保傅》里则变为:"鄙语曰:'不习为吏,如视已事。'又曰:'前车覆,后车戒。'"《大戴礼记·保傅》来自《新书·保傅》,但文字不同处颇多,如其"前车覆,后车戒"在《新书·保傅》里是用了关联词"而"字的。再查《新书》其他篇什,如《连语》中也有这条谚语:"周谚曰:'前车覆,而后车戒。'"与《新书·保傅》一样,其句间也有"而"字。对比上引两部书中同一谚语的不同形式,可以发现两个相互联系的事实:第一,贾书明言"周谚"或"鄙谚",戴书则直言"鄙语",说明这条谚语在西汉初期已经开始为人们所接受,至迟到西汉晚期已为一般人所习用,而一般人习用的关联谚有的可能会隐去关联词语。第二,戴书隐去"而"字,原关联谚变成意合谚,仅是从贾谊到戴德百余年间的事情,且至今没有变回,说明只要不影响表达，受语言经济原则支配，简洁的语言形式才容易被语言社会接受。又如上引意合谚"上不紧，下不忙"，本是由明清时的关联谚"上不紧，则下慢"变来的。如施耐庵《水浒全传》第十七回："上不紧，则下慢。……限十日内，须要捕获各贼正身，完备解京。"《说唐》第二十二回："自古道：'上不紧，则下慢。'本县今限你一个月，要拿到这两名响马。"应当指出的是，原关联谚"上不紧，则下慢"，句间假设关系是很明显的，后世改作意合谚"上不紧，下不忙"，其关系就不那么单一了，因而可以广泛地应用于需要表达假设、条件、顺承、因果以及并列等种种关系的语境。这说明，为了更广泛地适应各类语境，有些关联谚也会隐去关联词语而变为意合谚。上面两例从演变原因上看是两个类型，但是，形式上却都是原关联谚永远地隐去关联词语，变成了意合谚。与此相反的，由意合谚加关联词语而变成关联谚的却至今还没有发现。所以可以说，即使有由意合谚变成关联谚者，也极其少见。

三、汉语中用关联法创造关联谚的特点

上文讨论汉语关联谚创造中关联词语使用的特点，是间接讨论关联法的应用情况，这一部分则是直接考察关联法在关联谚创造中的应用情况。考察结果表明，汉语社会虽然用关联法创造复句谚的现象遍及并列、承接、选择、递进、转折、假设、条件、因果等所有关系类型（解说关系例外），其分布却很不均匀。汉语关联谚主要集中在选择、假设、条件、转折四种关系类型里面。仍旧拿《俗谚》为例。在该书大约17300条复句谚中，有关联谚713条。其中选择关系的296条，全部是已定选择；假设关系的117条；条件关系的93条；转折关系的82条。四类共588条，占总数的82%以上。

这表明，在一般情况下，汉语社会主要是在需要表达其选择等意

愿时才采用关联法创造关联谚的。并且,表现主观愿望的要求越迫切,就越可能采用最能表现其主观愿望的关联方式创造谚语。例如,已定选择式无疑是最能表现说话人主观愿望的话语形式,《俗谚》中这类关联谚多达 296 条,约占所收关联谚总数的 42％,就充分说明了这一点。

其次,除了已定选择式话语以外,假设推断式话语、条件特定式话语、转折明异式话语也都能够较好地表现说话人的主观愿望,因此汉语关联谚中用假设关联法、条件关联法或转折关联法创造的谚语也可经常看到。《俗谚》所收录的关联谚,照上面调查所得的数字计算,其中假设推断式关联谚、条件特定式关联谚、转折明异式关联谚分别占 16％、13％、11％以上,也都是有力的证明。

反过来看,汉语关联谚中采用并列关联法、承接关联法、递进关联法、因果关联法等创造的很少,如《俗谚》所收关联谚中由这四种关联法所创关联谚的总和还占不到 18％,这又可以从反面得出谚语创造者或使用者主观愿望越低则关联谚生成率也越低的规律。因为现实中并列、承接、递进、因果等关系的表述都需要客观切实,一般场合下多不允许掺进一些主观成分,否则将违背社会主流群体的共同认识而导致表述无效。因此,并列关联法、承接关联法、递进关联法、因果关联法在复句谚创造中都很少派上用场。

再进一步看,解说关系的表述更要求客观恰切,所以解说关系的复句谚里一个关联谚也找不到,和一般解说关系的复句话语里不用关联词语一样,这便更可以帮助我们深入探讨汉语复句谚中关联谚为什么那么少而且那么集中的原因了。

总之,在汉语中,话题表述客观性要求越高,关联法使用率则越低;反之则越高。汉语谚语的创造和使用同样在遵循这一规律。只是谚语有着更高的社会现实性、社群认识的共同性和规律性,而且更强调表述的客观性和语用的经济性。因此,在其创造过程中,关联法使用频率更低,并且主要集中在已定选择等几种关联方式里。

在汉语里,用关联法创造关联谚的又一特点是,一些在现代汉语普通话里往往要成对使用关联词语的,在谚语里大多只是单用,致使常被研究现代汉语的学者认作"省略"。例如:

(1)若知道被盗,一夜不睡觉。

如以石击石,石必两碎。

如果空喊能顶用,驴子都会变成精。

(2)只要人手多,大山会过河。

只要功夫深,铁杵磨成针。

只要婚姻合,铁棒打不脱。

(3)月虽有光,不能晒谷。

羊羹虽美,众口难调。

老虎进了城,家家都关门;虽然不咬人,日前坏了名。

(4)既要卖,头朝外。

既读孔孟书,必达周公礼。

既然开饭店,不怕大肚汉。

上面所摘录的四组关联谚,第(1)组都是用假设关联法创造的,第(2)组都是用条件关联法创造的,第(3)组都是用转折关联法创造的,第(4)组都是用因果关联法创造的。它们都属偏正关系类。在现代汉语普通话的一般场合,如果偏正关系的复句是用关联法组织而成的,往往要成对地使用关联词语。如果要单用关联词语,多数情况下只单用于后面的正句;单用于前面偏句的情况也有,但是总的说来没有单用于后面正句的情况多。然而,上录四组关联谚不仅都没有成对地使用关联词语,而且单用的那个关联词还是被用在前面的偏句。应该特别指出,这种情况在汉语关联谚中大约占全部关联谚的1/3,占全部单用关联词语之复句谚的3/4。对此,学者为其所熟悉的现代汉语语法规则所拘囿,常指为"省略"。那么,究竟该怎么解释这种差异呢? 现在先依照上面所录四组关联谚的顺序,看看古代汉语或早期白话中使用这些关联词的常例:

(1)若不早图,后君噬齐(脐)。(《左传·庄公六年》)

　　如可赎兮,人百其身。(《诗·秦风·黄鸟》)

　　如果文章会做,我提拔他。(《儒林外史》第十六回)

(2)只要当来圆佛果,不辞今日受艰辛。(《敦煌变文集·妙法莲华经讲经文》)

　　莫翁只要着落得停当,不争财物。(《二刻拍案惊奇》卷十)

　　只要你肯说这情,上岸先兑五百两银子与你。(《儒林外史》第二十五回)

(3)有王虽小,元子哉。(《书·召诰》)

　　我老眼虽昏,早已看真了。(清孔尚任《桃花扇·闹榭》)

　　虽然在城市,还得似樵渔。(唐于鹄《题邻居》)

(4)既是我生身的父亲,那家业我应得有的。(《二刻拍案惊奇》卷十一)

　　你既如此,你自去挑所宅子去住。(《红楼梦》第四回)

　　既然令郎肯学,小人一力奉教。(《水浒传》第二回)

　　这四组句子分别对应于前面四组关联谚。它们都是古代汉语或近代汉语里用关联法组织复句的常例,而不是个别现象。据此可知前面关联谚分别只在偏句部分单用关联词语的现象并不是省略,而是继承了古代汉语(包括近代汉语)语法。也就是说,像"如以石击石,石必两碎""羊羹虽美,众口难调""既读孔孟书,必达周公礼"等古人创造的关联谚,其关联法使用特点与当时一般自由关联复句的组织规律是一致的;像"如果空喊能顶用,驴子都会变成精""只要人手多,大山会过河""既然开饭店,不怕大肚汉"等后人创造的关联谚,其关联法使用方式乃是对古代汉语语法的继承。

至此,读者可能会说:古代汉语里以关联法组织复句而只于偏句单用关联词的现象的确不少,但是不会像关联谚中同类现象所占比例那样高。因此,论及关联谚中约 1/3 的谚例只在偏句单用关联词的情况时只谈"省略"不对,但是完全不考虑"省略"也欠公允。尤其像"若""如""既"等,在古代汉语中常常下句有"则"字与之呼应,而在关联谚中却很少这种呼应,这不分明是"省略"吗?答曰:未必。虽然在古代汉语的一般复句话语中,"若""如""既"常有"则"字与之相呼应,关联谚中这种呼应的确难得一见,但是未必就是"省略"。其实际情况可能是,由于谚语的真理性,既然用"若……""如……"突出了假设条件,其正句要产生的结果则不难推知,所以正句一经点明,受话人即无异议,其正句中也就不需要关联词语了。比较非关联谚的一般复句,如前面《左传》《诗经》等文献中的用例,就更不能说是省略了。由"既……"创造的因果关系复句谚的情况类此。

如果还要考虑其深层原因,则可能是汉语社群与其生活世界的互动作用之基础上产生的汉语谚语的性质、特点发挥了一定的作用,而与一般语用场合的主观省略没有多大关系。[①] 至于汉语社群与其生活世界的互动作用催生汉民族语言使用习惯,并如何在汉语诸特点的配合下产生汉语谚语性质特点,这在拙作《汉语谚语中意合法的应用》和本文第一部分的讨论中已经有所涉及,就不重复了。总的说来,关键是得知道语言是人的,特别得知道汉语是在汉民族文化中产生和变化的。换言之,如果偏执共时论,只在语言符号系统论里转来转去,机械地用印欧语的"法治"理论套汉语,汉语不听话,谁也没办法。

---

① 如果一定要说省略,本文第二部分末了谈关联词语"隐去"的例子看上去有点儿像。但那是谚语使用过程中关联词的永远隐去,而不是谚语创造者特意省略关联词语。

参考文献

戴木金、黄江海:《关联词语词典》,四川辞书出版社 1988 年版。

黄伯荣、廖序东主编:《现代汉语》(增订第三版),高等教育出版社 2002 年版。

李丽秀:《谚语格言的社会学透视》,《中国社会科学院研究生院学报》1993 年第 4 期。

鲁　川:《汉语语法的意合网络》,商务印书馆 2001 年版。

马国凡:《谚语的特点》,《中国语文》1960 年第 11 期。

沈怀兴:《汉语谚语中意合法的应用》,《语言教学与研究》2004 年第 3 期。

温端政:《谚语的语义》,《中国语文》1984 年第 4 期。

中国民间文艺出版社编:《俗谚》(中国谚语总汇·汉族卷),中国民间文艺出版社 1983 年版。

汉语词汇复音化探索[*]

一、引 言

国内现代语言学家立足语言本体论做研究而喜欢讲"语言发展的内部规律",并且多借汉语词汇复音化现象来讲语言发展的内部规律,于是语言发展的内部规律与汉语词汇复音化现象搅和在一起,创造出许多纠缠不清的汉语语言学理论。例如,仅联绵字理论就创造出衍声联绵构词说、语音关联造词说、异音联绵构词说、复辅音声母分立说、双声联绵说、叠韵联绵说、增字构词说、一分为二说、衍音说、分音说、缓读说等十多种理论。无奇不有的理论一直影响着汉语研究,影响着汉语学的人才培养,自然也影响着汉语语言学的健康发展。因此,要想知道现代语言学著作中发明的一些汉语语言学理论是否靠得住,不能不认真考察汉语词汇复音化演变问题,同时还不得不在必要的时候对流行已久的"语言发展的内部规律"之说做一点考察分析。

---

* 本文第二、三部分曾以《汉语词汇复音化新探》为题,发表在《中国语文通讯》2000 年第 4 期。第四部分曾以《汉语词汇复音化发展续探》为题,发表在《汉字文化》2001 年第 1 期,现在仍合为一篇,有修改。发表上述两篇文章后,越来越认识到汉语词汇复音化演变是汉语学研究的大课题,涉及到汉语研究的多个方面,需要一部专著才可大致讲清楚,于是又继续研究,并且部分研究已纳入后来出版的《联绵字理论问题研究》(商务印书馆 2013 年版)。这次也酌情将其部分内容补充进来,多提供一点基本信息,以便继续从事汉语词汇复音化演变研究者参考。不过,其主要内容和基本观点还是《汉语词汇复音化新探》《汉语词汇复音化发展续探》的。

汉语词汇复音化是汉语词汇演变的一种突出现象。就现有文献资料看,汉语词汇复音化演变至迟从殷商时期就开始了。但是,我们能够查阅到的汉语语言学著作里大多认为汉语词汇复音化始自汉代以后,[①]那是出于其理论建构的需要,也是不知道语言究竟是什么情况下在语言符号系统论框架内兜圈子的必然,所以到头来还是经不起语言事实的检验。例如,许伟建《上古汉语词典·前言》(吉林文史出版社,1998)说:"本书共选收甲骨文、金文词汇单字条目八百九十三个;多字条目七百一十个。应该说,这些都是甲骨文、金文的常用词汇。"[②]这一事实已经粗可说明问题了。再进一步考察,可知该词典中选收的殷商甲骨文里复合词很不少,表明殷商时代汉语中复合式构词法已经比较完备,却没有学者们想象中的用一种特殊的构词法创造的"联绵字—双音单纯词"。由此可知现代语言学家常说的"联绵字—双音单纯词"与汉语词汇复音化演变无关。《荀子·正名篇》中有"单足以喻则单,单不足以喻则兼"之说,这个"兼",就是指双音词。荀子这话是从发生学角度讲汉语词汇复音化问题的,只是一笔

---

① 汉语词汇复音化演变始自什么时代?见仁见智。第一个发现汉语词汇复音化演变的是瑞典汉学家高本汉,但他认为是古代汉语发展到近代汉语的事,时间点大约在唐代。高本汉的发现很有价值,虽然只是一种猜测。也有人(如潘允中等)认为汉语词汇复音化早从上古时期就十分显著了(参后),但缺乏必要的证明。总的说来,还是认为始自汉代或汉魏时期的多。所以有上述各种观点,原因之一是囿于"语言本体论",却又不清楚语言究竟是什么。实际上,研究汉语词汇复音化演变是研究汉语社会发展史的重要途径,我们不能仅仅局限于不知道语言是什么的"语言本体论"做研究,以免画地为牢,胶柱鼓瑟,做出与实际不相符的结论。照理说,汉语词汇复音化演变应该早从汉语产生的远古时期就开始了,所以它至少已有几万年的历史,而且至今还在进行中。不过,始自远古的观点还只能在我们新提的语言观的引领下进行理论推导才能得出。其理由很简单,"单不足以喻则兼"。汉语产生和广泛使用,说明远古的人们已经有较高的抽象思维能力,"单不足以喻则兼"是具有由此及彼、连类而及的认知思维方式的远古人在造词时的自然表现。但是,这只是推断,是照理说的。苦于无文献佐证,只好留待今后继续证明。退一步说,仅就现有文献资料看,汉语词汇复音化演变至迟从殷商时代就开始了(详后)。

② 这个数字不确切,实际上该词典中收了 741 个复音词。该词典中共收语词 1634 个语词,其中单音节词 893 个,常用复音词占了总量的 45%以上。据此可以说汉语词汇复音化早在先秦之前就开始了。(按:《现代汉语词典》在"先秦"条下解释说:"指秦统一以前的历史时期,一般指春秋战国时期。")退一步说,即使《上古汉语词典》所收复音词中只有一半词条靠得住,复音词也已经占到百分之二十多,说明汉语词汇复音化早就开始了。

带过,语焉不详,还称不上理论上的自觉探讨。

研究汉语词汇复音化演变现象,至迟西汉时期的学者已经注意到了。无名氏的《尔雅》就收了一些复音词,其后扬雄的《方言》中也收了一些复音词,大致可以说明这一点。并且,后世雅类著作中都收了不少复音词,表明研究汉语词汇复音化的工作一直没有停止过,只是不像现代语言学家那样站在"语言本体论"角度说话而已。①

广义地说,从理论上研究汉语词汇复音化演变现象也有近千年的历史了。如宋代沈括《梦溪笔谈补笔谈》卷上中对"连语"的分辨以及郑樵《尔雅注》卷上《释诂第一》所谓"虺隤、玄黄、劬劳,皆二文一命也"之说,都说明他们已经在对某些双音词进行理论思考,虽然不是现代语言学的思考。并且,古人对汉语词汇复音化演变的认识越来越深刻,理论越来越严谨,乃至站在语文理解角度提出了独到而实用的见解。如明代朱郁仪《骈雅序》中有"联二为一,骈异而同,析之则秦越,合之则肝胆"之说、明代方以智《通雅》里有"謰语者,双声相转而语謰謱也"之说、清代王念孙有"凡连语之字,皆上下同义,不可分训。说者望文生义,往往穿凿而失其本指"之说、清代段玉裁有绵联字不可分释说等等,都从双音词理解角度做出了精辟的概括,可以看作小学家从传统语文学角度对汉语词汇复音化演变现象的初步认识。他们不仅认识了双音词,而且正确地解决了双音词的理解问题,其求真务实的学术精神是很值得我们借鉴的。

现代语言学工作者研究汉语词汇复音化演变现象,从高本汉《中国语与中国文》(1923)算起,到现在主要是从"语言本体论"出发探讨汉语词汇复音化演变的原因,不大考虑复音词的准确理解问题。大致可分四种观点:第一种是语音系统简化说;第二种是语言内部矛盾

---

① 由于语言究竟是什么的问题尚未解决,所以通常所谓语言本体论,多半是就没有揭示语言本质的语言符号系统论说的。换言之,所谓语言符号系统,只是一种想象,并不是真正的语言本体。因此,语言本体论五字上面加了""。下同。

说;第三种是词义准确说;第四种是汉语社会人与生活世界互动作用说。第一种观点认为汉语语音系统简化,同音词增多,为避免同音混淆必须产生双音词。这种观点至今仍占主流。第二种观点与第一种观点有联系,或者说都是站在所谓语言本体角度说的。但是二者侧重点不同。持第二种观点者认为持第一种观点者是倒果为因。也就是说,前者认为汉语语音简化促进词汇复音化,后者相反,认为汉语词汇复音化促使语音简化。第三种观点换了个角度,也可看作对前面两种观点的纠偏。它的特点是侧重词义看问题,且不只限于语言本体。第四种观点又换了个角度,是本文作者语言观更新的结果。自 1998 年以来,本文作者发表的文章多是在新语言观的引领下做出的,研究汉语词汇复音化演变现象自然也不例外。与前三种观点相比,第四种观点的提出基本上冲破了"语言本体论"的束缚。

现在概括介绍下面的研究内容。其一,20 世纪汉语词汇复音化研究及其局限性。综述此前汉语词汇复音化研究的情况,具体考察上面所提到的前三种观点,简单评述其得失。其二,汉语复合词产生原因新探。指出汉语词汇复音化演变的根本原因在于汉语社会人与生活世界互动作用,并在这个观点的指引下,从人的认知角度、造词角度,以历时社会语言学的观点、方法考察汉语复合词产生的原因。其三,其他复音词的产生和变化。本着上述思路对其他类复音词的产生原因作了初步探讨。最后,在以上研究的基础上又提出了新的看法。

二、20 世纪汉语词汇复音化研究及其局限性

数十年以来,主流学者一直认为,随着汉语语音系统的简化,单音词必须发展为双音词。在他们看来,汉语语音系统简化了,同音词就会增多,不加长词形势必造成同音混淆,致使言语交际无法进行,

于是语言社会开始采用连缀两个音节或者将一个音节分成两个音节等方式创造出双音词,于是汉语词汇向双音化发展。这个观点曾受到批评,但由于看上去它能支持"联绵字—双音单纯词"说,遂被信守现代联绵字理论者力挺之,有人还认为"联绵字—双音单纯词"的产生是汉语词汇复音化的第一站,认为"联绵字的'2'是形成双音字的中介和桥梁"。就连高校中文专业"古代汉语"课、"现代汉语"课和"汉语史"课上都在讲授汉语语音系统简化促进了词汇复音化的观点,因此它至少在形式上还给人以"多数人意见"的表象。不过,要想弄清汉语语音系统简化促进双音词产生的观点是否可靠,需要连同一些与它相关的说法一起进行考察讨论,现在一并叙述如下。

(一)20 世纪汉语词汇复音化成因问题的研究

大家知道,从中国现代语言学史的角度说,最早发现汉语词汇复音化演变现象并自觉进行考察讨论者是瑞典汉学家高本汉。他 1923 年出版的 *Sound and Symbol in Chinese* 一书,被张世禄译为《中国语与中国文》。书中说,古代汉语发展到近代汉语,因为语音系统简化,而使同音词大量增加,为了避免同音混淆,不得不变更语词组织,于是汉语词汇向复音化发展。此可谓"语音系统简化"说。

国内最早阐发高本汉观点的是张世禄。他在 1930 年发表的《中国语的演化和文言白话的分叉点·语言原料实际的改造》中详细阐述了高本汉之说,又在 1939 年发表的《因文法问题谈到文言白话的分界》一文中作了一些修正,指出:"在实际语言当中,并非仅因音读系统的简单化,为了避免同音的语词,才把单词改成复词的。"

20 年以后,王力(1958:342)既接受高氏"汉语语音系统简化"说,认为:"单音词的情况如果不改变,同音词大量增加,势必大大妨碍语言作为交际工具的作用。汉语的词逐步复音化,成为语音简化的平衡锤。"同时还补充外语的吸收作为汉语词汇复音化的主要原因之一。又受张氏之说影响,进一步指出:"即使语音不简化,也不吸收外来语,汉语也会逐渐走上复音化的道路的,因为这是汉语发展的内部规律之一。不过,由于有了这两个重要因素,汉语复音化的发展速度更快了。"(见王力,1958:343)

至此,如果不是"汉语语音简化"说先入为主,读者很容易从上引王先生的论述中发现问题,甚至是根本性问题。因为在上引王力的论述中,前面的话是对"汉语语音简化"说的肯定,后面的话却是在较大程度上对"汉语语音简化"说的否定。那么,为什么汉语逐渐走上复音化道路是"汉语发展的内部规律"?"汉语发展"的这种"内部规律"产生的原因又是什么?这个疙瘩一直没有人解开。因此,后来才有了"汉语内部矛盾运动"说(参看后文)。不料"汉语内部矛盾运动"之说的问题也很明显(详见后文),所以提出之后不久又有人提出"词义准确"说(参看后文)。但是,与"语音简化"说、"内部矛盾"说一样,都是较大程度上在语言符号系统论的框架内兜圈子,尤其没有冲破"汉语发展的内部规律"这一人造迷雾,[①]所以"词义准确"说始终没有赢得多少信众。[②]

"语音系统简化"说一统语言学界 60 年。到了 1982 年,程湘清发表了相反的意见,认为不是语音系统简化导致了词语复音化,而是词语的复音化导致了语音系统的简化。至于汉语词汇复音化演变,他认为"是语言内部矛盾——交际任务同交际手段之间的矛盾推动的结果"。他说,汉语词汇复音化发展,"(1)从'消极'方面说,是为了

[①] 语言是变化的,但是,语言为什么会变化?有没有"语言发展的内部规律"? 20 世纪五六十年代的汉语研究者争讲"汉语发展的内部规律",20 世纪 60 年代初还掀起了一场大讨论。可是,谁讲的"汉语发展的内部规律"靠得住呀?数十年以来,往往有学者给这样那样的汉语变化现象冠以"汉语发展的内部规律",可是又有谁的结论是客观实际的正确反映?这也是汉语研究中亟待研究的一个大课题,但也需要先解决语言究竟是什么的问题。

[②] 顺便指出,虽然大家都看到汉语复音词越来越多,但始终少有人弄清楚其所以然。并且,"语音简化"说始终处于统治地位,一直被广泛写进汉语学基础理论教材。

更准确、周密地表达思想,进行交际","汉语词语的双音化不但避免了音系繁杂、同音词过多等弊病,而且能够更准确、周密地反映客观,交流思想";"(2)从'积极'方面说,是为了更形象、生动地反映客观,进行交际"。此乃"语言内部矛盾运动"说。不过,"消极""积极"虽含义相反,但这里"从'消极'方面说"的内容与"从'积极'方面说"的内容似乎没有本质性区别,不知其划分"消极"与"积极"的标准是什么。

潘允中(1989:37—40)也认为汉语词汇复音化的根本原因在语言内部矛盾运动,但与程氏之说不尽相同。他认为,"在上古典籍中,词汇向复音化发展的趋势已极为显著",其原因之一是"同音的单音词太多",这一点与"语音系统简化"说没有多大区别;其原因之二是"同义的单音词过于纷繁",这一点是潘先生的发明。

较早从词义角度解释汉语词汇复音化成因的有杨欣安。他在《西南师院学报》1985年增刊上发表文章说:"现代汉语双音词占优势,是汉语的词义逐渐准确、语法也更加严密的结果。"只是讨论不够充分。此后几年从词义角度探讨汉语词汇复音化成因问题的学者不少,但直到苏新春(1995:185—195)才有较多论述。他说:"概括起来说,单音词在日益发展的词汇面前表现出三个弱点。这就是具体词义满足不了人们的认识日益概括、抽象的需要;宽泛的词义满足不了语言交际日益精密、准确的需要;有限的词形结构满足不了与时俱增的词汇增长的需要。单音词的三个弱点成为汉语词汇走向复合词化的内在动因。"这里,苏氏虽然在论汉语词汇复合词化的动因,但由于汉语复合词是复音词的主要部分,所以很大程度上也就是在谈汉语词汇复音化演变的动因,并且所谈重心亦在词义准确性问题,故暂将这派学者意见谓之"词义准确"说。

在20世纪90年代,探讨汉语词汇复音化成因的学者,多把"语音系统简化"说、"语言内部矛盾运动"说和"词义准确"说结合起来讨论问题。如黄志强、杨剑桥(1990)的文章就曾对过去六七十年的研究作了进一步阐发和补充。文章说："语音的简化只是词汇复音化的最重要的外部原因"，"汉语词汇复音化的重要的内在原因是词汇系统本身的急剧发展，首先是词汇量的迅猛增长"。"其次，词汇系统本身的急剧发展，还表现在词义的发展变化上。""汉语词汇复音化的第三个原因是语言交际功能要求不断提高词汇表义的精确性、明晰性，尽量避免负荷过大的多义单音词可能产生的歧义。""除了上面三项基本原因外，汉语词汇复音化也与上古汉语中特别是诗歌韵文中多用叠音词、联绵词有关。""另有两个造成汉语词汇复音化的因素：其一，上古具有复辅音声母的单音词通过增加元音的方式而成为具有单辅音声母的双音节词。……其二，外来词的音译。"

继黄志强等文章之后，不时有探讨汉语词汇复音化成因问题的文章陆续发表出来，但大多只是对黄志强等文章某一点的深入，所以真正能够集过去 70 余年研究之大成的文章只有许威汉（1998）一篇。许氏从汉语孤立语特点出发，认为"复音词的产生主要是应词汇内部调节需要"，于是补充、深化已有研究，加以综合利用，使各家之说在其总论点的统摄下"各得其所，和睦相处"。具体点说，许氏文分四部分：（一）突破语音（音节内部）构词的局限。认为："语音系统复杂化激发词汇复音化，词汇复音化引致语音简化，语音简化再反过来促进词汇复音化。"这就把高本汉、张世禄和王力等学者主张的"语音系统简化"说同程湘清力主的"语言内部矛盾运动"说之（1）[其（2）的情况，后面还要说到]统一起来了。（二）制约单音词语义模糊性。认为："单音词具有多义性和灵活性，信息负荷量一般都比较大，相应地模糊性也比较大"，"复音词大量产生相应地制约了单音词语义的模糊性，大有利于语言交际职能的发挥"。这就使原有的由"语言内部矛盾运动"说发展而来的"词义准确"说显得严密一些了。（三）使词义互补、语法功能专一。这是"词义准确"说的延伸。此前同类文章中有的已经提到，只是不及许氏文章明确、简要罢了。（四）使语词明确、精练、生动。这里的"明确",是指变单音词为复音词可避免同音混淆。至于"精练、生动"说,分明是受陲湘清"语言内部矛盾运动"说之(2)和文化语言学有关理论影响,结合修辞美学和传统音韵学提出的,看似理由充分,实则缺乏口语基础,不具普遍性。总之,许氏不仅发展了"语音系统简化"说、"语言内部矛盾运动"说、"词义准确"说,而且将诸说放在较高的理论层面上进行综合利用,把立足语言符号系统论探讨汉语词汇复音化之成因的研究又向前推进了一步。

许先生文章发表之后,研究汉语词汇复音化的文章不多,有点分量的文章更少。看看现行汉语学基础理论教材,如"现代汉语""汉语通论""汉语基础"之类的教材,大都在秉承"汉语语音系统简化→同音词增多而影响言语交际顺利进行→汉语词汇向复音化发展"这一认识说事,而且大多连这一认识与所谓汉语内部矛盾运动也不作区分,统统说成语言发展的内部规律了。

与上述各家以及现行的汉语语言学基础理论教材的相关论述相比,我们探讨汉语词汇复音化问题完全换了一个角度。概括地说就是在更新语言观的前提下研究汉语词汇复音化演变现象。语言观发生了变化,语言研究方法也就不尽相同。于是与以往的研究相比,一个明显的不同就是,发现汉语社会人与生活世界互动作用中产生的表情达意之需要才是汉语词汇复音化演变的根本原因,从而否定了"语言发展原因在语言内部"的说法。

(二)立足语言符号系统论探讨词汇复音化成因的局限

回顾此前对汉语词汇复音化之成因的研究,尽管论者多角度进行了有益的探索,并且已经取得了正反两个方面的经验,但主要是立足语言符号系统论猜谜,如同仅就影子论影子的变化,以至于画地为牢,胶柱鼓瑟,所以虽然得出了这样那样的结论,但是问题并没有真正解决。所以至此,也许是由于认识上有些问题。

　　首先,立足语言符号系统论探讨汉语词汇复音化演变的成因,就认识论而言是不彻底的,就方法论而言是欠科学的。试问:语言存在于哪里? 存在于言语。语词何来? 来自社会实践。没有社会,没有人们的社会实践活动,没有人们的认识与反映,是不会有语词的。因此,立足语言符号系统论探讨汉语词汇复音化演变的成因,不可能得出符合客观实际的结论。要想得出符合客观实际的结论,只能结合社会发展和人们在社会实践中对相应事物的认知－表述情况,考察复音词的创造情况,借以求得发生学意义上的有力证据。这样说来,此前那种立足语言符号系统论探讨词汇复音化成因的研究,朝好里说就像上海某人本不知长江源头,但由于发现江中漂来南京之某物,而误认为长江发源于南京一样。

　　换言之,语言不是自给自足的,而是依赖人类社会而存在与变化的,语言与人类社会如影随形,所以语言没有决定自身变化的"内部力量"。这就像考察某种肌体的变化情况必须着眼其自身的情况及外界影响,也就是考察其内因是什么,外因是什么,而考察身影的变化则不可脱离身体这一决定性因素。然而,此前立足语言符号系统论考察汉语词汇复音化之演变,就是把依赖于身体而存在的身影误作身体看了,具体研究亦不免水中捞月,所以其结论靠不住是不奇怪的。

　　其次,研究者提出的"语音系统简化"说、"语言内部矛盾运动"说、"词义准确"说等,多带片面性。特别像信众最多、早已写进汉语学基础理论教材的"汉语语音系统简化"之说的提出就纯属想当然。例如:"语音系统简化"说者认为,语音系统简化了,为了避免同音混淆,就把单音词改为复音词。其实,这在很大程度上是一种误解。

　　第一,如果研究汉语史的人对语言事实做过考察,而且没有偏见,也许不会否认:汉语词汇复音化演变至迟从上古时期就开始了,而汉语语音的简化却不是从上古开始的,只是持"语音系统简化"说

44

者出于其理论建构的需要而忽视了这一事实罢了。他们有的说汉语词汇复音化是从汉代以后开始的,有的说汉语语音简化是从隋唐以后开始的,持汉语古有复辅音声母之说者甚至认为汉语语音早在先秦时期就开始简化了。持"语言内部矛盾"说者反对"语音系统简化使同音词增多,造成同音混淆,只好加长词形,这就促使汉语词汇向复音化发展"之说,认为那是"倒果为因"。他们不仅不认为汉语古有复辅音,不认为汉语语音简化始自汉代,而且他们还清楚地看到上古文献中已经存在大量复音词,所以他们坚定地认为汉语词汇复音化演变早从上古时期就开始了。如上文已经提到潘允中(1989)的话:"在上古典籍中,词汇向复音化发展的趋势已极为显著。"

第二,要证明"汉语语音系统简化促使词汇复音化"之说靠得住,必须有这样一个前提:至少得先知道上古汉语声母、韵母、声调分别有哪些,中古汉语声母、韵母、声调分别有哪些,近代汉语声母、韵母、声调分别有哪些,必要时还应该清楚地知道各朝各代的汉语中声母、韵母、声调分别发生了哪些变化,以便通过汉语前后声母、韵母、声调的对比研究,清楚地看到汉语语音简化的真实情况。可是,现在连汉代汉语声母有哪些,也没有人说清楚(参看王力 1985:82),就不用说先秦各历史时期的汉语声母、韵母、声调分别有哪些了。事实如此,有谁能够令人信服地证明"汉语语音系统简化促使词汇复音化"之说是靠得住的?

第三,语词用于交际,总是在特定的语言环境中进行的,受语境的制约,同音未必相混。例如,国内近四十年间发行量最大的一部名为《语言学纲要》的"语言学概论"教材第 268 页说:"《现代汉语词典》中读 jiàn 这个音的词(包括语素)有 30 个,读 yì 的竟多达 85 个,光说一个音节 jiàn,就不知道是'见'还是'建''剑''箭''践''渐'……为了使语言能有效地表达思想,避免同音混淆带来的歧义,汉语在发展过程中就用复音词来替换单音词。"看到这段话里"光说一个音节

jiàn,就不知道是'见'还是'建''剑''箭''践''渐'"云云,读者不禁要问:在日常的言语交际中,光说一个单音词的情况多不多? 退一步说,即使有些场合只说了一个单音节的独词句,有具体的语言环境,一般也不会让人因为"同音混淆"而产生错误的理解。换一个角度讲,人们为什么要通过话语来交流思想情感? 利用话语进行思想交流是不是要同时遵循效率原则与经济原则? 了解了这些事实,再想想咱们自己谈话,即使有时候用到单音节独词句,也不会赶快造个复音词以避免"同音混淆"。联系到这些事实,大概就不会再说"光说一个音节 jiàn,就不知道是'见'还是'建''剑''箭''践''渐'"之类的话了,自然也不会再有其后"为了使语言能有效地表达思想,避免同音混淆带来的歧义,汉语在发展过程中就用复音词来替换单音词"这一想象了。

其实,所以出现上引那部《语言学纲要》第 268 页中的那段话,原因在于说话人脱离了汉语实际发声。因此,它最经不起语言事实的经验,应该是意料中的事情。例如,"从来没 jiàn 那么胖的人|谁 jiàn 了都说好|他想来 jiàn 你"等各句中的 jiàn,有谁会理解为"建、剑、箭、践、渐⋯⋯"而不理解为"见"?"那座寺院是明代中叶 jiàn 的|这里不宜 jiàn 高楼|刚 jiàn 了一个大型游乐园"等各句中的 jiàn,有谁会理解为"见、剑、箭、践、渐⋯⋯"而不理解为"建"?"拔出 jiàn 来就砍|这把 jiàn 是青铜做的|一 jiàn 没砍断,又砍了一 jiàn"等各句中的 jiàn,有谁会理解为"见、建、箭、践、渐⋯⋯"而不理解为"剑"?"jiàn 在弦上|一 jiàn 命中靶心|连射三 jiàn 都不中"等各例中的 jiàn,有谁会理解为"建、剑、见、践、渐⋯⋯"而不理解为"箭"? 它们哪个造成同音混淆了? 至于"践",口语里单用的情况似乎不多见了,但是书面语里却不乏其例。如清顾炎武《日知录》卷七:"服尧之服,诵尧之言,行尧之行,所谓践迹也。"清洪仁玕《资政新篇》:"亲身以倡之,真心以践之。"鲁迅《两地书·致许广平(一九二五年三月十八日)》:"倘荆棘非

践不可,固然不得不践,但若无须必践,即不必随便去践。"各例中的"践"都是单用的,即使不看书面上怎么写的,只听读文,有谁会理解为"见、建、剑、箭、渐……"而不理解为"践"?至于"渐",《现代汉语词典》解释说:"副 逐步;逐渐:天气~冷|歌声~远。"这一解释中给副词"渐"举了两个例子,并且都是单用的,也没有谁会担心例中"~(渐)"会造成同音混淆。这是为什么呢?道理很简单,语词用于言语交际,总是有个具体的语境;单音词出现在具体的语境中,一般不会产生同音混淆的情况。一些语言学家忽视了这一事实,偏执"汉语语音系统简化"之说发声,结果是讲得越多越离谱。不过,上述情况不是哪部现代语言学理论著作中特有的,而是国内同类著作中普遍存在的现象。如果一定要找例外,就只有不认同"汉语语音系统简化造成同音混淆,故需加长词形,致使汉语词汇向复音化方向发展"之说者了,如少数持"语言内部矛盾运动"说或"词义准确"说者。但是,持"语言内部矛盾运动"说或"词义准确"说的著作里同样受了语言符号系统论的关照,以至于同样在较大程度上脱离汉语实际做研究,所以它们也没有对偏执"汉语语音系统简化"之说发声者的例子进行具体分析论证。

由此说来,偏执"汉语语音系统简化"之说的研究,其主要作用就是提醒语言研究者务必以此为鉴,从事语言研究只能从语言实际出发,而不是一味比附某些理论发声。其次是提醒我们尽快搞清楚语言究竟是什么。

又如"词义准确"说,它在某种程度上讲是对"汉语语音系统简化"说以及"语言内部矛盾运动"说的反拨。但是,由于它也主要是立足语言符号系统论发声的,所以它的论述显得有点浮泛,其结论也不是很可靠。这里只举几个"词义准确"说不能解释的例子。如"是"和"视"同音,《现代汉语词典》为"是"列了三个字头,共给它立了 16 个义项,但是,由它参与构成的双音节合成词只收了30条;"视"只有3个义项,但是,由它参与构成的双音节合成词却多达66条;义项不及"是"的五分之一,构词却是"是"的两倍多!《汉语大词典》中"是"的义项比"视"多四个。而据《多功能汉语大词典索引》统计,其收由"是"构成的双音词只有116条,收由"视"构成的双音词则多达292条,超过"是"的2.5倍。这样的例子举不胜举,又哪里是立足语言符号系统论的"词义准确"说解释得清楚的? 又如,据调查,在河南平顶山方言中有个[tuei³⁵],过去有音无字,近年开始有人写作"怼",但是与普通话里的"怼(duì)"音义都不尽相同。它在当地是个"万能动词",至少有80多种含义,当地口语中几乎一般人的所有动作都可以用[tuei³⁵]来表达,特别是与批评、攻击、吵、捅、奚落、讽刺、挖苦、呵斥等有关的行为都可以说[tuei³⁵],而且越是随便的场合越用[tuei³⁵],但是,由于有具体语境的帮助,调查中没有听说谁什么时候因为[tuei³⁵]那么多含义而发生误解。古汉语中也有个万能动词"为",现代汉语其他不少方言地区也有这样的单音节万能动词,人们在言语交际中一般不会因为它们的多义多用而发生误解。尤其像"又"字之类,古今都是多义高频词,但古今都没有能产性,有谁为了词义准确造些复音词来分化它们的某种含义了? 再如,现代北京人口头上的量词"个"也用得很"滥",牛、鸡、船、桥等都说"个",也不曾使人误解。这类现象很值得研究,至少它们都不支持"词义准确"说。由此说来,"词义准确"说的最大作用是告诉读者,已经有学者不认可"汉语语音系统简化"说和"汉语内部矛盾运动"说,汉语词汇复音化另有原因。其次,还有一个与"汉语语音系统简化"说相同作用,即它也在启发语言研究者明白这样一个事实:立足语言符号系统论做研究只能得出似是而非的结论,我们必须尽快搞清楚语言究竟是什么。

至于"语言内部矛盾运动"说,它的发声同样受制于语言符号系统论。它批评"汉语语音系统简化促使词汇复音化"之说是"倒果为因",肯定词汇复音化避免了音系复杂、同音词过多等弊病,只是与"语音系统简化"说的认识过程不同罢了。因此,"语音系统简化"说的片面性,它也未能避免。它认为词汇复音化可以准确反映客观、交流思想,却没有充分联系社会及其发展与人的认知—表述方式的变化,而主要是立足语言符号系统论讨论问题,这与"词义准确"说是一致的,所以"词义准确"说的问题它也有。特别是其分论点(2)所谓"从'积极'方面说,是为了更形象、生动地反映客观,进行交际"难以成立。其作者说:"汉族人民自古以来形成这样一种审美观点,就是讲究对称","这一心理素质和审美观点反映到语言上,就是讲究成双成对的语言片断和节奏,单音节要变成双音节"。又说:"说话行文,讲究对偶,说起来上口,听起来悦耳,看起来整齐,确实增强了语言的表达力","由于对偶的要求,就会导致一种可能:本来用单音词的地方,因连锁反应而改用双音词语。这就在一定程度上促进了双音节词的产生和应用"。其实,这样说有以小偏概大全之嫌。因为,如果说汉语中少数书面语词的产生有这方面的因素,也许没有多少人反对。但是,如果把它看作汉语词汇双音化的两大成因之一,就让人不敢苟同了。试问:研究语言的变化,是否应当立足自然语言?然则考察古今文献资料,可知越是接近自然语言者便越是与其作者的观点相反,亦即越自由、越不讲究对偶。这又该作何解释?大家知道,骈偶于文,六朝最盛。而刘勰于《丽辞》中却说:"若气无奇类,文乏异采,碌碌丽辞,则昏睡耳目;必使理圆事密,联璧其章,迭用奇偶,节以杂佩,乃其贵耳。"(见《文心雕龙》卷七)看来,今持论者之见,即使放到六朝,也未必真能令人信服。再者,若像其作者所言,因讲究对偶而使单音词变成双音词,则有悖语言经济原则。那么,由此而来的双音词又怎么能够被语言社会所接受呢?语言社会不予接受,汉语词汇怎么能够因此而实现复音化?至于汉族人民"心理素质""审美观点"云云,这些至今尚未弄清楚的东西,竟于 20 年前就拿来证明某种学术观点,就更显得有点轻率了。

再其次,研究者对语言材料的取舍大多具有较大的片面性。汉语复音词古今都以复合词为主,这一点可能没有多大疑问。可是,复合词中以哪种结构方式构成的为最多?意见就不够统一了。如果这个问题得不到正确的解答,将会影响词汇复音化成因的探讨。以前,学者多以为联合式复合词为最多,但这是不符合客观实际的。向熹(1989)考察《诗经》,发现共有复合词706个,其中偏正式复合词484个(约占68.56%);向氏又联系现代汉语里复合词的情况,断言汉语复合词发展史上始终以偏正式复合词为最多。沈怀兴(1998)系统考察的结果是,从上古到近代,汉语复合词中偏正式结构者占58.56%以上,现代汉语中占47.78%,其他联合式、动宾式、主谓式、补充式等四种结构方式的合成词的总和只占52.22%。然而,近30年以来,研究汉语词汇复音化的学者却大多以联合式复合词为考察重点和立论依据,很大程度上忽视了偏正式复合词的存在。这样一来,即使认识论上没有问题,即使可以立足"语言符号系统"探讨汉语词汇复音化演变的原因,而具体研究中对材料取舍如此偏颇,其结论的可靠性也难免要大打折扣。

并且,即使如此取材偏颇,也主要是从共时角度就所谓语言本体说话,一般并不怎么考察"酱是怎么咸的,醋是怎么酸的",以至于主观认识扭曲了语言事实,却成为"定论"。这样的研究,虽然有索绪尔语言符号系统论的支持,但是对我们的语文教学、人才培养、社会发展有没有积极意义?这是20世纪包括汉语词汇复音化演变研究在内的现代语言学研究的基本特点,而且至今还在较大程度上保留着这种特征,所以有人一再强调语言研究不能只满足于"画牛皮"。牛皮画得再像仍然拉不得犁,犁不了田,就不用说此前的语言本体研究一心"与国际语言学接轨"而至今只是大致画了"半张标着外文字母的牛皮"了。现在这样说,很可能不被语言学界多数人认可,弄不好还会发生意想不到的遭遇。人们听惯了"成绩大大的",讲惯了"语言学是一门领先的科学",谁还听得进上面那些不讨人喜欢的话呀？但是,事实如此,也就只能这么说了。其实,这么说绝对没有抹杀现代语言学研究之功绩的意思。因为我们知道,只要百年来的现代语言学研究是有贡献的,谁想抹杀也抹杀不掉的。我们坚信过不了多久,上述观点会被越来越多的人认可。因为社会发展要求语言研究必须提供能够有助于拉动汉语文教学、人才培养、社会发展这张犁的牛,而不知道语言究竟是什么的所谓汉语本体研究长期因循守旧,至今只画给社会"标着外文字母的半张牛皮",不管这"半张牛皮"是否真的与国际语言学接轨了,都不可能对我们的语文教学、人才培养、社会发展有多少积极意义,所以最终都只能被社会淘汰掉,尽管它目前还在教科书之类的"画廊"中作为经典展出。

总之,此前立足语言符号系统论研究汉语词汇复音化成因,朝好里说也只是画地为牢,胶柱鼓瑟,其结果只有一个,即结论扭曲事实。因此,虽然就某种意义上说此前立足语言符号系统论的汉语词汇复音化研究取得了一定的成绩,[①]但同时也存在着问题。事实证明,这种研究既不能直接有益于语文教学、人才培养与社会发展,也不能直接促进汉语语言学健康发展。回顾此前立足语言符号系统论研究汉语词汇复音化的历程,则不难发现,要想真正弄清汉语词汇复音化成因,必须另辟蹊径,而且必须从更新语言观做起。

三、汉语复合词产生原因新探

汉语复合词是复音词的大户。此前研究汉语词汇复音化演变原

---

① 如发现了汉语词汇复音化现象,是发现了一大宝藏;多角度试错,使读者终于认识到其症结之所在,对更好地研究汉语词汇复音化现象也有一定的借鉴作用。

因的经验表明,要想正确地研究汉语词汇复音化演变现象,必须更新语言观,首先弄清楚语言究竟是什么。

中外学者站在不同的角度,出于不同的研究目的,曾经给语言下过不少定义。这种现象释放出很多信息。其重要信息之一是,中外语言学家至今没有搞清楚语言究竟是什么,否则就没有那么多语言定义了。然而,不同的语言定义反映了各定义者不同的语言观;而且,语言观制约着语言研究方法论。有什么样的语言观,就可能有什么样的语言学方法论。如索绪尔提出语言符号系统论,就会偏执共时论,就强调"必须把产生这一状态的一切置之度外,不管历时态"(索绪尔〈汉译本〉1985:120)。然则那么多的语言定义,那么多的语言观,创建了那么多的语言学理论,到底有多少是语言事实的客观反映?这个问题,也许是每一位语言研究者都该关心的吧。但是,本书暂不能对现有的语言观一一进行考察讨论。出于本书研究的需要,下面谈谈我们对语言的认识。

从根本论角度讲,语言是人与生活世界互动作用的力的镜像的素描。这个定义比较拗口,为了避免误解,需要先做点解释。

这里的人,包括人的活动与认识。力,大致指人与生活世界互动作用的产物。这个"大致",是从这里的"力"和"产物"相比较而言的。"产物"之所指多具体而少变化,这个"力"却不可避免地因人与生活世界互动作用的变化而不断变化。由于人与生活世界互动作用的存在,世界上不断产生新事物,即使已有的事物也会发生变化。其次,人的生活世界分人类社会和自然界,并且二者都是发展变化的,所以研究汉语词汇复音化演变不可忽视人的生活世界的变化。同时,生活世界的一切发展变化要反映到语言中,都必须通过人在社会实践中获得的认识,因此,研究包括汉语词汇复音化演变在内的语言各种变化的实际情况,都必须充分考虑到人由社会实践而来的认识及其变化的关键性作用。

这个定义大致是对"语言是社会的镜像"之说稍加改造的结果，因为直接说"语言是社会的镜像"似有绝对化之嫌。第一，1)语言不纯粹是一种社会现象；①2)语言是人的；人不是抽象的，而是不断与生活世界互动作用的主体和社会群体；在这个社会群体中，"人"又首先指个体人，因为与生活世界互动作用中的人首先是个体。由此说来，语言还有非社会性的一面。换一个角度看，只要承认语言来自言语、存在于言语，就必须承认这一点。如果研究语言只强调其社会性，有些现象是说不清楚的。这只要看一看网络语世界的一些情况就不难理解了。尤其值得注意的是，如果研究语言只强调其社会性，则不可避免地会涌现出大量的"语言法官"，以至于重蹈规定主义之覆辙。这在世界近现代史上不乏其例。例如，苏联60年的俄语规范化，使其境内193种语言还剩下60多种，就是一个最典型的例子。另外，我们自己也有过片面强调语言之社会性的教训，②虽然那也是历史发展的必然。第二，人类社会以外的事物（如自然界的事物）及其变化也会通过人对语言产生这样那样的影响。因此，大致说来，语言与人的生活世界的互动作用如影随形。第三，这里的"大致"云云，是说语言不是简单地照镜子之所见，所以不能笼统地称其为"镜像"。一方面，人们反映人与生活世界互动作用的产物总是大致的，有所选择的；另一方面，成为语言事实之后还可能发生这样那样的变化，所以这里姑且谓之"素描"，用的是比喻义，大致是指人在与生活世界互动作用中对客观事物认知—表述—传播的过程。

综上所述，这个定义的意思是说，人与生活世界互动作用的力推

---

① 从前有人说语言是一种特殊的社会现象，并且这个说法至今还写在语言学基础理论教科书里。它强调语言与一般社会现象不同是对的，但是只强调语言没有阶级性，说语言一视同仁地为社会全体成员服务，是不够的。这里说语言不纯属社会现象，也是注意到了语言的特殊性，并且随后说明语言的特殊，接下来又作了必要的阐释。

② 沈怀兴《汉语商论》（河南人民出版社2002年版）中约1/3的篇幅考察讨论了这方面的事实，可参看。

动了社会、自然与人自身的变化,种种变化反映到人的意识中成为种种相应的意象-镜像,这"意象-镜像"被人的表述-传播粗笔勾勒出来,①就是语言。

(一)社会发展促进复合词产生,推动词汇复音化形成和发展

尽管语言是人与生活世界互动作用的力的镜像的素描,但是,上述错综复杂的因素使我们不得不分别考察。现在先考察社会方面的因素。语言与社会密不可分。社会产生,语言产生;社会变化,语言变化。就人类历史发展的情况看,那些被融合的民族,其语言也渐渐消亡了。就继续存在并发展的社会而言,受社会影响最快最明显的是词汇。有理由推测,早在母系制社会,汉语里就可能有一定数量的复合词了。至迟到父系氏族社会早期,汉语词汇就开始向复音化方向变化了。为什么呢?按照人类历史发展的一般规律,父权制一旦形成,表明社会已经取得了较大的发展。此时,农业已经比较发达,就可能出现反映各类谷物之特点的复合词。专偶婚制基本形成(大汶口文化中有男女合葬的墓葬),就可能出现男女、夫妇、合葬等复合词。国家初步形成,②就可能出现司农、司徒、司寇等专有名词。

如果把汉字产生、发展作为一个坐标来看,汉语中出现大量复合词的时代可能更早一些。例如,至迟在父系氏族社会早期就已经发展出高级文字体系,即已经出现形声字的文字体系了(沈怀兴,1999)。创造出形声字,说明汉人隐喻思维与抽象思维的能力已经很

---

① 这样说可能会被人简单地理解为言语,不纯是,因为这个"人"既包括个体人,也包括社会人。在个体人那里是认知-表述,是言语,进入社会人的语言生活是表述-传播,就是语言了。这里对言语与语言的两分不同于《普通语言学教程》中的区分,是欲避免简单两分之弊的一种尝试。这里的"意象-镜像",指事物反映在人脑中之印象聚焦的过程及其结果。

② 1986年7月25日《光明日报》报道:考古发现辽宁西部山区早在五千多年前就已存在着一个具有国家雏形的原始文明社会,而当时那里还是母系氏族社会。在华夏大地上,国家的形成很可能更早一些。

高,这种情况下创造复合词以标志新概念则是再平常不过的了。换言之,此时汉语词汇复音化程度已经相当高了。更进一步讲,汉语社会至迟在一万年以前就可能创造出会意字了。会意字的产生,表明汉人已经有着连类而及的认知思维方式。这种情况下,汉语中大量复合词的产生乃是不可避免的,所以前面说汉语词汇复音化可能早在远古社会就开始了。换一个角度说,在这样的社会里,人的思维已经比较缜密,认识已经比较全面、深刻,照理说,给事物命名中一定会经常出现"单不足以喻"的情况,于是语言中越来越多的复合词产生出来。至于目前考古学研究还不能证明这一点,那是另一回事。学界研究上古汉语,总是强调文献佐证,这在一般情况下是必要的,但不能太机械,不能绝对化。只要承认语言是人的,人是社会的,是在与生活世界互动作用中产生表情达意之需要的语言主体,就该承认证据是多个方面的。一定要求文献佐证,人类语言有文字记载者仅千余种,还有大多数没有文字记载的语言,该怎么办呢?再如藏语,到 7 世纪才有文字记载,民族语文学家研究古汉藏语该怎么办?

即使从现有文献记载的情况看,到了夏代,口语中复合词已经比较常见了。史载,夏后帝启之长子名太康,次子名中(仲)康,曾孙名少康。从其祖孙三代的三个名字看,当时偏正式构词法已经相当能产了,口语中偏正式复合词应当不会太少了。

稍后,社会发展加快,一些日常活动需要记清楚日子,于是殷高祖亥发明干支记日法,(一说用干支记日在此前已经出现。)于是汉语里一下子产生出"甲子""乙丑"等 60 个联合式复合词,并且一直沿用了下来。

现有的文献资料中,能够让读者大致窥见较早时代汉语复合词之一斑的是殷墟卜辞,其中"大吉""亡尤""今日""翌日""正月"等复合词很不少,而且使用频率相当高。它们的大量出现和频频使用,其重要原因之一仍然是社会发展及语言主体准确表情达意的需要。

越往后,社会越发展,复合词越多。前面提到许伟建《上古汉语词典》收上古汉语常用词 1634 条,其中复音词 741 条,约占 45%,是上古汉语中词汇复音化的程度已经较高了。[①] 在这 741 条复音词中,除去叠音词和重叠词共 21 条,以及拟声而来的单纯词与个别内部结构待考的词共 32 条之外,下剩 688 条。其中偏正式复合词 411 条,约占 60%;联合式复合词 191 条,约占 28%。剩下不多的复合词是其他结构方式的。这与沈怀兴(1998)考察其他材料所得的结论基本一致。出现这样的结果,我们完全可以从社会发展角度与汉人认知—表述习惯方面找到原因,而且也只能从社会发展角度与汉人认知—表述习惯方面才能找到原因,而不能从所谓汉语符号系统中找原因,这就像不能从瓶装的酒中考察酒是怎么酿成的一样。

再来看一个与人们生活较贴近的例子。随着父权制社会的发展,宗法制产生了。到西周初,宗法制已相当完备。由于贵族阶层的全面推行,一般社会成员也深受影响,所以汉语社会的亲属称谓很有特色。如父亲以上三代依次称祖父、曾祖父、高祖父,儿子以下七代称孙、曾孙、玄孙、来孙、昆孙、仍孙、云孙。这些称谓反映到汉语中多是复合词,并且多是偏正式复合词。这是男性的"主"的一方。至于"从"的一方,以及女性的一方则更多(参看《尔雅·释亲》),反映到汉语中自然也多是偏正式复合词,这里点到为止,就不一一列举了。

如果再肯作点跨文化比较,问题就更清楚了。如汉语社会有叔父、伯父、舅父、姑父、姨父之分,英语、日语等社会中都没有这种分别。为什么呢?这就更需要到社会历史文化中去找原因了。如果只是从所谓语言符号系统的内部找原因,则无异于缘木求鱼。

社会发展之最突出最明显的标志是新事物的不断出现。任何新

---

① 上文提到潘允中(1989)"在上古典籍中,词汇向复音化发展的趋势已极为显著"之说,可与此互证。

事物出现的同时总需要有一个新名字来指称它。然而,大多数新事物都不是凭空产生的,它们总是要和某些原有的事物有着这样那样的联系,这种联系一旦被人们认识并表达出来时,语言中就很可能相应地出现复合词,并且多数情况下是偏正式复合词。后世的例子与我们的生活更接近,可能更容易为人们所接受,故试举一例。如原来搞单一经济时,提到"农民",人们马上就知道是指种庄稼的人。后来经济搞活了,农民分工了,于是汉语中就产生出"果农""粮农""棉农""菜农""瓜农""蚕农""茶农""花农"等偏正式复合词。这些词的出现,只是我们这个社会发展变化的结果,很难想象它们会出现在 19 世纪之前的汉语中。

现在社会分工更细了,于是汉语中偏正式复合词成倍地增长。例如,原来一个"果农"可以指所有从事果树栽培、果品生产的农民,现在种植橘子的农民叫"橘农",种植橙子的农民叫"橙农",种植椰子的农民叫"椰农",种植枣子的农民叫"枣农",种植桃子的农民叫"桃农",种植香蕉的农民叫"蕉农",等等。这一类的例子俯拾皆是,谁都能举出一些。但是,只能从社会发展、社会分工进一步细化中才能找到其产生原因。换言之,面对这类现象,立足语言符号系统论提出的"汉语语音系统简化"说、"汉语内部矛盾运动"说无论如何也无法作出合理的解释。至于"词义准确"说,看上去对这类现象产生的原因有一定的解释力,但是一旦沾上现行语言观——语言符号系统论的边儿,马上就会左支右绌,从而暴露出语言符号系统论脱离语言实际的本质特点。

再换个角度看,社会发展变化过程中有时也会出现一些人民大众不希望发生的情况,反映到汉语中同样会出现一批批的合成词,而且大多是偏正式合成词。例如,《新乡日报》1996 年 4 月 12 日刊登《想当年物资供应紧,忆往昔票证知多少》一文,就吃、穿、用三个方面列举了曾经使用过的种种票证。其中仅吃的方面就先有粮票、油票、盐票等,继而又有粉皮票、肉票、鸡蛋票、咸鱼票、糖票、黄豆票、绿豆票、玉米票、红薯票、白菜票、萝卜票、土豆票、咸菜票等等,共有 40 种之多,反映到汉语中便产生出 40 个偏正式复合词。至于穿的方面的布票、鞋票、袜子票等等,用的方面的火柴票、煤油票、炭票等等,就更是现代年轻人想象不到的了。它们反映到汉语中也都是偏正式复合词。①

总之,由社会发展变化而产生大量复合词,导致汉语词汇向复音化方向演变;社会继续发展变化,则促进词汇复音化程度不断提高。我们探讨汉语词汇复音化演变问题,绝不可忽视社会发展变化这一重要因素。这些现象,绝不是站在语言符号系统论角度,采用已有的"汉语语音系统简化"说、"语言内部矛盾运动"说或"词义准确"说等观点可以说清楚的。

另外,在这么多年的考察研究过程中,我们没有发现一个由两个音节连缀而成的"联绵字/词—双音单纯词"。可以肯定地说,汉语里没有学者们说的那种为避免同音混淆而连缀两个音节创造出的"联绵字—双音单纯词",这便充分证明"联绵字—双音单纯词"之说本来自臆测。既然"汉语语音系统简化"说看似有力的唯一证据也来自臆测,那么"汉语语音系统简化"说以及在它的基础上产生的其他理论也只能是想当然了。

前面说过,生活世界包括人类社会和自然界。人与社会互动作

___

① 上述复音词,都是对人与生活世界互动作用之力的镜像的素描,用今天的话说就是人与生活世界互动作用中产生的表情达意的音义符号。这次读文至此,觉得这样举例还缺着点什么。于是寻得一本小书——《新词:囧时代》,是中国法制出版社 2011 年出版的。稍作考察,发现里面选收了 2008 年以后两三年间流行的新词 363 个,无一例外都是人与生活世界互动作用中产生的表情达意的音义符号,而且绝大多数都是偏正式合成词。它们都与上面所举各例的产生渠道相同,亦即都是人与生活世界互动作用中产生的表情达意的音义符号。现在可以根据上面的考察讨论推知,不管到多么遥远的将来,只要人类社会存在,包括复音词在内的所有新词的产生都离不开人与生活世界互动作用中产生的表情达意之需要。换言之,包括复音词在内的所有新词的产生均与长期流行的"汉语语音系统简化"说以及"汉语内部矛盾运动"说等理论没有什么关系。

用促使汉语词汇复音化的情况如上,那么自然界的情况怎样呢?简言之,自然界的情况亦然,不妨顺便一提。要之,只要有实物在,或者原实物发生变化,都可能被反映到语言中,从而产生一些复音词。如一场强烈的地震不知让语言中产生多少复音词,一门地震学里复音词数以万计,并且其中绝大多数是合成词(少量的单纯词也只能是拟声而来或音译而来),就是最有力的证明。其他如台风、暴雨,乃至细微的气象变化等,都会促使语言中产生一些复音词,并且其中同样绝大多数是合成词,同样不是站在语言符号系统论的角度可以说清楚的。其实,这里面的事实是很容易理解的。并且,只要坚持唯物主义反映论,不仅在汉语词汇复音化演变问题研究上不会出现近百年来盲人摸象的局面,无根的现代联绵字理论压根儿就不会产生,同时汉语研究不会始终以跟着西方语言学理论转为时髦,而且连语言究竟是什么这一语言学研究的根本问题也不是那么难解决了。①

(二)人的认识及其发展决定复合词产生,主导汉语词汇向复音化方向演变

一般说来,人类认识及其发展变化与社会发展、自然界变化分不开。浑言之,汉语词汇复音化是此二者共同作用的结果。析言之,社会、宇宙万物的发展变化是汉语词汇复音化演变的客观基础,是水;以汉人为主体的人类之认识的发展变化是汉语词汇复音化演变的径

---

① 已有的"语言"定义大概不下百余种。潘文国在《语言的定义》(《华东师范大学学报(哲学社会科学版)》2001年第1期)中分类评述了68种,也只是讲了众多的"语言"定义中比较常见的一部分。国内现代语言学家向来没有自己的语言观,百年来的汉语研究就像学者说的那样:"实事求是地说,到现在为止,恐怕还没有任何一部是真正汉语的汉语语法。从引进以后,又亦步亦趋,人家有什么,我们就跟着引进什么。"(见张志公《谈〈暂拟汉语教学语法系统〉》,《语文建设》1995年第1期)结果怎样?一支世界上最庞大的语言学队伍在过去百余年间始终没有建立起一个稍有特色的语言学流派。无数事实早已证明:语言观问题不解决,语言学的研究不仅不可能对文化教育、人才培养、社会发展做出应有的贡献,而且会影响语言学自身的健康发展。然则语言究竟是什么?其实,这也是世界各国语言学家需要共同面对的问题。不过,要解决这个根本性问题,则须有统一的哲学观。

流式水力发电站,汉语词汇复音化就是水流通过水力发电站发出来的电。因此,汉人社会、宇宙万物发展变化越快,也就是水流越大,水力发电站的发电量就越高,汉语词汇复音化的速度越高。至此,不妨再次强调,上面从社会及自然界发展变化角度考察讨论汉语词汇复音化演变的原因,只是为了叙述的方便,并没有否定人的认识及其发展变化在汉语词汇复音化演变中的作用。现在站在人的认识及其发展变化角度探讨汉语词汇复音化演变的原因,同样是在肯定社会发展及自然界变化之作用的同时展开讨论的。

上古汉语里为什么以单音词为主? 先民社会实践活动范围不广,层次不高,限制了其抽象思维能力的发展,因而其认识能力不强,观察事物多限于表面化,对事物的变化与联系往往没有那么明确的认识,较为简单的生活让他们习惯于孤立地看问题,①所以给事物命名多是直接的、笼统的、简单的,这些事物名称反映到语言里就主要是单音词。因此,直到殷墟卜辞之时代,汉语仍以单音词为主。不过,凭借殷墟卜辞,已经可以看到先民认识的发展变化对汉语词汇复音化演变的决定性作用了。例如,卜辞中"吉"十分常见,"大吉"也比较常见。这"大吉"一词的出现,就是先民认识发展的结果。因为,"大吉"是造词者在联系思维的主导下,完全掌握了比较法的基础上创造出来的;比较是认识的工具,比较法的掌握,是先民认识发展的重要标志。其他如"水"和"大水","子"和"小子","龙"和"白龙","马"和"赤马","畐"和"东畐""西畐",等等,两两相较,也可以看出"大水"等偏正式复合词的产生都与先民认识发展变化分不开。推而广之,汉语词汇演变中,所有为指称下位概念而改变原来指称上位概念的单音词形式创造出的复合词,都首先是汉人认识发展变化的结

---

① 上述特点都是与后人的情况相比较而言的,并不是说先民始终表面化地看问题,一贯认识不到事物的变化与联系,全都习惯于孤立地看问题。不然的话,不仅面对殷商甲骨卜辞中的复合词无法作出合理的解释,而且对大多非独词句现象的存在也不容易解释。

果。为了较好地说明这个问题,再举个例子。起初人们认识到自然界里具有生长、发育、繁殖等能力的"物"中实有两类,飞禽走兽等是一类,花草树木等是一类,于是分别于"物"之上加"动"或"植",就造出了"动物"和"植物"这样两个合成词。

随着抽象概括能力的增强,人们发现动物、植物都是有生命力的,于是概括这种发展了的认识又创造出"生物"一词。推而广之,所有为指称由概括下位概念而成的上位概念创造出的复合词,都首先是人的认识发展的结果。

顺便说一句,后来人们又发现了病菌、真菌、病毒等微小的生物,遂统称"微生物"。不仅"病菌""真菌""病毒"等复合词的产生是人类认识发展的产物,而且"微生物"一词的产生,同样也是人类认识发展的结果。读者还可以顺着这一思路做个简单的考察,比如看看人身上的细菌有多少种吧,就会发现已经被命名的就有数百种,反映到汉语中就有了"厌氧菌""链球菌""葡萄球菌""消化球菌""绿脓杆菌""大肠杆菌"等等数百个复合词,无一不是人类认识发展的产物。

比较离不开联想。人们常说,联想是认识的翅膀。联想能力与认识能力成正比。随着人们社会实践活动范围的不断增广,层次不断提高,人们的联想能力也不断增强,于是汉语中复合词日渐增多,汉语词汇复音化程度不断提高。明显由此而来的复合词中,偏正式结构的复合词最多。为了便于理解,现在只举现代汉语词汇中的部分例子:如人熊、板鸭、板油、鸡胸、鳞伤、藕煤、木耳、虾米、瀑布、石棉、石笋、木马、水塔、笔直、笔挺、冰冷、雪亮、火热、瓜分、林立、笼罩、鼠窜、云集、响应、瓦解、狐疑、吻合、蜂窝煤、火烧云、牛皮纸、金丝猴、狮子狗、鹅卵石、鸭舌帽、马蹄表、金字塔、笑面虎、糊涂虫、苹果绿、鸭蛋青等等,这类词一看即明,就不作具体分析了。

人们联想的丰富在一物多名问题上体现得最为充分,由此而来的偏正式复合词更是汉语词汇中的"大户"。这里只举"月亮"为例。

月亮异名很多,仅河南一省就有月公、月婆、月娘、月光、月亮爷、月婆婆、月老娘、月娘娘、月姥姥、明奶奶、明月亮、月亮头、月亮月、月明奶奶、月母奶奶、月亮菩萨等一大串,不知整个汉语社会到底有多少个月亮异名。这只是现代汉语口语中的情况。如果再肯做点历史的考察,包括书面语中的使用情况,就会发现还有月娥、月魄、月桂、月兔、月姊、月华、月球、大明、太阴、玉兔、玉壶、玉蜍、玉魄、玉蟾、白兔、玄兔、玄明、玄烛、西兔、西蟾、地魄、冰兔、阴宗、阴兔、阴魄、阴精、阴蟾、冷月、灵曜、明舒、明蟾、金兔、金魄、金精、宝月、宝蟾、孤蟾、亮月、桂月、桂花、素月、素面、素娥、素魄、素蟾、彩蟾、凉蟾、宵魄、娥轮、娥影、晚魄、银兔、银蟾、清晖、皓兔、皓魄、寒蟾、霜兔、霜娥、蟾界、千里烛、太阴星、太阴精、玉蟾蜍等六七十个名字。没有千差万别的语言环境,没有人们丰富的联想,月亮何以有这么多名字?语言里又何以有这么多偏正式复合词?看来,现在许多语言研究者以为以复代单、古今异名,是为表义明确而分化多义词义项的结果,其说很值得怀疑。不然的话,遇到月球之古今如此多的异名,又怎样才能做出合理的解释?

主要由联想而造出的联合式复合词,总的说来没有偏正式复合词那么多,但是也不可胜计。如巨、微、道、语、惧、戮等都是书面语词,后世口语中单说的情况比较少,人们语言使用中联想到与其相应的口语同义词,于是分别加个口语词,创造出巨大、微小、道路、话语、惧怕、杀戮等联合式合成词。

除了通过同义联想造出的联合式合成词以外,还有通过相关义联想和反义联想造出的两种联合式合成词。前者如耳目、骨肉、手足、口舌、喉舌、血汗、心胸、刀枪、分寸、笔墨、江湖、禽兽、人马、山河、岁月、学问等等,后者如大小、长短、动静、天地、出入、举止、老小、收发、表里、来往、褒贬、得失、生死、起伏、取舍、进退、多少、贵贱、荣辱、轻重、优劣、早晚、先后等等。

　　动宾式复合词中动、宾之间的关系比较复杂,种种关系充分反映出造词者对客观存在及其相互之间的联系的认识。没有客观存在,没有人们对客观存在及其相互之间的联系的认识,汉语里也不会有动宾式复合词。这是不言而喻的。这里需要强调指出的是,动宾式复合词在汉语词汇发展史上递增速度最快。沈怀兴(1998)考察的结果是,先秦汉语复合词中动宾式结构者只占 4.57％,《辞源》第 1 册所收复合词中动宾式结构者占 16.45％,《现代汉语词典补编》所收复合词中动宾式结构者占 19.43％,由此可知动宾式复合词发展之快!而正是因为这类动宾式复合词的动、宾之间关系复杂,它所占比例的不断提高才充分反映出汉人思维认识之发展对汉语词汇复音化程度不断提高的关键性作用。

　　比较而言,主谓式复合词和补充式复合词在古今汉语中都是极少数。具体说来,补充式复合词在先秦汉语里还没有出现,主谓式复合词也很少(参看沈怀兴:1998)。汉魏以后,这两类复合词共占全部复合词的 5％左右。所以如此,原因是多个方面的,这里不必展开讨论。但是有一点可以肯定,即这两种复合词尽管所占比例很小,尽管看上去它们对汉语词汇复音化进程影响甚微,但它们的从无到有,从少到多,毕竟是和汉人社会以及自然界的发展变化、人们认识的发展变化相一致。换一句话说,没有汉人社会以及自然界的发展变化,没有汉人认识的发展变化,这两类复合词也不会出现在汉语中。换言之,与偏正、联合、动宾等三种结构方式的复合词一样,这两类复合词的产生也都和立足语言符号系统论发明的“汉语语音系统简化”说、“汉语内部矛盾运动”说之类的理论沾不上边儿。

　　总之,汉人认识的发展变化及其表达的需要促使汉语复合词不断产生,越来越多地产生,从而不仅促使汉语词汇向复音化方向演变,而且还促进汉语词汇复音化程度不断提高。因此,探讨汉语词汇复音化演变问题,绝不可忽视汉人认知思维的发展变化及汉人表达的实际需要这一根本的因素。换一个角度说,所有汉语复合词的产生都不是站在语言符号系统论角度采用已有的"汉语语音系统简化"说、"汉语内部矛盾运动"说或"词义准确"说等观点可以说清楚的。任何汉语复合词的产生都源于人与生活世界互动作用,都是汉人为满足其表情达意之需要创造出来的。因此,汉语复合词都有其确定的造词理据,都有可验证性。换言之,它们都不像部分现代语言学家臆度的那种连缀两个音节而成的"联绵字—双音单纯词"那样,既没有什么造词理据及可验证性,又根本找不到人类认识及其发展变化的印迹。

四、其他复音词的产生和变化

在复音词中,除了复合词之外,还有派生词、重叠词、叠音词、复音节拟声词、复音节叹词和复音节音译词。这几类词的产生和发展也和复合词一样,都可以从人与生活世界互动作用的历史上找到它们的产生依据,所以它们都有其造词理据,都有可验证性。

至于现代语言学著作中所谓用这样或那样的构词法创造出的"联绵字/词—双音单纯词",人类其他语言中是没有的。可以肯定地说,人类其他语言中没有国内现代语言学家说的那种连缀两个音节创造出的单纯词,[①]所以不仅常见的普通语言学著作中看不到"联绵字—双音单纯词"之造词理据的论述,历史语言学、语言哲学等学科

---

① 国内有一位现代语言学先行者的著作中称"汉语的双音词有一种特殊的构词法"(王力《汉语史稿》第 45 页),《汉语大词典》在"联绵字"条下解释说"由两个音节连缀而成的单纯词",一些追随者著作中不仅把"由两个音节连缀而成的单纯词"称作"联绵字/词",而且往往说这种"联绵字/词"是汉语里一种特有的语言现象,也都说明人类其他语言中没有连缀两个音节而成的单纯词。我们还曾经就这个问题请教高校外语学院某些语种的任课教师,他们所熟悉的语言中也都没有连缀两个音节而成的单纯词。又广泛地考察现有文献资料,也不见有关于人类其他语言中存在连缀两个音节而成的单纯词的报道及论述。

的著作中也看不到"联绵字—双音单纯词"之造词理据的论述。下面仍立足汉语考察讨论问题。

从严格意义上说，一般语言中叠音词多由拟声而来，少量的叠音词由音译而来，[①]汉语也不例外。另外，有些语言中还有切音词，即通常说的切脚语，汉语里也有切音词。现在总说一句：与上一节讲复合词的情况一样，汉语中派生词、重叠词、叠音词、复音节拟声词、复音节叹词、复音节音译词以及切脚语的产生与演变同样是人与生活世界互动作用中产生的表情达意之需要的结果。现在试把它们分为复音单纯词的产生和演变、重叠词的产生和演变、派生词的产生和演变三部分，依次进行考察。至于部分学者坚称汉语里一种特有的语言现象"联绵字/词—双音单纯词"，前面已经指出，那是臆度。现在流行的"联绵字/词—双音单纯词"是汉语中特有的一种语言现象的观点本来就不成立，又因三人成虎而成"定论"，但它毕竟没有造词理据，没有可验证性，缺乏坚实的语言基础，我们也无法把无作有论。

（一）复音节单纯词的产生和演变

判断复音节单纯词有三个条件，一是必须有两个或两个以上的音节，二是必须含一个语素，三是与所有合成词一样必须有明确的造词理据，具有可验证性，一定能够在人与生活世界互动作用的历史上找到这个复音节单纯词产生的依据。在汉语里，符合以上三个条件的复音节单纯词只有拟声而来的复音节词、音译而来的复音节词、复音节叹词和切音词四类。此外没有复音节单纯词。在这四类复音节

---

① 国内语言学家多以为"肖声""肖形"都可以创造出叠音词。但是，如果严格区分叠音词（单纯词）与重叠词（合成词）的话，只有"肖声"才能创造出叠音词（单纯词）。"肖形"可以创造出重叠词（合成词），不能创造出叠音词。这是因为肖声肖的是语音流，故可创造出叠音单纯词；物形无声无可肖，至多只能描绘，进行描绘而得复音词，必定是合成词。也就是说，他们所说的"肖声"的"肖"是模拟，"肖形"的"肖"只能是描绘，这两个"肖"应该有所区别才符合客观实际。同理，那些"肖"出来的其他复音词也都是这样，即凡由肖声而来的都只能是单纯词，由肖形而来的都一定是合成词，没有例外。

单纯词中,复音节叹词不多,比较常用的如古汉语里的"呜呼""嗟夫""噫吁嚱/噫嘘嚱""噫嘻吁"等,现代汉语里的"哎呀""哎吆""哎哟""唉哟""哎唷""嗨吆喂"等,只要读一遍,稍加留心,就可以清楚地看到它们都具备上述三个条件,而且它们的产生与通常所谓"汉语语音系统简化"或"汉语内部矛盾运动"之类的理论沾不上边儿,这里就没有必要多说了。

拟声而来的复音节词和音译而来的复音节词中又可以分为叠音词和非叠音词两类。

叠音词,从形式上看,都是连缀两个相同的音节构成的。从发生学角度看,最早的叠音词都是由模拟自然界的声音或人类自身动作之声创造出来的。与其他非叠音拟声词一样,都是语言中产生最早的复音词。例如,远古的人们在社会实践活动中听到自然界或人类自身常有的各种声音,如雷鸣、风啸、水泻、鸟叫、猿啼以及人呼喊、欢笑、呻吟等,出于表达的需要,加以模拟,便产生了拟声词。而不少声音是重复发出或连续发出的,于是"单不足以喻则兼",一个个拟声叠音词就这样产生了。如《诗经》中"伐木丁丁""鼓钟将将""鸡鸣喈喈""营营青蝇""关关雎鸠"等句中带点的词便是。

叠音词音节叠连,给人听觉上带来美感;含义朦胧,适于描绘事物声音态貌,可谓音义兼长。因此,古今语言艺术家于口语表达或文学创作中自觉模拟自然之声或人物之声创造和使用叠音词,从而为汉语积累了大量叠音词,有张拱贵等(1997)编写的《汉语叠音词词典》为证。该词典自谓"以常见、实用为主,共收叠音词 5000 余条",虽然书中条目收得过于宽泛,但即使扣除五分之四,仍可看出汉语叠音词之丰富,仍可看出叠音词对促进汉语词汇复音化发挥了重要的作用。如果包括非叠音的拟声复音词,就更多了,对促进汉语词汇复音化的作用也更可观了。

至于非叠音拟声复音词,也都是由模拟自然界有变化的声音或人类自身动作之有变化的声音创造出来的,也有反映事物声音态貌的作用。总的说来情况与拟声而来的叠音词差不多,一般读者都可以列举诸如"咔嚓""啪哧""咕咚""吱嘤""咣啷""扑通""哗啦""呱唧""轰隆""扑哧"之类的一些例子,也无须更多的分析讨论。需要注意的是,双音节拟声词以及下文即将考察的双音节音译词等与通常所谓连缀两个音节而成的单纯词"联绵字/词"的根本区别不是别的,而是拟声词、音译词等可以在人与生活世界互动作用的历史上找到客观依据,亦即均有明确的造词理据,可以验证,所以有进入交际领域的"通行证";而那些所谓连缀两个音节而成的单纯词"联绵字/词",在人与生活世界互动作用的历史上找不到成词的客观依据,或者说它们的成词依据只是索绪尔所谓"音义结合是任意的"之说,所以没有明确的造词理据,不可验证,根本没有进入交际领域的"通行证"。明乎此,不仅可以进一步认清"汉语语音系统简化"说、"语言内部矛盾运动"说、"词义准确"说等各种理论的臆断性,甚至还可以进而冲破语言符号系统论的束缚,自觉遵循"语言是人的"这一理念研究语言,从而向开创语言研究新局面扎扎实实地迈出一步。

还有一些音译叠音词,与拟声叠音词一样,都是社会发展变化和民众认识反映的结果。社会发展变化了,族际或国际交流频繁了,民众视野开阔了,生活丰富了,所认知的外来新事物需要通过音译的方式反映到汉语中来,就出现了音译词,自然包括音译叠音词。如梵语音译词"迦迦"早在汉代就有了,匈奴语音译词"生生"更早,至迟战国文献中就有了。[①] 还有狒狒,产于非洲,但《尔雅·释兽》里已收有"狒狒",很可能也是一个音译叠音词。至于非叠音的音译复音词就更多了。其生成原因同音译叠音词,无须举例。

---

① 初做"生生",因其兽类而后加"犭"旁,写作"狌狌",又写作"猩猩"。《逸周书·王会》:"狌狌若黄狗,人面,能言。"晋孔晁注:"狌狌,兽名。"《荀子·非相》:"今夫狌狌,形笑,亦二足而毛也,然而君子啜其羹,食其胾。"《尔雅·释兽》里也收释了这个词:"猩猩小而好啼。"

汉语词汇音译外来成分中复音词占绝大多数。刘正埮等《汉语外来词词典》收外来词万余条,其中音译复音词和半音译半意译复音词约占 90%,多达九千余条,并且都是"生活用语和常见的专科词语"。仅此一项,就足以看出外来词在汉语词汇复音化过程中所发挥的作用。如果进而联系外来词进入汉语社会的历史背景,尤其看到汉魏以来佛教引入、佛教用语涌入(丁福保《佛学大辞典》收词三万余条,复音词约占 98%,比较常用的词约占 15%)和鸦片战争以后中国社会巨变、西洋借词涌入(上举《汉语外来词词典》中,这类词近 70%)之事实,则更可以说,外民族词的借入,同样是社会发展变化的结果,是人们思想认识发展变化的结果。换言之,是社会发展变化与人的思想认识发展变化的互动作用导致了复音节音译词的涌入,从而大大提高了汉语词汇中复音化的程度。

至此,还有一种现象需要略作说明。有的叠音词声母发生了变化,就变成了叠韵词;有的叠音词韵母发生了变化,就变成了双声词。这种现象很少,但是需要有个说法。怎么看这种现象呢?有的语言学著作中讲到"联绵字/词—双音单纯词"的来源时,直接把它们归为双声联绵词或叠韵联绵词;至多交代一声,说它们是由叠音词演变来的。其实,贴什么标签不重要,关键是要看它们与一般所谓"联绵字/词—双音单纯词"的区别。也就是说,叠音词不管怎么变,都改变不了它们由拟声或音译而来的本质特点。换一个角度看,它们都有明确的造词理据,都有可验证性。这是学者们想象中的"联绵字/词——双音单纯词"不具备的。另外,拟声、音译不是汉语独有的造词法,所谓"联绵字/词——双音单纯词",却是用王力先生(1958:45)所谓一种特殊的构词法创造的,尽管那种"特殊的构词法"并不存在。因此,杨剑桥《实用古汉语知识宝典》"联绵词"条下明确指出:"联绵字/词"是指"除叠音词、象声词和叹词以外的汉语固有的双音节的单纯词"。至于一些著作中讲"联绵字"而包括叹词、拟声词、音译词之类,①那是与国内正统派观点不相容的。

还有切音词问题。切音词又叫切脚语、切脚字、切字、反切语、反语等。就现有文献资料看,《左传》里已经记载了一些切音词。宋洪迈《容斋三笔》十六《切脚语》列举了部分切音词(他叫"切脚语"),至清代俞正燮《癸四类稿》卷七《反切证义》更加注意搜集研究切音词,后黄侃、刘盼遂、赵元任、李维琦等都对切音词研究做出了贡献。到傅定淼《反切起源考》一书则集各家之大成,且又有发明。总的说来,切音词具有明显的地域性、游戏性、隐秘性和有限性,是一种较为特殊的语言现象,②是特殊场合进行特殊的社会交际的产物。只是切音词在汉语词汇复音化演变过程中作用甚微,而且非汉语所独有,同时与本书研究的中心问题关系不大,就不详予考察讨论了。

(二)重叠词的产生和演变

重叠词,也叫"重叠式合成词"。大致可分为两类。一类是 AA 式重叠词,也就是出于特殊的表达需要重叠使用固有单音词创造出的 AA 式重叠词,如漫漫、匆匆、惴惴、悄悄、纷纷等。一类是 AABB 式重叠词,也都是出于某种思想认识表达之需要创造出的,如形形色色、熙熙攘攘、婆婆妈妈、洋洋洒洒、花花绿绿等。总之,重叠词,不管哪一类,也都是由人在与生活世界互动作用中产生的表情达意的语言符号。换一个角度说,使用重叠词,不管哪一类,总是可以满足特定思想情感之表述的需要。明乎此,人们就会把注意力集中在言语交际、特殊表达需要、特定表达效果上面进行观察研究,从而较好地

---

① 这种现象甚至已经反映到词典编纂中去了,如《新编联绵词典》(河南人民出版社 2001 年版)。

② 因为它的造词理据比较特殊。切音词不是汉语中特有的语言现象,汉藏语系中部分语言,如缅语、瑶语等,都有切音词现象。切音词与所谓"联绵字—双音单纯词"的本质性区别在于前者是语言使用者为满足特殊的表达需要而创造的,有明显的造词理据,可验证,后者没有造词理据,不可验证,并且至今没有人拿出使人信服的证据证明连缀两个音节而成的"联绵字"有其产生的必然性。

实现语言研究为现实服务的目的。同时,也可以顺藤摸瓜地看到一个语词、一种语言现象产生和演变的原因,从而得出与客观实际相一致的结论。

特别是四字格的重叠词,先秦两汉文献中已经很不少了。例如,专收先秦两汉典籍中联绵字的王国维《联绵字谱》中就收有"纯纯常常""混混沌沌""洞洞灟灟""媒媒晦晦""芒芒昧昧""昧昧芒芒""振振殷殷"等,[①]可知重叠词在汉语词汇复音化演变中也发挥了一定的作用。至于这类词是如"纯纯常常"先由 A→AA、B→BB 然后 AA＋BB→AABB 呢,还是如"混混沌沌"由 AB 直接重叠为 AABB,或者如"婆婆妈妈"之 AA＋BB→AABB,各种方式形成机制何在,表达效果有什么不同等,也需要从发生学角度进行深入考察,但这是另一个课题,姑且点到为止。

重叠词,汉语中古今都以形容词为最多,如皑皑、绵绵、草草、昂昂、寥寥、勃勃、凛凛、茫茫、惨惨、苍苍、巍巍、悠悠、惶惶、匆匆、荡荡、端端、菲菲、沉沉等,举不胜举。上言张拱贵等《汉语叠音词词典》收词 5000 余条,其中重叠词约占 4/5,大半是形容词类重叠词,大致可以说明这一点。

一般语法著作中称重叠词是两个相同的词根相叠而构成的一种合成词,举的例子多是哥哥、姐姐、仅仅、偏偏之类。其实,这不过是站在现代汉语角度给历史上形成的重叠词下的定义。它的问题是见流不见源,见现象而不知其本质,一定程度上使重叠词研究流于肤泛,游离于常人生活之外,于语文教学或民众社会生活都没有多少积

---

① 作为传统语文学家/小学家的王国维,他所称的"联绵字"大致相当于现代语言学里的"复音词",但是不限于复音词。小学家没有现代语言学家的语词结构分析、语素辨认之意识。至于现代语言学家习惯于拿王国维"联绵字,合二字而成一语,其实犹一字也"之说来比附"联绵字/词—双音单纯词"说,那是没有读懂王国维的话。王氏"成一语"的"语"指一个语词,"犹一字"不等于"是一字"。用今天的话说,王氏这话是在强调词义的整体性。考察王国维全部著作,无一处对复音词进行结构分析或语素辨认。

极意义。① 事实上，一般的重叠词都是言语交际中由词的重叠使用而来的。比如一个单音词（暂只讨论单音词），所反映的客观存在本来就有被语言群体重叠使用该词的可能（详后），而且又被语言群体重叠使用久了，定型了，一个重叠词也就在语言中落下"户口"了。这一点，《周易》古经中就已经有很好的例证。例如，《谦·初六》中"谦谦君子"、《蹇·六二》中"王臣蹇蹇"、《夬·九三》中"君子夬夬"等，爻辞中重叠卦名而得"谦谦""蹇蹇""夬夬"等，在当时是单音词重叠使用，在后来便是重叠词了。后世的例子，张㧑贵等《汉语叠音词词典》《现代汉语词典》《汉语大词典》等书里都收了不少，这里从略。然则当初爻辞作者为什么要将"谦"等重叠使用呢？单不足以喻也。"谦"即谦虚、"蹇"即蹇难（从王弼说）、"夬"即果决，而爻辞作者要表达"十分谦虚""十分蹇难""十分果决"等意思，单用"谦"等是不够的，便只好将它们分别重叠使用了。这倒是与后世形容词重叠表示程度加深是一致的。程度深浅是人类比较认知法与客观存在互动作用的结果，这在词根孤立语的汉语里常常通过形容词的是否重叠表达出来，所以古今汉语中均以形容词的重叠形式定型而成的重叠词为最多。顺便提一句，《周易》古经中也有"俗成"了的重叠词。如"履道坦坦"中的"坦坦"、"束帛戋戋"中的"戋戋"、"旅琐琐"中的"琐琐"等，就都是定型了的重叠词。这样说来，汉语里至迟在三千多年以前就有重叠词产生了。

与形容词相比，名词中重叠词则较少。又可分为两类。一类是人伦称谓，如奶奶、姥姥、伯伯、叔叔、哥哥、姐姐、弟弟、妹妹等。汉语中人伦称谓以重叠词形式出现不知起于何时，至迟到六世纪已较普

---

① 这不仅是重叠词研究的问题，也是现代语言学各项研究共同存在的问题。因此，人称"现代语言学是现代科学中最没用的科学"。周志锋教授更为明确地指出："我国语言文字之学本来重阐释，旨在把人们不明白的语文现象讲明白；现代语言学的研究则不然，常把明明白白的东西讲得不明不白。"所以至此，直接原因是在印欧语言学理论框架内研究汉语，深层原因则是所遵循的语言观与语言学方法论有问题。

遍。《北齐书·南阳王绰传》:"绰兄弟皆呼父为兄兄,嫡母为家家,乳母为姊姊,妇为妹妹。"以"姊姊"称乳母尤为普遍。如《北齐书·琅琊王俨传》中载高俨亦称其乳母陆令萱为"姊姊"。当时亦有称生母为"姊姊"者,如《北齐书·文宣李后传》中载,太原王高绍德呼其生母李祖娥为"姊姊"。上举诸例多是晚辈称呼长辈,由此不难看出呼者对被呼者的尊敬依恋之情。这可以看作对被呼者长期关爱呵护的回报。这一现象的产生,离开中国古代社会亲亲之教的伦理道德观念,是找不到正确的答案的。至于当时称妻子为"妹妹",不仅体现了和乐融融的家庭气氛,而且展现出男女渐趋平等的时代新貌,就更是社会文明发展的结果了。此后一千四五百年,即直到今天,越是和睦的家庭,越是亲昵的场合,重叠式称呼使用频率越高,就更说明社会文明的发展,人际关系的改善和亲亲之情表达的需要决定着人伦称谓类重叠词的产生和发展了。

　　另一类是事物名称,如条条、块块、毛毛、头头等。事物名称为重叠形式者较早的见于《诗经·豳风·燕燕》"燕燕于飞",但仅凭此例,还不能说为事物命名而创重叠词的现象早在春秋时期就产生了。以重叠词的形式给事物命名,大概是宋元以后的事,且北方话里较少。最初不知是受重叠式人伦称呼语影响而产生的,还是受其他方言影响或模仿儿童语言而产生的。但是,不管怎样,它们的产生都离不开人们的特殊情感与认识,它们的存在都有其必要性。尤其条条、块块、毛毛、头头等在口语中一经儿化,其特殊的感情色彩就更明显了。所以尽管它们为数不多,但与其他复音词一样,都是人们表达特定思想感情的产物,而与立足语言符号系统论持什么"汉语语音系统简化"说、"语言内部矛盾运动"说之类没有关系。

　　汉语动词的情况看上去比较特殊。六朝以前,动词重叠使用的现象比较少,定型为重叠词的更少,常见的只有行行(❶出游。❷行走）、死死（即使死了）、去去（❶出游。❷行走。❸抛弃）等几个。①隋唐以后动词重叠使用的例子渐多，但是能够定型为重叠词的仍然很少，常见的只有吵吵（也写作"吵吵儿"。许多人乱说话）、拘拘（拘泥）、拉拉（趿拉）等几个。在现代汉语普通话里，大多数动词都可以重叠使用，尤其单音节动词更是经常被重叠使用，但是能够定型为重叠词的仍然极少，常见的只有痒痒、嚷嚷等。

这是一种很有意思的语言现象。为什么部分形容词或名词重叠使用久了，就可以定型为重叠词；动词即使经常被重叠使用，一般也不能定型为重叠词呢？简单地说，一般动词所反映的客观存在是语言主体认知的动作行为和变化，不像部分形容词那样所反映的客观存在在语言使用者认知里具有程度深浅之别，也不像部分名词所反映的客观存在那样被语用者赋予了某种建立在传统文化观念基础上的持续稳定的思想感情。动作行为和变化大多具有一过性，所以单音节动词的重叠使用一般含有"稍微……一下"的意思，表示时间短暂或尝试义。如现代汉语普通话里"坐坐""歇歇""修修""整整""锄锄""浇浇""尝尝""说说""读读""考考"等叠用形式常见，但是定型为重叠词却比较困难，就是由于这一原因。至于上举"痒痒""嚷嚷"等，原是由于痒、嚷等都表示了动作行为或变化的连续性，才使它们的叠用形式定型为重叠词。这些情况，不从人与生活世界两个方面考察，只立足语言符号系统论并拘泥于"汉语发展的内部规律""汉语发展的内部原因"是怎么也说不清楚的。

汉语中重叠式副词也不是很多。常见的重叠式副词中，有的也是因为含（事件、时间等的）连续义而定型的，如"常常""每每""往往""屡屡""时时""渐渐"等；有的则是因含通同义而定型的，如"处处"

---

① 对"行行""死死""去去"等三个词语的解释均从王云路等《中古汉语语词例释》（1992），与一般词典的解释稍异。

"通通"等；有的是因为在很多场合都需要加强肯定或否定而定型的，如"恰恰""偏偏""明明"等；还有的是因为经常强调某个时点、某种程度等而定型的，如"刚刚""稍稍"等。它们的产生，离开了人们认识的发展与表达的需要，同样找不到正确的原因。

综上所述，重叠词的产生与日益增多也跟人在与生活世界互动作用中产生的表情达意之需要分不开，因此也都有明确的造词理据，所以也都有可验证性。与其他类词的产生与演变一样，重叠词的产生与演变也不是立足语言符号系统论以及所谓"汉语发展的内部规律""汉语发展的内部原因"能够说清楚的，更跟汉语学基础理论教科书里讲的"汉语语音系统简化""语言内部矛盾运动"之类没有关系。

（三）派生词的产生和演变

汉语派生词的研究也是一个大课题。百年来研究汉语派生词的文献可谓汗牛充栋，但是主要是趋从西方语言学家基于印欧语研究建立起来的派生词理论做研究，所以到底有多少结论符合汉语实际情况，目前还不清楚。本文不能逐一讨论，只能在语言观更新的前提下谈谈汉语派生词大致是怎么产生和演变的。否则有读者要问：你不认为有什么语言发展的内部规律，不认为语言发展有什么内部原因，并且认为在语言符号系统论框框内提出的"汉语语音系统简化"说、"汉语内部矛盾运动"说、"词义准确"说之类的理论都不能正确地解释汉语词汇复音化演变现象，那么，是什么力量促使汉语派生词产生和演变？

对此，本来应该先谈谈为什么没有语言发展的内部原因及其内部规律。不讲清楚这个问题，只是就事论事，深层的问题不能解决，怎么谈都会有肤泛之嫌。但是，要讲清楚这个问题，需要考察讨论的问题很不少。例如，国内语言学家为什么特别喜欢讲语言发展的内部规律以及语言发展的内部原因？^① 在中国现代语言学发展史上，"语言发展的内部规律"之类的说法是什么时候出现的？ 又是怎样发展起来的？^② 为什么说那是机械地理解唯物主义思想原则、教条地套用唯物辩证法思想的产物？^③ 这些问题都搞清楚了，还有一个最关键的问题，亦即语言究竟是什么？^④ 虽然我们已经在这个问题上做了十多年的研究，提出我们对语言的认识，并且反复修改、验证，但是五六十万字的论述，^⑤不管怎样概括，也很难插在这里。不得已，只能不避肤泛之嫌，最大限度地参考传统的看法，蜻蜓点水式地谈谈汉语派生词的产生与演变情况，以能够大致说明派生词产生与演变的基本原因为度。

---

① 这里面既有趋从"语言本体论"做研究的原因，也有 20 世纪中叶国内社会发展之特殊性很大程度上制约着语言研究和语言学研究的原因，还有学术自觉性不强的原因。

② 这个问题姑且稍做说明。在国内，"语言发展的内部规律"之说萌芽于 20 世纪 40 年代，50 年代不断有人提出这样那样的"语言发展的内部规律"，60 年代初还有过一次大讨论。参加讨论的学者大多争说"语言发展的内部规律"是什么，汉语发展演变过程中有哪些内部规律。这在薛德太《语言发展的内部规律》(1962)中讲了不少。但是，由于没有弄清楚语言究竟是什么，同时又教条地理解唯物论、矛盾论，机械地搬用唯物论、矛盾论的思想方法，于是这样那样的"汉语发展的内部规律"被想象出来，并且迅速流传开来。"文化大革命"之后，一些本来靠不住的"语言发展的内部规律"被重新捡起，而且凡讲"语言发展的内部规律"者，都习惯采用人所共知的口吻，以至于给读者以不言而喻的错觉。于是初学者和不求其解者大多信以为真，懵懵懂懂地接受了下来，随后也就跟在后面这么说，致使这样那样的"语言发展的内部规律"越来越成了汉语语言学的"常识"，但是，直到现在没有任何一条大家都比较熟悉的"语言发展的内部规律"曾经得到有力的证明。

③ 这个问题也比较复杂。除了语言学发展水平的原因以外，还有个政治导向问题，尤其还有个这样两大原因为什么会互相影响、共同作用的问题。

④ 一部现代语言学史告诉我们：西方语言学家也没有搞清楚语言究竟是什么。他们没有对语言是什么、不是什么的问题进行全面深入的研究，偏执西方哲学中的本体论提出并遵循语言符号系统论研究其"形合"的印欧语，虽然捡到了一些芝麻（因为他们毕竟是在立足其"形合"的印欧语做研究），但是总的说来丢掉了西瓜。他们发现了问题，苦苦挣扎，四面突围，创立了那么多语言学流派，诸如转换生成语法学派、认知语言学派、功能语言学派等等，甚至派下又分派，最终摘下西瓜了吗？ 没有。其根本原因是什么呢？ 是他们还不知道语言究竟是什么。并且，由于他们始终受着偏执本体论之传统思想的束缚，虽然各派研究都有一定的积极意义，但是也都在不同程度地成了"有闲人的智力游戏"，所以都不能满足语文教学、人才培养、社会发展的需要。至于国内的现代语言学研究，由于我们是"跟着转"（吕叔湘：1987），是"亦步亦趋"（张志公：1995），也就是用人家基于"形合"的印欧语研究建立起来的理论套"意合"的汉语，其结果怎样，多年来已经讲了不少，而且大家都已心知肚明，就不说了吧。因此，下大力气搞清楚语言究竟是什么，早已是语言研究以及语言学研究的首要任务，因此也是需要各国语言学家共同面对、认真研究的重大课题。

⑤ 联系实际深入剖析了现在处于主导地位的语言观——语言符号系统论和语言工具论的问题，在此基础上全面阐述了新的语言观——语言是人与生活世界互动作用中产生的表情达意的音义符号。

　　派生词，一般认为就是在词根的前面或后面附加词缀而创造的词，如瞳子、花儿、阿婆、猛然等。就现代情况看的确是这样。但是，如果从发生学角度说，有些后缀是词根虚化而成的（如"—子""老—"）。如"舟子"在2700多年前产生时，虽然大致可看作派生词，但其"—子"还没有完全虚化，"老—"至唐代中叶才开始朝前缀演化，而且一直都不太像典型的前缀。也有的一开始就很像词缀，所以一般的语法书里都喜欢举它们为例。例如，"遭如、班如"的"如""阿娇、阿斗"的"阿"。不严格地说，这一类词大体上符合现代通行的语法书里给"派生词"下的定义。进一步考察可知，不同派生词的产生与演变有不同的原因。但是，也都不出人与生活世界互动作用以及语言主体认知－表述这样两个方面的原因。它们也都有明确的造词理据，因而也都有可验证性，也不是立足通常所谓"汉语内部发展的原因"能够说清楚的。

　　汉语派生词最早产生于什么时代，现在已经无法确考。只知道虽然不多，但是至迟到周初就已经较为常见。例如，仅《周易》古经中，只算"—如"类派生词就有屯如、遭如、班如、涟如、挛如、交如、威如、贲如、濡如、皤如、翰如、突如、来如、焚如、死如、弃如、晋如、催如、愁如、萃如、嗟如等20多个，[①]并且都是形容词。这是为什么呢？合理的解释也许是，商、周之际，社会急剧变动，语言迅速融合，被融合的少数民族语言中的派生构词法保留了下来，或者汉语受有派生构词法的外民族语言的影响，而创造出派生词；同时，广泛的社会实践推动认识全面发展，人们不仅认识了许多事物，而且还认识了不少事物的性质、状态和发展规律，这便需要大量的形容词来表述，语言中

---

　　① 也许有人对《周易》古经的产生时代有不同的看法，民国时期就有疑古派学者不认为《周易》古经是周初的作品。但是，即使如他们所言，也不影响汉语早在周初就有派生构词法的看法，因为那时已有由"有—"前缀构成的方国名称可以为证，只是"有—"类派生词的造词理据、语义特征、表意功能不同于"—如"类派生词罢了。其实，用哪种派生词证明汉语派生法构词产生的时代都一样。

原有的形容词很不够用,只好随时应急创造。从上面列出的20多个派生词也不难看出,几乎不管动词或形容词,只要附加后缀"如",就造出一个新的形容词,可知当时人们认识发展之快及其反映之迫切。

浑言之,复合词与派生词的产生都基于人的认识。析言之,这两类合成词由来的认知基础(包括认知心理与认知方式)却有所不同。复合词总是在人们认识两事物之联系的基础上产生的,如所有的双音节联合式复合词(山河、学习、危险等)、动宾式复合词(如贺喜、帮忙、押韵等)和部分偏正式复合词(如雪白、瓦解、烧饼等)的产生就都与此密切相关;或者在人们认识某一事物之焦点折射的两个项的基础上产生的,如所有的主谓式复合词(如体验、国营、地震等)、所有的补充式复合词(如提高、说明、房间等)和部分偏正式复合词(如大人、清晨、长叹等)的产生就都与此密切相关。派生词则不同。派生词是在人们对某事物焦点反应的同时体现出类推心理或连带产生了某一特殊的心理反应的基础上创造出来的。也就是说,虽然复合词和派生词的产生都基于人的认识,但是比较而言,前者偏重客观性,后者则对人的认知模式或主观感受反应充分一些。下面重点讨论派生词的形成机制。

首先,人们的认知模式很大程度上决定了大量派生词的产生。在对世界的认知过程中,人们基于隐喻思维的类推心理经常左右着派生词的产生和演变。例如:人们发现认知对象如同已知的某事物或某动作行为等,就于表示该事物或该动作行为的词根上相应地加个后缀"如",每每如此,就创造出大量的派生词"—如"来,像上文所举的《周易》古经中的一些"—如"类例词那样;人们发现认知对象有已知的某事物之情态或性质等,就于表示该事物的词根上相应地加个"然"或"性"之类的后缀,每每如此,就创造出大量的"—然"类或"—性"类派生词,如昂然、傲然、勃然、怅然、愤然、悍然、哗然、漠然、木然、飘然、悄然、巍然、哑然……惰性、恶性、烈性、慢性、母性、耐性、牛性、兽性、弹性、血性、野性、硬性等;人们发现或推动认知对象朝已知的或特定的方向变化,就于相应的词根上加个后缀"化",每每如此,就创造出大量的"—化"类词,如丑化、美化、淡化、淳化、毒化、恶化、泛化、绿化、净化、老化、奴化、欧化、强化、软化、深化、优化等。其他如"—尔""—若""—头"等等各类派生词的产生,大致都是遵循了这样一条路子。

其次,受特定社会观念的影响,人们对某类人或事物产生了比较强烈的思想感受,出于表达的需要,也可能有派生词被创造出来。例如,父尊子卑,大概进入父系社会就成了一条"定理"。因此,至迟到了春秋时期,汉语社会就已经创造出含"卑下"义的派生词"—子"来指称下层人了。如《诗经·邶风·匏有苦叶》:"招招舟子,人涉卬否。"《毛传》:"舟子,舟人主济渡者。"这是春秋初期的例子。又,《左传·僖公十五年》(公元前645年):"若晋君朝以入,则婢子夕以死。"句中"婢子"是穆姬自称。穆姬者,秦之"国母"也。此时自称"婢子",以柔相胁穆公,其"卑下"义更有特色了。至于《孟子》中所见"瞳子"、秦汉之际又造出"女子子"、六朝又造出"松树子",以及后世又造出无数的"—子",泛化越来越迅速,其"卑下"义也越来越模糊,那便是隐喻思维之类推的结果了。

与"—子"类派生词一样,"—儿"类派生词也是循着这条路子产生和发展起来的,只是"儿"成为后缀的时间晚得多,并且其附属义有些不同罢了。儿(兒),《说文》:"孺子也。"孺子幼小可爱,所以"—儿"类派生词多有"小而可爱"的附属义。试比较:孩儿—孩子、棍儿—棍子。不过,从汉语词汇复音化演变角度讲,"—儿"类派生词还有个历史音变问题需要简单交代一下。宋代以前,后缀"儿"仍是一个音节,唐诗里不乏其例证,所以宋代以前的"儿化"对汉语词汇复音化也起促进作用。宋、元数百年是过渡时期,到了明代以后后缀"儿"才只表卷舌动作。而宋元以后汉语自然语言中复音词已占多数,所以后缀

"儿"的这种历史音变对汉语词汇复音化演变影响不大。

再其次,受不同语体风格的影响,也可能产生一些特殊类型的派生词。如"阿一""老一"等各类派生词,主要是在口语里产生和泛化的,而"软一""一族"等类派生词则主要是在书面语中产生和泛化的。现在只简单讨论"阿一""软一"两类。前缀"阿"加在人名和称谓之上,当然是口语中的事。从发生学角度说,人们见了面,打个招呼,"阿"一声,于是就有了"阿一"。这样说来,"阿一"类派生词应产生的很早才是。但是,受资料限制,现在还不能证明这一点。现有资料较早的有战国时期的用例。《史纪·范雎蔡泽列传》:"足下……居深宫之中,不离阿保之手,终身迷惑,无与昭奸。"这是秦昭王三十七年(公元前 270 年)范雎对秦昭王说的话。句中"阿保"即保姆,是个派生词。①

在现存文献中,汉代文献中的"阿一"类派生词就颇多了。如《史记·扁鹊仓公列传》:"故济北王阿母,自言足热而懑。""阿母"这里指奶妈,"阿"是前缀。又,顾炎武《日知录》卷三二《阿》:"隶释·汉郙阁碑阴云:其间四十人,皆字其名,而系以阿字,如'刘兴一阿兴''潘京一阿京'之类。"可见,汉代"阿一"已广泛用于称呼了。"阿一"类派生词后世也有变化,但是对汉语词汇复音化演变影响甚微,这里就不讨论了。

"软一"类派生词多是 20 世纪 80 年代以来随着现代科学的迅速发展而产生的。现代科学的传播离不开知识阶层书面语,因而"软一"类派生词都是书面语词。如软盘、软件、软片、软唱、软武器、软着陆、软处理、软雕塑、软挂钩、软环境、软技术、软开业、软科学、软课题、软毛病、软起飞、软任务、软商品、软条件、软学科、软新闻、软医

---

① 也有人说"阿保"是个联合式合成词,是近义词连用构成的合成词,"阿"不是前缀。这不是笔者必须讨论的问题,可以留待日后考察。即使"阿保"不是派生词,汉武帝的表姐阿娇的"阿"可是一个典型的前缀了,只是这个"阿娇"同那个"阿保"相比晚了百来年罢了。

学、软原则、软约束、软专家、软文化、软实力等。

　　上面为了行文方便,分别从三个方面探讨了各类派生词的生成和演变。其实,任何一个派生词的产生都可能同时牵涉到这三个方面的原因,或者说都是这三个方面的原因共同作用的结果。因为,虽然人们的认知—表述方式在派生词创造过程中发挥了重要的作用,却不是一成不变的,也不是不受任何语境制约的。所以上举"—如""—然""—性""—化"等各类派生词的产生也大多受着其他两个方面的因素的促动。同时,上举"—子""—儿"等两大类派生词的产生和演变,也并非仅仅由于受了特定社会文化观念的影响。没有人们类推心理的隐喻表述习惯在发挥作用,"—子""—儿"两大家族也不可能形成。并且,"—儿"类派生词明显比"—子"类口语词多或口语色彩重一些,"—子"类派生词则明显比"—儿"类书面语词多或书面语色彩重一些,同样说明语体因素在这两类派生词的产生和演变过程中发挥了一定的促进作用。至于"—子""—儿"两大类派生词的产生和演变的客观基础,亦即人的生活世界所提供的反映对象,就更是显而易见的了,姑不赘言。至于阿—、老—、软—、—族等类派生词的产生和发展,文中虽然只讲了语体因素的重要作用,但其他两个方面的作用也是显而易见的,这里也不说了。

　　正是由于上述种种原因在共同发挥作用,当某个词缀产生之后,由它构成的派生词才会陆续创造出来,以致形成一个个庞大的派生词家族,如上古汉语中的"—如""—若""—尔"等,由中古汉语演变来的"—头",近代汉语产生并不断泛化的"—儿""—巴"等,现当代汉语中产生并不断泛化的"—性""—化""—软""—族"等,贯穿古今汉语的"—子""—然""阿—"等,均无例外。它们的产生和演变,对汉语词汇复音化发挥了一定的作用。却不是立足语言符号系统论而着眼"汉语发展的内部原因"或"汉语发展的内部规律"可以解释清楚的。如果有人一定要立足语言符号系统论而着眼"汉语发展的内部原因"

或"汉语发展的内部规律"强予解释,朝好里说也只是隔靴搔痒,像20世纪主流派的研究那样。

通过上面的考察讨论,一般读者或许已经看到汉语词汇在不断向复音化方向演变完全是人与生活世界互动作用中产生的表情达意之需要促成的。事实证明,各类构词法都产生于人与生活世界互动作用中产生的表情达意之需要,一般词都可以从人与生活世界互动作用中产生的表情达意的现实中找到造词理据。只有人与生活世界互动作用中产生的表情达意之方式,才为各类构词法创造复音词提供了必要条件。然而,其间却找不到主流派学者所谓"汉语发展的内部原因"或"汉语发展的内部规律",找不到确能支持"汉语语音系统简化"说或"汉语内部矛盾运动"说的依据,自然也找不到至今还普遍写在汉语语言学基础理论教科书的"汉语语音系统简化"说或"汉语内部矛盾运动"说在汉语词汇复音化演变过程中发挥了怎样的作用,更找不到支持《汉语大词典》在"联绵字"条下讲的那种"由两个音节联缀而成的单纯词"(联绵字)的证据,找不到汉语里会产生学者讲的那种"特殊的构词法"的可能。这个结论想必不能让某些读者满意,然而,实际上我们也不愿意出风头,更不愿意"冒天下之大不韪",但是这么多年研究的结果就是这样,又能怎么办呢?

五、余 言

一些现代语言学理论先入为主的读者还可能会说,语言发展变化的根本原因是其内因,此前主流派学者立足汉语符号系统论研究词汇复音化现象正是着眼于其内因。本文立足社会发展、自然界变化与人的认识及其发展变化探讨汉语词汇复音化演变问题,只是着眼于其外因。外因是事物发展变化的条件,只有通过内因才能起作用。看来,是本文作者在认识论与语言研究方法论上出了问题。

科版)》1990 年第 1 期。

刘正埮等:《汉语外来词词典》,上海辞书出版社 1984 年版。

吕叔湘:龚千炎《中国语法学史稿》序,语文出版社 1987 年版。

潘文国 :《汉语研究:世纪之交的思考》,《语言研究》2000 年第 1 期。

潘文国:《语言的定义》,《华东师范大学学报(哲学社会科学版)》2001 年第 1 期。

潘允中:《汉语词汇史概要》,上海古籍出版社 1989 年版。

沈怀兴:《汉语偏正式构词探微》,《中国语文》1998 年第 3 期。

沈怀兴:《汉字起源四题》,《汉字文化》1999 年第 2 期。

苏新春:《当代中国词汇学》,广东教育出版社 1995 年版。

王　力:《汉语史稿》,科学出版社 1858 年版。

王　力:《汉语语音史》,中国社会科学出版社 1985 年版。

王云路等:《中古汉语语词例释》,吉林教育出版社 1992 年版。

向　熹:《〈诗经〉里的复音词》,载《词汇学论文汇编》,商务印书馆 1989 年版。

徐通锵:《语言论——语义型语言的结构原理和研究方法》,东北师范大学出版社 1997 年版。

许威汉:《复音词的产生主要是应词汇内部调节需要》,《中国语文通讯》1998 年第 4 期。

许伟建:《上古汉语词典》,吉林文史出版社 1998 年版。

薛德太:《语言发展的内部规律》,《文史哲》1962 年第 5 期。

杨剑桥:《实用古汉语知识宝典》,复旦大学出版社 2003 年版。

张拱贵等:《汉语叠音词词典》,南京大学出版社 1997 年版。

张志公:《谈〈暂拟汉语教学语法系统〉》,《语文建设》1995 年第 1—2 期。

汉语偏正式构词探微[*]

汉语构词法问题,学者们已经做了不少的研究,并且已经在有着密切联系的两个方面取得了比较一致的意见。第一,在汉语词汇发展史上,运用词根复合法构成新词的特点越来越突出;第二,词根复合的方式灵活多样,常见的有联合式、偏正式、动宾式、主谓式、补充式五种。这些认识都是正确的。不过,这还是一些表层的认识。深入一些的如联合等五种常见的构词方式中,究竟哪一种构词法在汉语词汇史上始终是最能产的?为什么它是最能产的?这个问题,近50年解说者不少,确能服人的深入探讨却至今尚未见到。然而,这毕竟是汉语史研究不可回避的基本问题。对这一问题深入研究,展开讨论,不仅是帮助我们正确认识汉语词汇基本特点的需要,是积极提高汉语词汇教学效果的需要,而且也是辩证地认识语言与现实之关系的需要,是科学地考察汉民族认知规律和汉语词汇演变规律的需要。为此,特撰文略陈管见。

一、在汉语史上,始终以偏正式构词法为最能产

究竟哪一种构词方式在汉语词汇史上一直是最能产的?或曰偏正式,或曰联合式。持前一说者有向熹(1989)。他说:《诗经》里偏正

---

* 本文曾发表在《中国语文》1998年第3期,收入本书时有修改。

式"复合词出现最多,一共有 484 个,这种情况跟汉语复合词发展的整个趋势是一致的"。认为汉语史上始终以偏正式复合词为最多,换一个角度说,也就是汉语复合法构词史上始终以偏正式构词法为最能产了。不过,"汉语复合词发展的整个趋势"至今无人进行科学的考察论证,向氏之言只能算有理的猜测,所以发表后少有响应者。持后一说的人很多,老一辈学者均持此说,现在中青年学人中持此说者也很不少,致使表面上看此说已成定论。以上两说,观点恰恰相反,哪一种认识是客观事实的正确反映?的确,虽然持后一说的学者大多凭印象下结论,但是也有人说是在调查了一定数量的文献资料的基础上下结论的。① 不过,单看其资料介绍,就会发现他们所依据的材料基本上不出历代文人书面语。② 不说六朝时文人书面语已经大大脱离了自然语言,即使秦汉时期,书面语已大不同于当时的口语了。有证据表明,至少从春秋时期,汉语就开始了书面语和口语的不断分化(只比较《春秋》《论语》二书就不难看出)。然而,语言学的研究对象首先应当是自然语言。因此,持后一说的人由于取材失当,又未加以相应的辩证处理,即使其分析文献材料所得结论是客观的,③也不能服人。否则,《诗经》之类真正接近当时口语的文献资料中何以偏正式复合词为最多这一事实就不好解释。这样说来,只有认为偏正式构词法在汉语词汇史上始终是最能产的这一观点才可能是客

---

① 不过,只要对他们所列出的文献进行逐一考察分析,就会发现实际情况并不支持他们的结论。读者也可以自己找任何一部书来,对其语料进行穷尽式分析,看看能不能得出其中联合式合成词多于偏正式合成词的结论。

② 如果不避吹求之嫌,即使文人书面语语料中,包括骈体文在内,其联合式合成词所占比例也低于偏正式合成词。看了后文的论述,也许不难体会到这一点。至于学者认为古人"说话行文,讲究对偶,说起来上口,听起来悦耳,看起来整齐,确实增强了语言的表达力",致使汉语复合词中大半是联合式合成词云云,不过想当然耳。至于想当然的结论每每流传开来,成了"定论",像"音义结合是任意的"之说,像不能反映语言本质的现行语言观——语言符号系统论和语言工具论,像贻害无穷的共时论,像"语言内部矛盾运动"说,像这样那样的"语言发展的内部规律"或"语言发展的内部原因",等等,其原因十分复杂,而且是另一个课题,本文暂不便展开。所以作注把它们列出来,是不想在这些问题上发生争论。

③ 这是不可能的。参看上条脚注②。

观的、正确的。然而,这一观点只是向熹在论述《诗经》中复合词以偏正式结构者为最多的问题中隐含着的,还仅仅是一种推测。

为了弄清偏正式构词法在汉语词汇史上是否始终是最能产的,我们有必要对历史上确曾较好地记录了当时口语的一些文献材料和一些涵盖范围较大的语文词典进行调查。现在先看《周易》(古经)以及《诗经》《论语》三部书的情况,见表1:

表1 《周易》(古经)、《诗经》、《论语》三部书构词法情况对比

语料＼结构＼词数	联合式	偏正式	动宾式	主谓式	补充式	合计
《周易》(古经)	29	65	3			97
百分比	29.90%	67.00%	3.10%			100.00%
《诗经》①	209	484	13			706
百分比	29.60%	68.56%	1.84%			100.00%
《论语》	68	124	31	2		225
百分比	30.22%	55.11%	13.78%	0.89%		100.00%
总计	306	673	47	2		1028
	29.77%	65.47%	4.57%	0.19%		100.00%

就复合法构词的情况说,表1告诉我们,先秦汉语中确以偏正式构词法最为能产,致使偏正式复合词占全部复合词的六成以上,是联合式合成词的2.2倍。

先秦以降时间跨度大,我们很难从每一个朝代的文献中找到能够较好地反映当时口语的足够量的材料。为了避免以偏概全,同时也为了和上面的考察形成对照,我们选取了《辞源》(修订本第一册)为调查对象。由于《辞源》收词也收语,根据汉语词汇的双音节发展倾向和一般人的辨词习惯,我们只选择它所收的双音节词为考察对

① 《诗经》中复合词数据均采自向熹《〈诗经〉里的复音词》(1989)。

象。《辞源》第一册共收双音词 15752 个,除去单纯词、重叠词、派生词、专有名词共 2751 个和 138 个内部结构方式待考的词之外,剩有一般双音节复合词 12863 个,其中各类双音节复合词所占比例如表 2:

表 2　《辞源》第一册各类双音节复合词占比情况统计

词数　结构 语料	联合式	偏正式	动宾式	主谓式	补充式	合计
《辞源》第一册	2674	7533	2116	293	247	12863
百分比	20.79%	58.56%	16.45%	2.28%	1.92%	100.00%

表 2 中调查数字表明,大致说来,在 19 世纪以前(《辞源》收词一般止于鸦片战争)的汉语复合词中,偏正式复合词占 58.56%,也超过半数,是联合是合成词的 2.8 倍。这就充分证明偏正式构词法的能产性确是联合式等其他构词法所无法比拟的。

现代社会资料很多,我们选取了较具说服力的《现代汉语词典(补编)》为调查对象。并且与《辞源》一样,也选取其双音词为考察对象。《现代汉语词典(补编)》共收双音词 19423 个,除去单纯词、重叠词、派生词、专有名词共 726 个和 203 个内部结构方式待考的词之外,剩有一般双音节复合词共 18494 个。其中各类双音节复合词所占比例如表 3:

表 3　《现代汉语词典(补编)》各类双音节复合词占比情况统计

词数　结构 语料	联合式	偏正式	动宾式	主谓式	补充式	合计
《现代汉语词典(补编)》	5029	8836	3594	547	488	18494
百分比	27.19%	47.78%	19.43%	2.96%	2.64%	100.00%

表 3 中调查数字表明,在现代汉语词汇中,偏正式复合词超过联合式复合词的 1.7 倍,几乎占了全部复合词的一半。因此,在现代汉

语中,偏正式构词法仍然具有联合式等其他复合式构词法无法比拟的能产性。

综上所述,在汉语词汇史上,双音节复合词中始终以偏正式构成的为最多,可知偏正式构词法最为能产。如果将考察对象扩大到三音节和三音节以上的复合词,那么这一结论就更是不容置疑的了。因为,在那些领域里,至少有 3/4 的词是由偏正式构词法构成的。①

二、偏正式构词法具有得天独厚的构词基础

上面通过对一定数量语料的考察,发现在整个汉语词汇史上,偏正式构词法始终是最能产的。然而,此前学者著作中大都认为联合式构词法是最能产的,这该如何解释呢? 这需要先看一看持这一观点的人们的证据。粗略地看,其证据因时代而异。50 年代,学者或曰汉语里联合式构词法"最占优势,一大半双音词是按照这种方法构成的"(如吕叔湘、朱德熙,1952),或曰复合词中七八成是联合式合成词(如王力,1958),但都没有具体明确的统计数字作依据,只是凭着个人印象和推测下结论。到了 60 年代,仍然不是靠统计数据说话,但是拿"单音节的活动受到限制"做依据(吕叔湘,1963),算是"言之有

---

① 这一结论是对修订本《辞源》第一册、《现代汉语词典(补编)》和李行健主编的《新词新语词典》(增订本,语文出版社 1993 年版)三部书进行考察后得出的。具体说来,《辞源》第一册共收三音节词语 2308 个,扣除 1013 个专有名词、38 个单纯词、24 个派生词和 14 个结构不明的词语外,剩有由复合法构成的一般三音节词语 1219 个。其中以动宾式构成的 39 个,主谓式构成的 30 个,联合式构成的 11 个,补充式构成的 1 个,共 81 个,占 6.64%。余下的都是偏正式复合词,共 1138 个,占 93.36%。《现代汉语词典(补编)》共收三音节词语 2567 个,扣除 304 个派生词、29 个单纯词、7 个专有名词和 18 个结构不明的词语外,剩有由复合法构成的一般三音节词语 2209 个。其中以动宾式构成的 436 个,主谓式构成的 62 个,补充式构成的 40 个,联合式构成的 12 个,共 550 个,占 24.90%。而以偏正式构成的有 1659 个,占 75.10%。《新词新语词典》共收三音节词语 1937 个,扣除 64 个派生词、34 个音译外来词和两个专有名词,剩有由复合法构成的一般三音节词语 1837 个。其中以动宾式构成的 179 个,联合式构成的 42 个,主谓式构成的 35 个,补充式构成的 16 个,共 272 个,占 14.81%。而偏正式构成的有 1565 个,占 85.19%。

理"了。到了80年代,一些中青年学人不同意这种看法,他们认为联合式复合词之所以最多、联合式构词法之所以最为能产,主要是由于汉人辩证思维的特点以及汉人最讲和谐的社会心态决定的。客观地讲,前者以"单音节的活动受限制"为依据立论,分明是过分看重语音形式的作用了。尤其是在具体论述中,持论者自觉地把偏正式构词法和派生法放到一起来讲,统统说成是为"达到双音化的目的"才"在前面或后面加上一个不增加多少意义的字"的(吕叔湘,1963)。这种因过分看重语音形式,片面强调派生法构词的重要性,而在一定程度上忽视了偏正式构词法之存在的做法,似有拘泥于西洋语法之嫌了。所以吕先生(1987)后来批评中国现代语言学的研究时也说:"过去,中国没有系统的语法论著,也就没有系统的语法理论,所有理论都是外来的。外国的理论在那儿翻新,咱们也就跟着转。机械地搬用乃至削足适履的事情不是没有发生。"因此,后来的中青年学人大都不同意吕先生20世纪60年代的相关看法,也不是没有道理。

不过,进入80年代以来,一些中青年学人认为汉语中联合式构词法最为能产的上述论据,也很难成立。因为,事实具有一票否决权,持论者同样没有真实的客观依据,却以"汉人辩证思维的特点"说事,殊不知辩证思维非我们所独有。然而,世界其他民族的语言里,例如日语、英语等,在复合法构词方面为什么不是以联合式构词法为最能产? 其实,辩证思维并不仅仅是形式上的,它首先是内容上的。汉语偏正式复合词之偏的部分至少从下文所列举的46个方面来修饰限定正的部分,用语经济而表义明确,这才是语词创造者之辩证思维的具体表现呢。客观地讲,只有承认这一点,并承认辩证思维原不是汉人所独有,才能正确解释日语等其他一些民族的语言里在复合法构词方面同样以偏正式构词法为最能产这一事实。至于讲和谐一事,我们认为,和谐作为一种理想的美,也是全人类所共同追求的目标,尽管不同民族在不同历史时期对于和谐美的理解和追求可能会有所不同。至于我们是否最讲和谐,此前好像没有人进行客观而全面的比较,也许还是不要忙下结论的好。

那么,偏正式构词法在汉语词汇史上为什么始终是最能产的呢?首先,自然界与人类社会中无比丰富的客观事物及人民大众对它们的认识,为大量偏正式复合词的产生提供了最为广泛的客观基础,诱导了偏正式构词法之无与伦比的能产性。大家知道,世界上的事物十分纷繁,而每一种事物又各有其性质、特点,当人们认识到某一事物的某一特点时,出于表达的需要,就可能会给它起个名字;这个名字不仅要一般地指称该事物,而且还要准确地反映该事物的某一突出特点,以达到突出该事物而区别于他事物的目的,于是词汇中便相应地多出了一个偏正式结构的词。汉语词汇中的偏正式复合词大都是这样产生出来的。进行具体的考察分析可知,偏正式合成词之偏的部分大都是对客观事物(或人)的性质、特点等的说明或反映:

有的表明体貌:富态、丽人

有的表明品德:义士、淑女

有的表明神情:怒目、愁容

有的表明才能:才子、骁将

有的表明性格:懒汉、莽夫

有的表明身份:主妇、民兵

有的表明气质:雅士、懦夫

有的表明性别:男士、女将

有的表明职业:农民、医生

有的表明人的褒贬感情:玉照、臭棋

有的表明事物的性质:实词、虚词

有的表明事物的外形:扁豆、圆桌

有的表明事物的状态:流水、飘带

有的表明事物的颜色：黑板、蓝天

有的表明事物的用途：餐桌、茶杯

有的表明数量：四声、五行

有的表明程度：重视、酷爱

有的表明温度：温室、热带

有的表明档次：高档、中档

有的表明式样：中式、西式

有的表明否定：非常、不肖

有的表明方式：包抄、公布

有的表明工具：笔谈、鞭打

有的表明谦敬：拙荆、令正

有的表明亲疏：堂弟、族兄

有的表明内外：祖父、外公

有的表明职位：省长、村长

有的表明范围：国内、里海

有的表明位置：前门、后院

有的表明方向：东风、西方

有的表明种别：桃花、杏花

有的表明所属：民俗、国土

有的表明地域：京剧、宣纸

有的表明原料：铁锤、布鞋

有的表明时间：晨星、晚霞

有的表明动力：汽锤、电梯

有的表明次序：首届、次日

有的表明原因：冻疮、湿疹

有的表明结果：笑话儿、败局

有的表明气味：香料、苦参

有的表明雌雄：草驴、公鸡

有的表明对象：戏迷、书痴

有的表明异同：异议、同类

有的表明氛围：乐园、苦海

有的表明其来历：番茄、胡琴

有的表明其生活环境：土鳖、田鼠 ①

　　以上从宏观角度概括说明，汉语偏正式复合词之所以最多、偏正式构词法之所以最为能产，是由于它有最为广泛的客观基础。现在再换一个角度来看，许许多多的客观事物、现象、行为等往往具有共同的特点（也包括原料、类属、色彩等），表述时自然要用同一个语言符号来分别限定或修饰那些指称具有共同特点的各种事物的语言符号，于是语言中便产生出由同一语素限定或修饰不同的语素而构成的一些偏正式复合词。例如：钢板、钢刀、钢条、钢锭、钢包、钢炮、钢印、钢管、钢锋、钢材、钢骨、钢花、钢索、钢筋、钢钎、钢坯、钢丝、钢渣、钢锯、钢珠等，这些东西，无不与钢有关，所以人们在为之命名时，便都用"钢"来做限定成分，从而使语言中产生了"钢板""钢刀"等一系列偏正式复合词。又如：战马、战乱、战士、战功、战场、战前、战后、战报、战刀、战车、战友、战区、战书、战犯、战时、战役、战表、战位、战阵、战俘、战果、战具、战事、战服、战袍、战舰、战船、战将、战例、战歌、战鼓、战祸、战绩、战壕、战略、战术、战法、战火、战线、战尘、战机、战局、战况、战云、战情、战端等，这些事物或现象等的产生，无不与战事有关，所以人们就用"战"来修饰"马""乱"等，从而使语言中产生了"战马""战乱"等一系列偏正式复合词。再如：漫步、漫谈、漫抄、漫戏、漫

_____

　　① 偏正式复合词之偏的部分的作用，任学良《汉语造词法》分列 17 类，是至今所见到的列举较多的一家。本文所列 46 类，是在此基础上，通过对《辞源》第一册和《现代汉语词典》（抽样）及《现代汉语词典（补编）》中约两万个双音节偏正式复合词的分析，加以补充的结果。虽然本文的分类还可能有继续完善的地方，但是大致可反映汉语双音节偏正式复合词之偏的部分的表意情况。

叩、漫兴、漫录、漫成、漫掷、漫骂、漫写、漫味、漫游、漫吟、漫歌、漫话等，这些动作行为也有一个共同特点，那就是"随便，不拘形式"，所以人们就用"漫"来修饰"步""谈"等，从而使语言中产生了"漫步""漫谈"等一系列偏正式复合词。

反过来，一种事物、一种现象、一种行为，也可能有很多特点，当人们认识了它们各自不同的特点时，出于表述的需要，自然要用不同的成分来限定或修饰指称这种事物、现象或行为的符号，于是语言中便产生出由不同的语素限定或修饰同一语素而构成的一些偏正式复合词。这一点，一物多名现象中表现较为充分。笔者（1994）曾经对玉米的不同名称做过考察分析，可参看。总的说来，任何一种事物、现象或行为等，都各有其种种特点，从人们对其特点的认识到反映到语言中成为偏正式复合词，都与"玉米"诸多偏正式结构之异名的形成大致相同，这里也不一一举例了。

另外，不同人群的文化习尚不同、社会心理不同、认知角度不同、表达风格不同，也会给同一事物命以不同的名字。而给事物命名大都是以受命事物的某一特点为凭据的，从而也促成了大量偏正式复合词的产生。这一点，可参看沈怀兴《关于一物多名问题》（1994）中对"月球"部分异名的分析，这里也不举例了。

以上所谈的客观事物、现象等都是具体实在的。实际上，某些抽象的关系，被人民大众认识之后，反映到语言中，也要通过偏正式构词法构成复合词。例如，现代汉语中，后接"才"表示必要条件关系的"只有"和后接"就"表示充足条件关系的"只要"、下接"而且"表示递进关系的"不但""不仅"，以及其他一些连词，如"不管""不论""不然""可见""别说""慢说"等，便都是偏正式复合词。

总之，客观世界中一切事物、现象和关系，只要被人民大众认识了，反映到语言中，就可能通过偏正式构词法构成复合词。而联合、动宾、主谓、补充等构词方式，都没有这样广泛的客观基础，因而大大限制了它们的能产性，具体表现在语言中则远没有偏正式复合词多。换言之，偏正式构词法具有得天独厚的客观基础，因此具有无与伦比的能产性。

三、历史发展令偏正式构词法具有无与伦比的能产性

用历史的观点看，社会的发展和人们思维认识的发展，对于汉语偏正式构词法之能产性的形成、稳定和发展具有决定性作用。社会的发展最突出、最明显的标志首先是新事物的不断出现。任何新事物出现的同时总需要有一个新名字来指称它。然而，大多数新事物都不是凭空产生的，它们总是要和某些原有事物有着这样那样的联系，这种联系的存在及人的认知—表述，便是汉语偏正式构词法发挥作用的基础条件和动力源泉。举个例子来说吧。原来"工"就是做工的人，"农"就是种庄稼的人，"商"就是做生意的人。现在社会分工细了，就有了"水电工""搬运工""装卸工""合同工""临时工""小时工"等等多得数不清的"工"，"棉农""菜农""果农""蚕农""茶农""烟农"等等多得数不清的"农"，"直销商""经销商""房产商""开发商""出版商""承包商"等等多得数不清的"商"，各有所业，所以命名时必须注意体现出他们各自不同的经营。他们原本是工、农、商，所以命名时自不可少了"工""农""商"字。仅从本质角度讲，其"工""农""商"原本是"主"，而那些必须注意体现的内容却都是"从"，所以，汉语里要反映这种现实，就只能通过偏正式构词法相应地创造出"水电工""搬运工""装卸工""合同工""临时工""小时工""棉农""菜农""果农""蚕农""茶农""烟农""直销商""经销商""房产商""开发商""出版商""承包商"等等无数的偏正式复合词。

人们认识的发展变化同样可以促使汉语偏正式复合词的产生。例如，目前有少数大学名不副实，人们常谑称其"中学后"。这个"中

学后"显系仿"博士后"造出来的。但是不管怎样,它的出现恰恰体现了人们的认识在向求实方向发展。

人们认识发展最快、最明显的要数科技领域里了。因此,反映科学技术发展状况的汉语偏正式复合词出生率也最高,并且越来越高。科技领域范围广,实例很多,为了节省篇幅,这里暂时只举一个例子。1808 年英国化学家约翰·道尔顿创立科学的原子学说,以及 1811 年意大利化学家阿梅代奥·阿佛伽德罗提出区别于原子的分子学说,标志着现代科学在世界范围内产生。现代科学的产生和发展,使人民大众认识到形形色色的物质都是由若干化学元素结合而构成,这些化学元素本身又都是由类似的更小的单位(即原子)聚合而成。19 世纪后期,现代科学传入我国,1872 年问世的徐寿的《化学鉴原》中始有"质点"(即原子)、"原质"(即元素)等译名。然而,现代科学传入日本,日语里则产生了"原子""元素""分子"等译名。不久,汉语社会开始改用日译名,于是汉语里便出现了"原子""元素""分子"等偏正式复合词。

1896 年法国贝可勒尔发现铀盐的天然放射性,否定了原子不可分的旧观念。1897 年英国汤姆逊发现了 electron——人类认识的第一种基本粒子,随后汉语里又增添日译名"电子"这个偏正式复合词。后来,随着认识的发展,人类又发现了其他一些粒子,于是按其质量大小及其他性质的差异而分成四类,反映到汉语中就又产生了"光子""轻子""介子""重子"等四个偏正式复合词。到目前为止,人类已发现基本粒子 30 余种,反映到汉语中则相应地产生了 30 多个偏正式复合词。然而,基本粒子也只是物质结构的一个环节,并不是不可再分的。科学家们认为,随着科学的发展和人们认识的不断深入,将来还会发现现在所谓的基本粒子都是由更小的成分构成的。可以想见,这"更小的成分"还要有个名字,反映到汉语中,不仅还一定是偏正式复合词,而且其数量不知要翻几番!

　　然而,任何时代的任何一种科学都是要直接或间接地为人民大众的现实生活服务的。因此,只要稍作考察,就会发现,人们的认识发展到任何一个历史阶段,如上例中所述"原子"说阶段、"粒子"说阶段等,都不可避免地要引起人类社会的物质生产和精神生产的飞跃,致使物质产品和精神产品大量涌现,反映到汉语中,绝大多数自然也要成为偏正式复合词。这只要一翻词典,就会发现"原子"说时代以"原子"为构成成分而构成的偏正式复合词很不少。至于到了"粒子"说时代,仅以"电子"为构词成分而构成的偏正式复合词,就《辞海》《现代汉语词典》和目前出版的几部新词词典来看,就有几十条。然而,仅就物质方面说,现实社会里的电子产品到底有多少种,却多得让咱们一般人无法统计。它们的名字,推论起来,无疑都属于偏正式结构。因此,尽管我们已经从词典里查到了带"电子"的偏正式结构的语词几十条,但是实际上仍不过看到了其中的一小部分。由此说来,仅此一例,就可以大致让我们看到汉语偏正式复合词为什么最多并且越来越多、汉语偏正式构词法为什么最能产并且越来越能产的原因了。

　　汉族人民思维的日益缜密,以及思想表达的渐求准确,大大地促进了汉语偏正式构词法之能产性的稳固和发展。人民大众的思维随着社会实践的发展而发展,因此对客观事物的认识也越来越深刻。深刻的思想认识只有通过相应得当的语言形式才能恰到好处地表达出来,这就促进了语言的变化。从汉语史的角度看,汉语词汇的一种变化就是有时用双音节合成词的形式代替古代汉语中的单音节词或分化古代汉语中多义单音词的某一意义。

　　用双音节合成词代替古汉语中的单音节词,从构词法上讲,既涉及复合法,又涉及派生法,(还有重叠法,但很少用。)但是以复合法为主。复合法中则主要涉及联合式构词法和偏正式构词法两种,而后者尤为重要。就抽样调查的结果来看,现代汉语中以双音节复合词取代古代汉语单音词的例子中一半以上是偏正式复合词。[①]这些词，如果从形式上看，则可以分为两类：一类是于古代汉语里的单音节词之前加上一个修饰或限定的成分，构成双音节偏正式复合词；一类是于古代汉语单音节词之后加上一个大类名，构成双音节偏正式复合词。加于前者，其作用是表明所指称的事物的所属或性质、特点等，如轮：车轮；荫：树荫；絮：棉絮；顶：头顶；鹊：喜鹊；蛭：水蛭等。事例涉及上文"二"中所列举的许多类。加于后者，绝大部分其作用是表明所指称的事物的类属，主要见于动植物名字。如蝗、蚜、蛔：蝗虫、蚜虫、蛔虫；槐、榆、柳：槐树、榆树、柳树。其次是地名、山名、水名等，如亳、浚、莒：亳县、浚县、莒县，崤、岍、岐：崤山、岍山、岐山，淮、渭、沂：淮河、渭河、沂河。其他如心、肝、肾之后加"脏"而构成心脏、肝脏、肾脏，红、白、黄之后加"色"而构成红色、白色、黄色，窥、眄、睨之后加"视"而构成窥视、眄视、睨视等，真可谓举不胜举，也都是这类例子。

为了分化古代汉语中多义单音节词的某一意义/义项而创造双音节合成词，从构词法上看仍然以复合法为主。而复合法中常涉及的则只有联合、偏正、补充等三种。考察的结果表明，补充式构词法在这方面的应用，基本限于变古代汉语中少数常用作使动词的形容词或自动词为现代汉语一般动词的场合，因此使用频率远不如遍见于各类词的联合式构词法及偏正式构词法高。至于联合式和偏正式这样两种构词法，前者则明显不及后者使用频率高。以偏正式构词法构成双音节合成词以分化古代汉语里多义单音节词的某一意义的情况可谓遍及各类词，名词类如：

---

① 调查的方法是，拿过《现代汉语词典》，闭上眼睛随意翻，翻开某页后随意指定可能有词条的地方，然后睁开眼睛看所指之处收的是不是双音节复合词，是则记下，然后再翻。如此翻完整部词典，记下1228个双音节复合词。通过逐个考查分析，发现其中能够对应于古代汉语单音节词的有217个，偏正式构成的双音节复合词有119个，占一半以上。

舍：客店，旅馆。《庄子·说剑》："夫子休就舍。"

鲜：鲜鱼。《老子》："治大国若烹小鲜。"

动词类如：

讨：声讨。《左转·宣公二年》："反不讨贼。"

行：实施。《孟子·梁惠王上》："夫我乃行之，不得吾心。"

形容词类如：

都：大方。《诗经·郑风·有女同车》："彼美孟姜，洵美且都。"

惇：厚道。《国语·晋语七》："荀家惇惠。"

代词类如：

他：其他。《管子·内业》："心无他图。"

众：众人，大家。《易·晋》："众允，悔亡。"

副词类如：

悉：全部。《尚书·盘庚上》："王命众，悉至于庭。"

略：大致。司马迁《报任安书》："书不能悉意，略陈固陋。"

连词类如：

惟：只有。《孟子·梁惠王上》："惟士为能。"

况：何况。《易·系辞上》："出其言不善，则千里之外违之，况其迩者乎？"

这类例子颇多，尤其名词类中和动词类中，可以说举不胜举。有的一个句子就有几个例子。如《左传·隐公元年》中"缮甲兵，具卒乘"一句，用现在的话说即"修整铠甲武器，准备步兵战车"，其中除"修整""铠甲"以外，其余四个词都是由偏正式构词法构成。这种情况，偏正式构词法的一方十分常见，而联合式构词法的一方相对说来就没有那么多。

四、就语言事实多角度看偏正式构词法之无与伦比的能产性

上文就客观存在以及人的认识与历史发展两个方面,通过简略的平面分析和必要的历史比较,证明汉语偏正式构词法之所以最为能产,首先是强大的社会支配力为偏正式构词法充分发挥作用创造了前提条件。确切地说,是强大的社会支配力迫使汉语无条件服从它的支配,使汉语偏正式构词法充分发挥其作用,从而显示出无与伦比的能产性。那么,换一个角度来看,汉语又是怎样适应强大的社会支配力的呢? 方法不少,但是从古至今最常用的是用词根复合的方法创造新词,来指称新事物、反映新认识、表达新思想。[①]不过,考察结果表明,复合法中补充、主谓、动宾三法主要在汉语反映人们有关动作、行为时才发挥一些作用,因此它们所产生的多为动词,形容词、名词则较少,其他词类中更少。换一个角度来说,就名词等三个主要词类来看,只有创造部分动词、少数形容词和少数名词时才用此三法。可是,调查结果表明,汉语中名词始终占汉语词汇总量的一半以上。这说明汉语里补充式等三法始终都是不太能产的。上文“一”中对上至《周易》、下到《现代汉语词典补编》的调查数字也证明了这一点。由此说来,汉语之所以能够适应强大的社会支配力,主要是通过联合、偏正两种构词方式实现的。

然而,联合、偏正二法,究竟哪一种构词法使用更多、作用更大呢? 答曰:偏正式构词法。因为比较而言,在构词过程中,偏正式构

[①] 很明显,这换一个角度的话完全是出于叙述的方便说出的。因为语言对于社会来说、对于人和生活世界互动的力来说,只能“百依百顺”。如果说它也有个性,那么其个性就是对人与生活世界互动力的全面服从和如实反映。因此,下文立足语言讨论问题,也是在肯定社会支配力,也就是首先承认人与生活世界之互动的力的决定性条件下进行的,不能因此而认为语言有什么自主性,否则就不是我们所要表达的了。

词法不受词性限制,有最大的组合自由·而联合式构词法则不然。它没有那么多的自由,只限于同性语素内部的组合,所以较常见的只有以下九种组合:

1. 名＋名:道路、草木、门户
2. 动＋动:生产、学习、买卖
3. 形＋形:美丽、方圆、长短
4. 数＋数:亿万、千万、一二
5. 量＋量:咫尺、寻常、尺寸
6. 代＋代:彼此、尔汝、此若
7. 副＋副:方才、姑且、尚犹
8. 介＋介:自从、对于、因为
9. 连＋连:并且、倘若、假如①

偏正式构词法就不同了。它既表现出同词性的语素相组合,又表现出不同词性的语素相组合。从词性搭配的情况看,常见的有下列 28 类组合:

1. 名→名:电灯、雨伞、土语
2. 名→动:旁观、根除、面洽
3. 名→形:雪白、火红、铁紧
4. 名→数:腊八、封三、封四
5. 名→量:英寸、海里、市斤
6. 动→名:学生、教师、讲台
7. 动→动:活捉、合唱、试办
8. 形→名:清风、大人、快车
9. 形→动:长跑、优待、轻视

---

① 如果把非谓形容词划分出来,承认它是一个独立的词类,联合式构词法可比文中所列多一类同性语素的相互组合。不过,那样的话,偏正式构词法却要相应地增加数类非同性语素的相互组合。但是,这样划分徒增篇幅,不会对本文结论稍有影响,故暂不罗列。

10. 形→形:清香、鲜红、神勇

11. 形→代:小我、大我、暗自

12. 数→名:四海、五官、半票

13. 数→动:三思、四合、百感

14. 数→形:半大、五好、万恶

15. 数→数:万一、三九、半百

16. 数→量:百年、万岁、五更

17. 量→名:寸心、尺书、对虾

18. 量→动:丈量、寸断、步测

19. 代→名:他乡、彼岸、某人

20. 代→代:其他、这些、那些

21. 代→副:何必、何尝、何况

22. 副→名:不时、非法、极力

23. 副→动:只管、总归、互助

24. 副→形:刚好、正巧、浑圆

25. 副→数:不一、不二、唯一

26. 副→量:屡次、渐次、再度

27. 副→代:不然、既然、特此

28. 副→副:未必、非特、不仅

应当指出,这里所列28类偏正式构词现象,都是常见的或比较常见的。至于不很常见的,当然还有一些。例如,动→形:沸热;动→量:历届;形→数:瘪三;形→量:方丈;数→代:几何;量→量:毫米;代→动:哪怕;代→量:此次;等等。

另外,构词上的联合式组合一般要求语素义相近、相关或相反方可组合,这首先在语言材料的利用上受到限制。又因为近义、相关义或相反义语素的组合首先需要人们的联想做基础,造词者由于个人词汇圈有限等原因,也会限制联合式构词法的能产性。同时,联合式构词中的近义互注,虽有表义明确的一面,但也有违背语言经济原则的一面;相关义联合,虽然有可以表达新概念的一面,但有时表义不明也是事实;反义联合构成新词,虽然弊病少一些,但并不是每个语素均有反义语素可以与之联合:这些也都限制了联合式构词法的能产性。

总之,从上面的考察分析已经可以看出,联合式构词法在构词过程中既要受到语素之语法属性必须相同方能组合这一规定的限制,又要受到语素义要求相近、相关或相反的制约;而偏正式构词法在构词过程中要比联合式构词法灵活得多,自由得多。这些,都是强大的社会支配力以及人民大众对客观事物认知—表述之事实在语言中的必然反映。因此,即使只从这一点来看,偏正式构词法具有无与伦比的能产性也应是情理之中的事,任何历史时期的汉语里联合式复合词均远不及偏正式复合词多,自然也是情理之中的事。

如果说以上的讨论是宏观角度的综合考察,那么下面则拟从微观角度入手,随便拿几个语素,通过考察它们在构成偏正式复合词方面的具体表现,来看偏正式构词法的构词能力。

同一个语素与不同语法属性的语素组合,构成大量的偏正式复合词,是汉语适应强大的社会支配力的最常用方法,是汉语词汇无限丰富的最重要原因,也是偏正式构词法之能产性的具体表现。如"后",位于名素前则构成后人、后背、后辈、后代、后尘、后手、后母、后爹、后妈、后娘、后方、后盾、后名、后果、后福、后脚、后襟、后劲、后路、后景、后门、后脑、后咎、后面、后计、后房、后宫、后堂、后庭、后院、后军、后文、后腿、后话、后禄、后儒、后期、后夫、后妻、后晌、后身、后腰、后事、后世、后首、后日、后台、后天、后山、后心、后项、后序、后效、后患、后苑、后帐、后肢、后主、后贤、后圣、后哲等偏正式复合词,位于动素前则构成后备、后报、后顾、后会、后悔、后进、后继、后来、后怕、后起、后虑、后熟、后靠、后退、后卫、后续、后防、后验、后变、后蹑、后学、后觉、后援等偏正式复合词,位于形素前则构成后善、后重、后俊等偏正式复合词;反过来,"后"位于名素后可构成背后、秋后、雨后、敌后、饭后、今后、幕后、日后、身后、事后、脑后、牛后、书后、午后等偏正式复合词,位于动素后可构成死后、过后、产后、售后、生后、没后等偏正式复合词,位于形素后可构成久后、直后等偏正式复合词,位于代素后可构成此后、尔后、然后、之后等偏正式复合词,位于副素后可构成"最后"。

又如"实",位于名素前则构成实才、实火、实词、实景、实地、实话、实惠、实迹、实绩、实际、实据、实弹、实况、实力、实意、实例、实情、实事、实权、实数、实体、实物、实务、实相、实信、实效、实心、实业、实症、实职、实状、实质、实字等偏正式复合词,位于动素前则构成实干、实对、实感、实践、实施、实招、实习、实授、实现、实落、实选、实行、实录、实供、实验、实证、实用、实验、实在、实战、实学等偏正式复合词,位于形素前则构成实足、实秀、实细等偏正式复合词。另外,"实"位于其他语素之后也可以构成一些偏正式复合词,如不实、史实、铁实、口实、现实、老实、其实、芡实、枳实、橡实、故实、皮实、事实、秋实、单实、复实等。

再如"视",位于名素前可构成视力、视孔、视野、视态、视线、视觉、视差、视角、视频、视图、视阈、视场、视界、视面等偏正式复合词,位于动素前可构成视诊、视动等偏正式复合词;反过来,"视"位于名素后可构成电视、洞视、仇视、敌视、侧视、下视、内视、外视、旁视、耳视、虎视、众视、芥视等偏正式合成词,位于动素后可构成俯视、窥视、眄视、嗔视、回视、睨视、凝视、怒视、坐视、透视、忽视、通视、扫视、默视等偏正式合成词,位于形素后可构成近视、远视、短视、平视、斜视、珍视、久视、冷视、善视、藐视、疾视、详视、高视、正视、轻视、重视、歧视、小视、蔑视、漠视、鄙视、傲视等偏正式复合词。

上述"后""实""视"之类,从构词学角度说,它们是一个个构词成分,是语素;从汉语史角度讲,它们均属根词范畴。如果暂不考虑起决定性作用的客观基础及语言主体认知—表述之事实,单从语言层面讲,根词犹如后生新词之母,那么,构词法则好像后生新词之父。从这一认识出发,我们对照《汉语大词典》考查了许慎的《说文解字》,发现《说文》所收汉语实根词共有 1125 个,[①]其中名词 573 个,动词 351 个,形容词 169 个,数词 14 个,量词 6 个,代词 6 个,副词 7 个。这项考察颇费时日,我们只考察了《汉语大词典》中由这些根词做前一个语素所构成的一般双音节复合词(即扣除部分专有名词和结构不够明确的词后剩下的双音节复合词)的结构情况。由 573 个名根词分别做前一个语素所构成的一般双音节复合词共有 33659 个,其中偏正式复合词 20559 个,占 61.08%;由 351 个动根词分别做前一个语素构成的一般双音节复合词共有 16056 个,其中偏正式复合词 4062 个,占 25.30%;由 169 个形根词分别做前一个语素所构成的一般双音节复合词共有 10218 个,其中偏正式复合词 7781 个,占 76.15%;由 14 个数根词分别做前一个语素所构成的一般双音节复合词共有 4070 个,其中偏正式复合词 4011 个,占 98.55%。至于由量根词、代根词、副根词做前一个语素所构成的一般双音节复合词,其中偏正式复合词也都占 70% 以上。但由于它们总共不过千余条,无论如何也不至于影响整体结论,这里就不分别叙述了。总之,《说文》所收释的 1126 个实根词,在《汉语大词典》中分别做前一个语素所构成的一般双音节复合词总共有 65319 个,其中偏正式复合词是

---

① 考察的方法是看《说文》中所收的每个字在《汉语大词典》里作为一个字头,其下分别收释了多少个词条;规定凡超过 30 个词条者,一般看作根词。但也有变通。如名词"妻"下只有 24 个词条,动词"扛"下只有 15 个词条,形容词"涝"下只有 8 个词条,量词"丈"下只有 26 个词条,代词"谁"下只有 27 个词条等,由于它们在汉语社会里古今都很重要,所以也把它们看作根词。另外,也有的在《汉语大词典》里作为一个字头,其下收释的词条尽管超过了 30 个,如"吾"等,但由于它们在北方话里早已不用于口语了,所以也不算根词。上述规定也有不足。但是,在没有更有效的方法可遵循的情况下,为了说明问题,我们便只有采用上述方法了。

37426 个,占 57.30%。①据此,可以看到,偏正式构词法之无与伦比的能产性乃是历史形成的。因此,仅就汉语言符号层面而言,偏正式构词法在汉语词汇史上的确始终起着主导作用。

后 记

《探微》发表两年以后,国家社会科学基金语言学科"九五"重大项目《信息处理用现代汉语词汇研究》研究成果说:"由两个名词性语素构成的名词中,绝大部分是属于定中结构。"(详见苑春法《汉语构词研究》,《语言文字应用》2000 年第 1 期)大家知道,任何语言的词汇中,名词均占大半,汉语自然也不例外。所以,上引研究可以作为《探微》基本结论的旁证。现在也许可以肯定地说,汉语偏正式构词法具有无与伦比的能产性本是不争的事实。这便为汉语构词法的深入研究又迈出了扎实的一步,同时也为相应内容的教学提供了可靠的依据。另外,用发展的眼光看,汉语构词法的研究,将为人类认知规律以及思维科学的研究开辟一条新的道路。有证据表明,今后人类科学要有更大的发展,必须在人类认知规律、思维科学的研究方面取得更大突破。构词法的全面深入研究,可以为人的认知规律、思维方式的研究提供一把有效的钥匙。因为,一种语言里的语法规则,其实就是使用这种语言的民族之认知规律、思维方式、表述习惯在语言中的反映,而复合式构词法乃是语法中居于核心地位的内容。

参考文献

陆志韦等:《汉语的构词法》(修订本),科学出版社 1964 年版。

吕叔湘、朱德熙:《语法修辞讲话》,中国青年出版社 1952 年版。

---

① 如果连这些根词做后一个语素的复合词也统计在内,偏正式复合词所占的比例可能会稍低一些。但绝不会低很多,因为主要是名根词做后一个语素构成部分动宾式复合词,其他方面并没有多大变化。因此,不会影响本文的基本结论。

吕叔湘:《现代汉语单双音节问题初探》,《中国语文》1963年第1期。

任学良:《汉语造词法》,中国社会科学出版社1981年版。

沈怀兴:《关于一物多名问题》,《词库建设通讯》1994年总第5期。

王　力:《汉语史稿》,科学出版社1958年版。

王作新:《汉语复音词结构特征的文化透视》,《汉字文化》1995年第2期。

向　熹:《〈诗经〉里的复音词》,《词汇学论文汇编》,商务印书馆1989年版。

张寿康:《构词法和构形法》,湖北人民出版社1981年版。

"离合"说析疑[*]

一、引　言

　　几乎所有的"现代汉语"教科书里都这样写着:现代汉语中有一种"离合词",这种词的两个词素可离可合,即其间可以插进别的成分;合的时候是一个词,分的时候是词组/短语。还有的教科书里特别注明:离合词的范围有限,只限于部分支配式合成词和补充式合成词,而且插进去的成分也有限制。对于这种说法,起初我们确信不疑,课堂上也就这么讲了。后来读赵元任的《中国话的文法》,书中专辟"假动—宾式复合词的游离"一节讲述"离合"说,还列举了"体了一堂操""军完了训""再左一点儿手""给他小了一点儿便""还幽了他一默"等实际用例,我们开始对教材中"有限"说产生怀疑,同时也对"离合"说问题发生了较大的兴趣。于是广泛阅读,注意考察学者们在这一问题上的不同见解。

　　考察结果表明,"离合"说萌芽于王力的《中国语法理论》(1945/1955),形成于陆志韦等《汉语的构词法》(1957)。后来有不少学者著文参与讨论,且多数学者意见大同小异。如有些学者只承认部分动宾式合成词是离合词,但也有人认为现代汉语中的离合词不受词性

　　*　本文曾发表于《语言教学与研究》2002 年第 3 期,收入本书时稍有修改。

限制,只是动宾式合成词里多一些罢了。还有人连名称也给改了,即不叫它们为"离合词",而称之为"可分词"。虽然意见有些分歧,但大多是在维护"离合"说前提下的分歧。

吕叔湘是第一位对"离合"说提出否定意见的学者。他分析了"离合词"这个术语的矛盾性,并另创"短语词"以代之。吕先生的意见也曾得到部分学者的认同,如张斌《汉语语法学》(1998)中就给予了明确的肯定。然而,"短语词"之说又怎么样呢?所谓短语词,到底是短语还是词?也许就是因为这层原因,在多数学者那里,"短语词"与"可分词"一样,都没有能够取代"离合词"这个术语。吕先生三次批评"离合"说的意见,均因语焉不详而没有能够引起学界重视。经过半个世纪的讨论和考验,"离合"说渐成"定论",不仅写进了"现代汉语"教科书,而且早被用于指导《现代汉语词典》的编纂,甚至还有《现代汉语离合词用法词典》(北京师范大学出版社,1995)之类问世。

一般说来,凡是看上去成了定论的东西,人们往往就不再多加思考了。特别像"离合"说,它的提出和论证前后经过了半个世纪,而且有那么多学者参与研讨,就更让人不加怀疑了。所以"现代汉语"教学中我们曾长期讲授"离合"说。只是到了近年,在考察 20 世纪语言学界较为通行的语言观与语言研究之关系问题时,才发现这个"定论"或许定错了,并认为错误的根源在亟待更新的语言观。毋庸讳言,此前我们在"现代汉语"课上对这方面内容的讲解也错了,错误的根源在于没有自己的语言观而盲从"成说"。

去年夏天看到将在香港召开"21 世纪首届现代汉语语法国际研讨会"的通知,于是撰《"离合"说析疑》应征。文章全面评析"离合"说。指出,它用扩展法来确定 AB 组合是不是词,从认识论角度讲是不科学的,从方法论角度讲是不可取的,落实到实践上则是行不通的。并且指出,认定词的依据只能是历史。至于有的复音词有时被拆分,根本原因不在这些词本身,而在语言使用者表达特殊思想感情的需要。下面是这次会议论文的大部分内容。

一、"离合"说的由来

　　"离合"说是指运用扩展法认定有关复合词"可离可合"之特点并名之曰"离合词"的一种汉语语法分析理论。该理论认为,汉语里有一种 AB 组合,中间可以插进别的成分,A 与 B 可离可合,是为"离合词"。如"绷劲:绷不住劲""起草:谁起的草""安心:安的什么心""摇动:摇得动｜摇不动"等。①

　　扩展法最初只用来判定词或非词。王力《中国语法理论》(1945/1955)和《中国语法纲要》(1946/1951)等书中都讲述过这种方法,只是当时还没有明确叫它"扩展法"罢了。按照这种方法,是说结合在一起的两个语言成分之间不能插入其他成分的是词,能插入其他成分的是仂语(词组)。

　　这一方法正式命名为"扩展法"始见于陆志韦等《汉语的构词法》(1957)。这是为满足"要走世界文字共同的拼音方向"之要求和编纂规范词典之需要而写成的一部学术著作。②该书第一章第一节详细介绍扩展法的使用,一再强调扩展法是区别词与词组的根本方法,认为"扩展法可以利用一切'形态'的标志,可是最后的武器是扩展"。

　　《汉语的构词法》的作者们试图用扩展法对所有可能是复合词的 AB 组合进行鉴别。可是,有些 AB 组合,人们凭语感可能判它们为词,并且一些语文词典,如《辞海》《国语辞典》等,也早已收释了它们,却通不过扩展法的检验。它们的数量太大了:偏正式组合很多,如

---

　　① 前面定义参见《中国语言学大辞典·离合词》(江西教育出版社 1991 年版),不同学者专著和各家"现代汉语"教材中有关表述与此大同小异。后面例子均引自《现代汉语词典》。下文例子引自《现代汉语词典》者,不再作注。
　　② 详见陆志韦等《汉语的构词法·序言》。

"猪肉""牛毛""象牙""鹿角"之类;动宾式组合也不少,如"挂名""打岔""发言""投机"之类;补充式组合也有一些,如"捣乱""提醒""打破""打通"之类。对这数以万计的 AB 组合如何处理好呢?如果仅仅因为它们能扩展而否认它们是词吧,不仅广大的语言使用者通不过,就是当时的形势也不允许。——人家硬说咱们的汉语是低级落后的单音节语呢,咱自己怎么能把大量能扩展的 AB 组合认定为词组呢?于是作者们便把这部分 AB 组合认定为"离合词",说它们"合起来是一个词;在同形式的结构里,两段分开了,就是两个词"。[1] "离合"说就这样创立了。

与《汉语的构词法》同年发表的张寿康《略论汉语构词法》同样坚持用扩展法划分词与词组,但又有修正。[2] 文章末尾谈对偏正式 AB 组合与补充式 AB 组合的处理意见,只提"革命""鞠躬"之类动宾式 AB 组合,谓之"离合动词"。这似乎与陆说差别较大,但是究其本,只要坚持用扩展法区别词与词组,就与陆说没有实质性差别,所以统称"离合"说。

"离合"说一经创立,不久便成了"定论"。首先,学者据以著书立说,发表了不少文章。直到最近,还有人据以探讨汉语"词""语"分界问题(参看冯胜利:2001)。其次,学者用以指导语文词典的编纂。《现代汉语词典》(以下简称《现汉》)把"离合"说之定法明确引入凡例,贯彻始终,无形中从"典"的高度肯定了"离合"说的意义,于是"离合"说在一般人眼里便成了不刊之论。再次,"离合"说被普遍写进"现代汉语"教材。这是近 20 年来的事,证明目前"离合"说已经是汉语学的常识了。不过,"离合"说发展到今天,尽管其立说依据、操作方法都没有变化,但是实施结果——所认定的"离合词",仅就正统的

---

① 详见陆志韦等《汉语的构词法》第 20—23、78—82、90—92 页。引号里的话见该书第 22 页脚注②。

② 《汉语的构词法》虽与张文同年发表,但它实于 1953—1956 年写成,且其绪论性的第一章"构词学的对象和手续"已于《中国语文》1956 年第 12 期发表,张文中有引用,并作注说明。

汉语学著作中论述的情况来看,既不像陆志韦等人所言范围那样广,也不像张寿康所言范围那样狭,即主要涉及动宾式 AB 组合和动补式 AB 组合两类。至于有些场合的说话人往往打破了这一界限,那里面牵涉的问题较多,甚至不更新处于主导地位的语言观的话,就说不清楚。

二、"离合"说评析

"离合"说创立以后,也并非从未有人提出疑义。早在 40 多年前,吕叔湘(1959)就说:"有两种结构——一部分动宾结构和一部分动补结构,常常被提出作为上述原则的例外,这就是说,虽然可以扩展,还应该承认是词。……他们称之为'离合词'。这样处理在实用上会引起极大的不便。"后来他(1979)又单就动宾式 AB 组合问题提出反对意见。吕先生虽然先后三次对"离合"说提出批评,[①]但是并没有引起学者重视,问题就这样遗留下来。

现在试就"离合"说问题谈谈我们的认识。既然"离合"说的根基在扩展法,那就需要先分析扩展法的实施问题。事实证明,以扩展法来确定 AB 组合是不是词,从认识论的角度讲是不科学的,从方法论角度讲是不可取的,落实到实践上则是行不通的。第一,扩展法充其量不过是纯共时研究的一种方法,然而,语言中任何一个语词都是历史上产生的,发生变化也是历史上的事情,考察历史上产生和变化的任何事物都不能没有历史观点,用颇具游戏色彩的扩展法判断历史上产生或演变来的 AB 组合,其结论难免与事实不符。例如"存心",早在战国时期就产生了,如《孟子·离娄下》:"君子所以异于人者,以

---

①　吕叔湘《现代汉语单双音节问题初探》(《中国语文》1963 年第 1 期)一文中也有否定"离合"说的内容,只是笔触稍和缓一些。

其存心也。君子以仁存心,以礼存心。"且历经两千余年沿用不衰。《现汉》(修订本,下同)注音加"∥",举例是"～不良∣他说这番话,不知存着什么心"。如此不做任何历史考察,只凭其扩展法的机械操作,就判它两个词素可离可合,如果有人要问:平时学者总爱说"离合词是词的组合体向词转化而未能成熟的明显表现",①而一个词的组合体被社会广泛使用两千多年了,为什么其结构至今未能凝固,还仅是个未成熟的"离合词"? 则不知该如何解释。

第二,扩展法是根据所谓语言成分结合的紧密程度来区别词或词组的,认定其结合紧而插不进别的成分是词,反之是词组。这就像只承认身体结实的人是人,而身体不结实的人则不承认他是人,有谁服气? 不错,一般说来词比词组结构紧凑一些。然而,翻开任何一部语文词典,都会看到那里面收了一些已产生一两千年以上而且有几个义项的 AB 词目,拿扩展法机械地操作一番的话,它们的 A 与 B 之间都可以插入其他语言成分,能因此否认它们是词吗? 动宾式合成词或动补式合成词,即使可叫它们"离合词",然而遇到联合等其他结构方式的合成词又该怎样称说? 如果也把它们统统归入"离合词",那么汉语里有多少复音词不是"离合词"? 须知,连幽默、滑稽、慷慨等双音词也常听到"幽了他一默""滑天下之大稽""慷国家之慨"之类的说法呢。

第三,扩展法的实施只注重 AB 组合的结构形式,完全忽略了 AB 组合的语义内容,这种形式决定论的语言观只能使语言研究庸俗化。除此之外,就只有对词典编纂、汉语学习等方面产生误导作用了(参看沈怀兴:2002)。

第四,扩展法无法贯彻到底。这一点,《现汉》的编修最具典型性。考察《现汉》,我们发现,编纂者们在执行《现汉·凡例·15》"有

---

① 见《刘叔新自选集》,河南教育出版社 1993 年版,第 31 页。

些组合在中间加斜的双短横'∥',表示中间可以插入其他成分"的过程中不能始终如一。《现汉》收释的双音节复合动词中,被加了斜的双短横"∥"的约四千条。虽然它们被标上了"∥",却看不出词典编纂者这么做有什么客观一致的标准,实际上也不可能有什么客观一致的标准。它们被标上了"∥",其实只是以不同的编纂者各自的语感为标准的。不同的编纂者感觉不同,往往会对同一对象做出不同的解释,这本是情理中的事,姑且不论。值得注意的是,同一编纂者对同一动字下列释的同类复合词,有的加了"∥",有的没加。如"打"字下所列释的双音节复合动词中,"打鸣儿""打围""打千"等,注音中都给加上了"∥",而"打枪""打炮""打钩"等却没给加"∥",就极让人费解。例如,现实生活中"打一枪换个地方""打了一炮""打了个钩"之类的说法并不罕见。所以在一般人眼里,如果一定要加"∥"的话,也许"打枪""打炮""打钩"更该加。这在表面上看,可能会有人认为这是由于编纂者的随意性或不严肃性造成的。其实不然。既然扩展法是凭每个人的语感操作的,人的语感又是因个人对不同词的理解和掌握程度之不同而有所差异,那么同一个人解释不同的词时又怎么能够得出人人都能接受的具有一致标准的结论呢?

第五,扩展法不能摆正语言理解与语言使用之间的关系。同一个 AB 组合,孤立地看,A 与 B 之间似乎可以插入其他成分,而一旦进入句子,就不能插入其他语言成分了,这样的 AB 组合到底算不算词?如"提高",《现汉》给它注音是 tí∥gāo,说明它是个"离合词"。的确,按照"离合"说的思路而孤立地看,它可以插"得""不"而扩展成"提得高""提不高"。然而,在《现汉》给它举的例证里,就不一定都能这样扩展。《现汉》解释"提高"所举的例证是:"～水位│～警惕│～技术│～装载量│～工作效率。"这五个例子中的"提高",在各短语出现于一般语言环境里的时候都不能扩展为"提得高",只有后三例可以勉强扩展为"提不高",然则"提高"算不算词呢?看来,虽然语言理解和语言使用关系密切,但是毕竟不是一回事。这样的话,给"提高"注音而标以 tí∥gāo,还要什么必要呢?

第六,扩展法没有超语境的作用。有些 AB 组合,在甲语境里可以扩展,而在乙语境里却不能扩展,如"这是猪肉,不是牛肉"中"猪肉"和"牛肉",似乎可以分别扩展为"猪的肉""牛的肉",但是"他不喜欢吃猪肉包子,喜欢吃牛肉包子"中的"猪肉""牛肉"就绝不能扩展。事实如此,应该把"猪肉""牛肉"判为词呢,还是判为词组啊?又如"提成",《现汉》注音为 tí∥chéng,例为"利润~"和"按百分之三~",却都不能扩展,然则"提成"是词还是词组?动补式的例子如"提醒",《现汉》为它举的例子"请你~我"中的"提醒"也不能扩展。这类例子极多,不能不是"离合"说遇到的一大麻烦。声称本体研究的现代语言学研究,自从引进之日起,就在很大程度上脱离了汉语实际,①所以其结论往往经不起事实的考验,也就很难说有多大的实践意义了。

第七,遇到一些稍有个性的语言单位,扩展法的实施就更要不得了。有些语言片断是不能扩展的,如"一元一角一分""一斤二两三钱"等,虽然理解时可以在元、角或斤、两后面硬插入一个"零"字,但是现实中这样的用例却不常见,有谁会因为它们很少被扩展而承认它们是词呢?这一点,《汉语的构词法》的作者们也看到了。但是,该书第 19 页还是把"家庭教育""灯火管制""经济封锁"等语言单位认定为词,这分明是在削足适履了!再看该书第 82 页,又把很容易扩展的"听起来""看上去""走出来"等语言单位也认定为词,那又分明是在自相矛盾了。

综上所述,用扩展法区别 AB 组合是词还是词组的做法是偏执

---

① 这是无法避免的。西方哲学中的本体论可能没有大问题;如果在已经弄清楚了语言究竟是什么的基础上提出语言本体论,实施于语言研究,也许不会惹大问题。但是,在还没有搞清楚语言究竟是什么之前提出语言本体论,并且机械地实施于语言研究,问题就大了。特别是把语言符号系统论等同于语言本体论,而且拿了在语言符号系统论指引下研究印欧语建立起来的语言学理论套汉语的时候,也就不是一般的脱离汉语实际问题了。

共时论者的一种智力游戏,是形式决定论者的一家之言。其根本问题在于它的游戏性和无根性。这尽管是认识发展过程中不可避免的问题,但是,此前半个多世纪的实践已经充分证明,它距离汉语实际太远,很难说靠得住。这样说来,运用扩展法认定有关复合词"可离可合"之特点并名之曰"离合词"的"离合"说,用今天的眼光看也就没有多少存在价值了。

另外,还有两点有必要指出。首先,坚持"离合"说,从共时角度讲是混淆了书面语与口语的区别。如"报信",《现汉》的两个例子是"通风报信"和"你先给他报个信",很明显,前者要比后者书面语色彩强一些,后者则比前者口语色彩强一些。我们经常看到这样的例子,一个 AB 组合的词,书面语和口语都能用,但"A……B"却只能用于口语。如《现汉》给"拉账"举的例子"拉了一屁股账",在口语中常见,而在庄重的书面语里是不容易找到的。其次,从历时角度讲,坚持"离合"说是忽视了历史。持"离合"说者,有的说"离合词是词的组合体向词转化而未能成熟的明显表现",有的说"离合词是尚未定型的词,是准词"。这样说,似乎是在告诉读者,离合词都是刚产生不久的东西。其实不然。我们考察《汉语大词典》有关引例,发现《现汉》列"A……B"例证明【AB】的 493 个词中,扣除 61 个《大词典》未收的,下余 432 个;而有五百年以上历史的就有 221 个,超过一半。一千年以上的 137 个,近三分之一。试问:经过长达五七百年、一两千年乃至更长历史发展的一些 AB 组合至今仍未成熟,仍未定型,只是在向词转化,这可能吗?词是什么?

三、认定词的依据

读过上文,有人要问:你不承认能否扩展是认定一个 AB 组合是不是词的依据,那么你认为认定词的依据是什么?这是一个十分棘手的问题。因为一百多年以来,国内外学者谁也没有给"词"下一个大家都能认可的定义(参看索绪尔〈汉泽本〉1985:36;吕叔湘,1980:45)。但是,如果一定要我们回答这个问题,那就只好姑且这么说:认定词的依据应该是历史吧(参看沈怀兴,1993、1996)。为什么呢?

其实道理很简单。任何一个词都是历史(从远古到最近都是历史)上产生和变化的,所以确定一个成分是不是词,必须有历史的观点,必须注意解决下面一些问题:被判断对象大致是什么时候产生的?怎样产生的?初产生时表达了怎样的概念?算不算韵律词?其后,社会承认和使用情况怎样?例如"尝新",《现汉》注音为 cháng∥xīn,释曰:"吃应时的新鲜食品:这是刚摘下来的荔枝,尝尝新吧。"看了《现汉》的注音和例证,联系"离合"说理论,一般人自然会认为"尝新"是刚产生不久的由"词的组合体向词转化而未能成熟的"准词。然而,这种认识却与历史事实不符。"尝新"早在上古时期就已经产生了,而且一直被广泛使用,历久不衰,怎么至今还没有转化成词呢?试略举几例:

> (1)《吕氏春秋·孟秋纪》:"是月也,农乃升谷,天子尝新,先荐寝庙。"

> (2)《大戴礼记·千乘》:"方秋三月,收敛以时,于时有事尝新于皇祖皇考。"

> (3)《礼记·月令》:"是月也,农乃登谷。天子尝新,先荐寝庙。"

> (4)《汉书·食货志》:"除社闾尝新春秋之祠用钱三百,余千五十。"

> (5)杜甫《茅堂检校收稻》诗:"御夹侵寒气,尝新破旅颜。"

> (6)王建《宫词》之四:"白玉窗前起草臣,樱桃初赤赐尝新。"

> (7)陆游《春晚雨中作》诗:"冉冉流年不贷人,东园青杏又

117

尝新。"

(8)《西游记》第五回:"一日,见那老树枝头,桃熟大半,他心里要吃个尝新。"

看过上引数例,人们会发现,"尝新"至少已经产生两千多年了,而不是一个刚产生不久的由"词的组合体向词转化而未能成熟的"准词。同时还看到,"尝新"初义为"孟秋以新谷祭祀祖考",也就是请祖考"尝食新谷";并且它自成音步,是个标准的韵律词。由此可知,初产生时它是一个典型的言语词。后来由于历史的原因,它又很快定型为语言词(说详后)。今比较《现汉》的解释,如果说一个具有两千多年历史的"尝新"还没有成熟,还是"向词转化而未能成熟的"准词,而像"打钎""投产""示范"等产生不到一百年的一些同属动宾结构的词却已经成熟(《现汉》给它们注音时均未加"//"),这便很令人困惑了。尤其碰到同结构方式且同动素的 AB 组合差异亦如此之大时,就更不容易解释了。例如"放心",早从《书·毕命》中就出现了,产生出今义至迟也是元代的事,《现汉》注音中加了"//",视为未成熟的"离合词";而"放权""放映"等只产生了十几年或几十年,《现汉》注音中未加"//",是不把它们看作未成熟的"离合词"。又如"存心"已经产生两千多年了,《现汉》注音中加了"//",是未成熟的"离合词";然而,就现有文献资料看,"存疑"产生仅百余年,《现汉》注音中未加"//",是不把它作为未成熟的"离合词"来看。这类例子的存在,就只能证明"100>2000"了,有谁会认同?

进一步看,上引数例同时证明表达特定概念的"尝新"本有其产生的必然性,有其成词的客观基础;有其存在的必要性,有其广泛的社会文化基础,因此在语言使用中迅速泛化,词义随之不断扩大。

说"尝新"有成词的客观必然性,是因为上古社会生产力低下,饥荒是国家和人民最害怕却又经常遭遇的事。黍稷为古代主要的粮食作物,人们好不容易盼到孟秋黍稷成熟,首先认为是皇祖皇考保佑啊,就先去宗庙祭祀他们,请他们在天之灵先尝新,于是反映这一活动的"尝新"就产生了。祭祀乃先民生活中的头等大事。因此,深深根植于生活的"尝新"就注定要发展为语言词了。事实也正是这样。尝新祭祀活动年复一年,且自上而下迅速普及开来,言语词"尝新"终于成为表达特定概念的全民常用语,便定型为语言词了。

说尝新祭祀活动自上而下迅速普及,有上引例(4)为证。例(4)所谓"社间尝新春秋之祠",王先谦《补注》:"二十五家为社……间,侣也,二十五家相群侣也。立土神于里门,里人共祀之。尝新则荐,春则祈,秋则报,皆有祠也。"《汉书》"除社间尝新春秋之祠用钱三百"云云,是直引战国魏李悝的话。由此看来,至迟到战国早期,汉语社会某些地区尝新祭祀活动已经很普遍了。

不言而喻,每次尝新祭祀活动结束后,就是活人尝食新收获的谷物,这一行为自然也叫"尝新"。这便初步实现了"尝新"之词义从特殊到一般的泛化。如此久而久之,则使"尝新"从一般词汇成分上升为基本词汇成分。这一点,上引前四例大致可作证明。

越往后,不管是否举行过尝新祭祀活动,只要吃到新谷,也叫"尝新",如上面所引的例(5);甚至吃到新收获的各种果品,也统统叫作"尝新",如上面所引例(6)(7)(8),致使"尝新"一词在其基本义基础上又产生出"指尝食新谷"和"泛指吃一切应时的新鲜食品"等意思,从而大大巩固了它在基本词汇中的地位。而照"离合"说的判断,"尝新"只是个由词的组合体向词转化而未能成熟的准词,则与客观事实相去远矣!应当指出,具有两三千年历史的"尝新""存心"等并不是个别词例。像上文"二"的最后一节里统计的那样,现代汉语中像"尝新""存心"这样历史悠久的词并不少见,它们分明都不支持"离合"说。

综上所述,词分言语词和语言词,言语词是特定语境中产生的反映特定事物、现象或关系的语词,语言词则是由言语词定型而成的表达特定概念或语法关系的语言单位。①确定一个 AB 组合是不是词,必须坚持历史观点,联系社会与人对它的产生和变化情况进行具体考察,否则就不可能得出正确的结论。

四、词"离"的动因

也许还有人要问:我们平时确有拆 AB 为"A……B"而用之的情况,这该怎么解释呢? 为了对这个问题做出解释,笔者与本校 1998 级的部分学生一起做了这样一项调查:我从《现汉》用"A……B"式例句证明【AB】词目的 493 个词中选出动宾式结构 50 个,根据中小学生不同年级从易到难把这些词平均分成 10 组。调查对象是我校附小和附中初中班学生。每个年级抽男生女生各五名,请他们给相邻的两组 10 个词分别以 AB 式和"A……B"式(如理发;理……发。插嘴;插……嘴)各造一个句子。小学一年级分得 1、2 两组 10 个词,二年级分得 2、3 两组 10 个词,依次类推,直到初中三年级分得 9、10 两组 10 个词。调查所得由笔者进行分析和归纳。现在把调查分析的结果公布如下。

小学一年级的受试者不能书面表达,但大多会口头用 AB 式造句,而无一人会用"A……B"式造句。二年级以上的学生均采用书面方式。他们在用 AB 式造句时,总的说来错误不是很多,所以下面不再交代各年级用 AB 式造句的情况。二年级少数学生对个别词如

---

① 说语言词是由言语词定型而成的表达特定概念或语法关系的语言单位,但是不能反过来说由言语词定型而成的表达特定概念或语法关系(如乃至于、甚至于、总而言之等)的语言单位都是语言词。因为,这样的语言单位中有些是成语、惯用语等固定词组。这就需要辨明特定成分初产生时是哪种类型的言语词,即从形式上看它最初算不算韵律词,从内容上看它最初是表达了怎样一种概念(特殊情况下不排除判断或推理)或语法关系。然后再分别考察其历史变化情况。所以复合词与部分固定词组的划界同样需要坚持历史观点,坚持以历史标准考察具体对象。

"出事"等,会造"出……事"的句子。但是全部 10 个人总共只造了 16 个句子(满数应该是 100 个),还有 7 个不通顺,三年级学生用"A……B"式造句不受时间限制,10 个人共造了 41 个"A……B"式句子,不到应造总数的一半,其中还有 15 个不通顺。四年级学生也不受时间限制,10 个人共造出 61 个"A……B"式句子,其中 18 个不够通顺。但是据他们的班主任说,偶尔也能听到他们口头上有"A……B"式句子。这是此前三个年级都没有的现象。五年级造"A……B"式句子时限定半小时,10 个人共造出 62 个句子,其中 15 个不够通顺。六年级也限定半小时,10 个人共造出 76 个句子,其中 14 个不够通顺。另外据调查,五、六年级学生口语中"A……B"式句子开始增多,但主要是从成人那里学来的;即使偶有创造,其 A 与 B 也基本限于成词词素,否则就可能是病句。

初一学生在半小时内 10 个人共造出 87 个句子,其中不够通顺的有 11 个。初二学生在半小时内 10 个人共造出 93 个句子,其中不够通顺的有 10 个。初三学生在半小时内 10 个人共造出 97 个句子,其中不够通顺的有 7 个。另据调查,学生到初二以后,口语中"A……B"式句子明显增多,甚至比较滥。口语中"比较滥"与书面表达准确率显著提高表面上看有些矛盾,其原因较多,本文暂不讨论。

这项调查在不同地区进行,由于学生素质与各地语用习惯不完全相同,其调查结果也可能不尽相同,但是说明的道理应当是一致的,即都会证明:"A……B"绝不等于 AB,AB 并不能随意拆分为"A……B";言语活动中 AB 所以有时拆分为"A……B",其根本原因在语言使用者,而不在语言自身。否则,为什么一般情况下儿童在 3 岁以前就习得了理发、领头、吵嘴、点头、上冻、出事、放心、费劲、裂缝、起名儿等,而直到 7 岁还不能用"理……发"等造句? 为什么儿童直到 10 岁左右才开始学说"A……B"式句子? 为什么儿童直到十四五岁用"A……B"式造出的句子,错误率仍高于用 AB 式造出的句子?

这些问题都不可能得到合理的解释。但是,如果从语言使用者方面进行考察,这些问题就不难解释了。

首先,儿童认知思维能力的发展使其拆 AB 为"A……B"而用之有了可能。既然人们常说语法规则是人类认知思维方式在语言中的反映,那么汉语中有动宾式语法规则,也就证明汉人有动－宾认知思维方式。其他如动补式等亦然。尽管人们常说汉语词、短语、句子三者结构规则具有一致性,但是从语言习得方面讲,人总是从言语中学习语言,主要就句子学习语法和语词,而不是就词汇学习语法和语词。前些年,曾经鼓噪一时的一种要求学习者先掌握 5000 英语词的英语速成学习法,后来还是因为实践者们学了那么多英语词仍不会说英语而被抛弃了,就说明了这个问题。然而,儿童语言学习日浅,特定语法规则内化为相应的认知思维方式还只是初步的,是一种弱式认知思维方式,还不具备能动地拆 AB 为"A……B"而用之的能力,所以一般儿童直到 7 岁还不能用"理……发"等造句。此后,随着年龄的增长,动－宾认知思维方式由弱式渐向强势发展,认知能力不断提高,所以到 10 岁左右能够领会成人拆 AB 为"A……B"而用之的表达,于是开始学说"A……B"式句子。随着语言学习的日渐深入,儿童动－宾思维方式进一步向强式发展,于是就慢慢具备了拆 AB 为"A……B"而用之的能力。不过,即使直到十四五岁,由于其认知思维方式尚未真正发展为强式,所以他们用"A……B"式造出的句子,错误率仍高于 AB 式造出的句子。

其次,汉语语用者特殊的思想感情表达需要他们拆 AB 为"A……B"而用之。大约到十四五岁,汉人动－宾认知思维方式已近强式。此时,一些特殊的思想感情也开始产生,有时亟须表达出来,可是安排在某一位置上的固有词 AB 却不能较好地反映其特殊的思想感情,于是语言使用者便借其接近强式的认知思维方式激变 AB 作"A……B",以满足其特殊思想感情之表达的需要。这种情况,成年人中就更普遍了。这里举"拉账"为例。拉账,单说时只表示欠债,并不能反映欠了很多债,更不能夸张地反映出后面跟了许多要账人。如果有必要表达这些意思时,最生动、形象而简洁的说法也许就是"拉了一屁股账"。其他如上文列举的"幽了他一默""滑天下之大稽""慷国家之慨"等,分明也都是语用者为了表达其特殊思想感情而拆分"幽默""滑稽""慷慨"的结果,这里就不分析了。

综上所述,语词本身不存在能否拆分的问题。有的被拆分,也不是说汉语的人都能够拆分,更不是任何场合都能拆分。由此看来,"离合"说缺乏经得起推敲的立论根据。

五、余 言

文章写成,心自惴惴。本想做点拾遗补阙的工作,今如此,是不是给白白的米饭里掺上了一粒沙子? 然而,自省之余察其所以致此,还是语言观问题。我曾经打过一个比方,说语言是身影,身体就是人与生活世界互动作用的力,身影是随着身体的变化而变化的。因此,研究语言不能没有历史的观点,不能不运用历时研究的方法考察人与生活世界的互动情况。本文的写作,无意中又受了这种认识的驱动。因此,希望学者在批评拙文的同时,多就语言观问题作些批评讨论。窃以为语言观问题乃是我国现阶段语言研究中的根本问题,也是世界各国语言学家需要面对的问题。语言观问题解决了,语言学方法论问题也就可以解决了,我们的语言研究也就不会再"跟着转"了。

参考文献

冯胜利:《论汉语的"韵律词"》,《中国社会科学》1996 年第 1 期。

冯胜利:《从韵律看汉语"词""语"分流之大界》,《中国语文》2001 年第 1 期。

陆志韦等:《汉语的构词法》,科学出版社 1957 年版。

吕叔湘:《汉语里'词'的问题概述》,载吕叔湘《汉语语法论文集》,商务印书馆 1984 年版。

吕叔湘:《汉语语法分析问题》,载吕叔湘《汉语语法论文集》,商务印书馆 1984 年版。

吕叔湘:《语文常谈》,生活·读书·新知三联书店 1980 年版。

沈怀兴:《试论研究现代汉语也需要历史观点》,《河南师范大学学报(哲社版)》1993 年第 1 期。

沈怀兴:《再论研究现代汉语也需要有历史观点》,《河南师范大学学报(哲社版)》1996 年第 1 期。

沈怀兴:《〈现代汉语词典〉部分复合词例证平议》,《河南师范大学学报(哲社版)》2002 年第 1 期。

索绪尔著、高名凯译:《普通语言学教程》,商务印书馆 1985 年版。

王　力:《中国语法理论》,中华书局 1955 年版。

王　力:《中国语法纲要》,开明书店 1951 年版。

张　斌:《汉语语法学》,上海教育出版社 1998 年版。

张寿康:《略论汉语构词法》,《中国语文》1957 年第 6 期。

语文学史上的"长言"说及相关理论[*]

部分现代语言学家常以其理解不够准确的缓读说支持正在流行的衍音说或衍声说，又拉小学家的缓言说、长言说、迟之又迟说等来支持其缓读说。现代语言学家的衍音说（或衍声说）名目繁多，追随者所论也主要是凭想象，所以其内容相当繁杂，难免令人眼花缭乱，越读越迷糊。所以至此，原因主要有二。一是现代语言学家大多不知道小学/传统语文学与"跟着转"的现代语言学是两门截然不同的学问，^①而统称中国语言学。于是为了证明其想象，往往要想当然地到小学家著作中寻找支持，以至于表现为强拉硬拽，乃至"绑架"，于是其结果之一就是在赢得初学者或不求甚解者响应的同时，也为汉语研究添了乱。二是一种理论没有坚实的客观基础，却先入为主，论者各自尽力穿凿附会，很难不出现这种名目繁多、内容芜杂的现象。鉴于上述原因，对某些乱象考辨起来，就只能先分解成不同的专题，一个一个地考察讨论。本文是其专题之一。

也有一些学者直接拿语文学史上的长言说或迟之又迟说、徐言

* 本文曾经发表在早稻田大学年刊《中国语学研究开篇》2008 年总第 27 期，修改后收入本书。本文和《与衍音说相关的几个问题》（刊于《语言研究》2011 年第 3 期）、《衍音说平议》（刊于《宁波大学学报（人文科学版）》2013 年第 1 期）、《方以智"䜌语"问题变察》（刊于《语言研究》2015 年第 1 期）是内容密切相关的一组文章。本书篇幅有限，后面的三篇发表于国内期刊·国内读者不难查找，暂不收于本书。

① 土生土长的小学与舶来的现代语言学在存在原因及发展动力、有无语言观、指导思想、研究的切入点、研究方法、论证方式、自我完善能力、研究意义、影响及其前途等很多方面均不相同，所以说它们是两门截然不同的学问。

说、徐呼说、徐读说、慢声说、二文一命说、缓言说、缓读说及分音说等支持 20 世纪三四十年代产生、随后慢慢发展起来的"联绵字—双音单纯词"说。这样说的人多了,也就成为"常识"了。这些"常识"被编进词典、写进教材,传播开来,便成了"定论"。然而,至今未见有人系统地考察语文学史上的这些说法。它们到底说了些什么? 本文试作考察,希望能够对相关乱象的治理发挥一点积极作用。

一、长言说

历史上各家长言说所指多不相同,今择要简述于下。

(一)"长言"本义为"拖长音唱;歌唱"。如《礼记·乐记》:"故歌之为言也,长言之也。说之,故言之。言之不足,故长言之;长言之不足,故嗟叹之;嗟叹之不足,故不知手之舞之足之蹈之也。"郑玄注:"长言之,引其声也。"宋戴侗《六书故》卷八:"歌,古何切,长言也。"明王樵《尚书日记》卷二:"咏者谓之讽,长言谓之歌,配歌谓之乐。"[①]

(二)语文学史上的"长言",最初由上述本义隐喻而来,后又因不同作者不同用法而有不同含义。下面是较有影响的几种。

1. 汉何休笔下的"长言"指"拖长音高声说/读"。《公羊传·庄公二十八年》:"《春秋》伐者为客。"汉何休注:"伐人者为客,读'伐'长言之,齐人语也。"唐徐彦疏:"谓伐人者必理直而兵强,故引声唱。'伐'长言之,喻其无畏矣。"这个"长言"含义与其本义"拖长音唱;歌唱"有较为明显的联系,可理解为"拖长音高声说/读"。只要想让人听得懂,单音节词拖长音高声说/读是无法变成两个音节的。否则就会改变语义,就可能失去说话人本来要表达的意思,因为汉语是孤立语。

---

① 依据不同的语法分析理论,"长言之"有不同的理解,即或理解为"长/言之",或理解为"长言/之"。本文参照这里所引宋戴侗与明王樵的解释,暂理解为"长言/之"。

对此,有不同意见者,也可以自己先做个实验看看。

2.清初顾炎武笔下的"长言"颇不同于何休,凡两见。一在其《日知录》卷六"肃,肃敬也"条下:"肃,肃敬也。雍,雍和也。《诗》本肃、雍一字,而引之二字者,长言之也。《诗》云'有洸有溃',毛公传之曰:'洸洸,武也;溃溃,怒也。'即其例也。"另一处在同书卷三十二"奈何"条下:"《左传》:华元之歌曰:'牛则有皮,犀兕尚多,弃甲则那。'直言之曰'那',长言之曰'奈何',一也。"这两个例子所指各有不同:前者是用固有单音词为词根语素,配以同义语素,或将固有单音词作词根重叠,构成双音节合成词,表示原单音词所表示的概念义。这大概是受标准音步双音节之语感的影响,朦胧地意识到了汉语词汇双音化发展的趋势吧,只是仅谈其现象,未能揭示出规律性的东西。后者则是反映了一种合音现象。也就是说,这旦的"那"是"奈何"的合音词,"奈何"说成"那"是说话人省时省力的结果,是语言经济原则的表现形式之一。这种现象在现代各语言或方言里都很多。例如,现代汉语晋方言邯新片里,"底下"说快了是[diʌ];"拿下"说快了是[niʌ];"没有"说快了是[mou];"那个"平常说[nekuo],说快了就是[nuo];[①]等等。

是的,顾氏"一字,而引之二字"说,如果不作上述考察,只看字面意思,确实很容易让人拿来证明今之"一分为二"说(或分音说。下同)。但是,顾炎武的长言说与今之"一分为二"说毕竟有本质性区别:今之"一分为二"说本为证明"上古汉语有一种特殊的构词法"的臆测而创,认为那时候语言社会常将一个单音节词缓读而成两个音节,由此而来的双音节词仍是单纯词;顾炎武长言说分明不是这个意思,并且他所举的例词全部是合成词。如其"肃敬""雍和"都是联合

---

① 这一类的现象,其他各方言地区都有。常见的如"没有"说快了是[mou²¹⁴][mu²¹⁴][mo²¹⁴][mɑu²¹⁴],写作"冇";"不用"说快了是[pəŋ³⁵],写作"甭"。

式合成词；"洸洸""溃溃"都是重叠式合成词。① 至于"直言之曰'那'，长言之曰'奈何'"，"长言"与"直言"对举，又与前者不同，倒是颇似宋郑樵慢声说中所举的"慢声为'激搏'，急声为'郭'"（详后）。总之，今之"一分为二"说等与顾炎武"一字，而引之二字"说貌合神离，二者不能相提并论。今引之者只引顾氏"一字，而引之二字"以证明自己对分音说的个人理解，而不管顾炎武为证其说所举的例证，这是不能真正解决问题的。值得注意的是，拉郎配者引古人只言片语以证其说时一例照此办理，大多隐去古人例词，偶有例外也是由于不明古人例词的结构方式。这样一来，其负面影响就可能是多方面的，而不仅仅是穿凿其说了。

3.清代王筠的"长言"与"短言"相对。指一物有单字名和二字名两个名字，二字名正切单字名，"短言"为单，"长言"为双。很明显，王筠的长言说是以切音理论为基础，同时又受郑樵慢声说等（详后）影响而形成的。他在《说文释例》卷十二《双声叠韵》的题解里说："吾儒有二合音，又有二字分寄其音，是以沿袭而不觉也。双声叠韵非乎？茨，疾黎也；茨、疾双声，茨、黎叠韵。之于，诸也；诸、之双声，诸、于叠韵。"后每据此说解，就有了"长言""短言"相对说。如卷十二："'宊'下云'污衺'者，污、宊双声，衺、宊叠韵也。'窳'下云'污窬'，放此。与《尔雅》'茨，蒺藜'同。此反切之祖也。……'卢'下云：'饭器也。'……盖二字叠韵，短言之为单，长言之为双名也。"卷十五："'葑'下云：'须从也。'盖即《释草》之'须，葑苁也'。彼文误倒。郭注云：'未详。'盖不察其为写倒也。葑、须双声，葑、从叠韵；短言之为'葑'，长言之为'须从'也。"又如《说文句读》卷二"芄，芄兰，莞也"条下云："芄、兰、莞三字叠韵，长言则芄兰，短言则莞。"王筠《说文释例》《说文句读》中这类例子很不少。单看王筠的长言说，有很多值得深入讨论

---

① 参看宋项安世《项氏家说》卷四"有洸有溃"的考论。其文字较繁，不录。

的地方,特别把"长言"与"短言"放在一个平面上,一定程度上掩盖了"二"与"一"之间谁产生谁的事实,则难免引人误入循环论证之途。但是,王筠长言说是以传统的反切理论为基础,同时又受郑樵慢声说、黄生缓言说及顾炎武的徐言说影响形成的,即使不误,也不过在讲切音词问题,因此也与某些现代语言学著作中所谓"一分为二"说或分音说不是一回事,对证明"跟着转"的现代语言学研究中相关的认识也没有任何意义。至于慢声说等,将在下文予以考察讨论。①

二、迟之又迟说

这是顾炎武30岁时在其成名作《音论》中提出的一种观点,至今仍有一定的影响,故需稍予考察分析。《音论》卷中《古人四声一贯》说:

> 五方之音有迟疾轻重之不同。《淮南子》云:"轻土多利,重土多迟。清水音小,浊水音大。"陆法言《切韵序》曰:"吴楚则时伤轻浅,燕赵则多伤重浊;秦陇则去声为入,梁益则平声似去。"约而言之,即一人之身而出辞吐气,先后之间已有不能齐者。其重其疾,则为入为去为上;其轻其迟,则为平;迟之又迟,则一字而为二字,茨为蒺藜,椎为终葵是也。亦有二字并为一字者。《旧唐书》云:"吐谷浑,俗多谓之退浑。"盖语急而然。故注家多有疾言、徐言之解,而刘勰《文心雕龙》谓"疾呼中宫,徐呼中徵"。夫一字而可以疾呼徐呼,此一字两音三音之所由昉已。

顾炎武这段话后来为《皇朝通志》等书所袭用,影响着后世小学家做研究;今又为部分现代语言学家所发挥,特别是被一些偏执分音

---

① 王筠长言说问题,沈怀兴《联绵字理论问题研究》第54—55页还有补充论述,可参看。

说做研究的现代语言学家用来支持其说,一定程度上促进了一分为二说、分音说等相关理论的广泛流行。

其实,这段文字可商之处很不少,如果联系顾氏在其他地方的观点,可议之处更多。第一,迟之又迟说有没有靠得住的语言事实做依据?何以知道口语词"蒺藜"是从书面语词"茨"迟之又迟而来、古代齐方言词"终葵"是从雅语词"椎"迟之又迟而来的?第二,如果像顾氏后来所说,"蒺藜""终葵"分别是"茨""椎"的反切之语①,那又与"迟之又迟"有什么关系?如果以前者为准,则不当让后者混在里面纠缠不清;如果以后者为准,则前者无以成立;如果两者兼顾,则不免陷于循环论证之泥沼。看来,顾炎武自己对"茨"与"蒺藜"、"椎"与"终葵"的关系并没有理清楚。第三,由于出于省时省力的需要,"二字并为一字者"到处都有,此乃语言经济原则的重要表现形式之一;这"一字而为二字"者不仅直接违背了语言经济原则,而且违背了效率原则。换言之,如果真像顾氏所言,其由迟之又迟而来,则人不知其所云,如何顺利交流思想情感?因此,既违背了经济原则又违背了效率原则的话语形式即或产生,又怎么能够流传下来?第四,如果其二字所记录的两个音节与拟声或音译无关,又各不表义,则导致 $0+0=1$ 的怪论产生②;一定强调所谓音义结合任意性理论而让 $0+0=1$,语言社会会不会"俗成"?如果均表义,那便是他后期所执长言说了(参看上文),他为什么没有继续坚持迟之又迟之说,后来尽改前例并改称长言说了呢?第五,如果注家之"疾言""徐言"即顾氏所举《文心雕龙》中的"疾呼""徐呼",亦即其所谓"一字两音三音之所由昉",那又与"茨"迟之又迟而成"蒺藜"、"椎"迟之又迟而成"终葵"有什么关系?如果不是其所举《文心雕龙》中的"疾呼""徐呼",便是郑樵的"急声"

---

① 顾炎武《音论》卷下《反切之始》中有"蒺藜正切茨字""终葵正切椎字"之说。

② 拟声或音译而来的双音词虽然都是单纯词,但它们都有明确的造词理据,都是可以推源验证的,因而都不属于 $0+0=1$ 的问题。

"慢声",那又有什么必要立此迟之又迟说呢?① 另外,顾氏"故注家多有疾言徐言之解"的注家是什么时代的?尚未发现宋代以前的文献中有支持他这一说的用例。郑樵的"急慢声谐"是现有文献中能够支持他这一认识的较早说法,却又被他有意无意地忽略过去了,尽管引以为证也只能同归于谬。总之,表面上看顾氏迟之又迟说新颖且简单易懂,但它归根结底还只是认识不清的臆说,因而经不起考辨。

三、"徐言""徐呼""徐读"诸说

　　长期以来,某些附会现代联绵字观念而发声者喜欢援引小学家的徐言说为证,并且其间多言及颜之推。但是,在现有文献中,颜之推只在《颜氏家训·音辞》里讲"徐言":"古语与今殊别,其间轻重清浊,犹未可晓,加以外言、内言、急言、徐言、读若之类,益使人疑。"从这段话中,读者很难看出其"徐言"与现行"联绵字—双音单纯词"之说有什么联系。

　　再看其他文献。《吕氏春秋·精谕》:"廷小人众,徐言则不闻,疾言则人知之。徐言乎? 疾言乎?"《韩诗外传》卷四:"客曰:'疾言则翕翕,徐言则不闻,言乎将毋?'"《资治通鉴》卷二百二十六:"夫安行徐言,非德也;丽藻芳翰,非才也。"《宋史》卷四百四十六《李若冰传》:"吾亲老,汝归勿遽言,令兄弟徐言之可也。"此数例中"徐言"多指慢声细语地说,最后一例则指慢慢地告诉(他们)。不管是否与"疾言"对言,均与现行"联绵字—双音单纯词"之说沾不上边。考宋元以前其他文献,也未发现与今之"联绵字—双音单纯词"之说沾上边的"徐言"用例。即使明清文献中,看似沾点边的用例也不多。《周礼·士

---

① 顾氏在此问题上一生数易其说,而始终不采用郑樵"急慢声谐"之说,并非其说迥异郑说,亦非不知郑氏之说,盖以郑樵人品不为后人所首肯故也。

师》:"以五戒先后刑罚,毋使罪丽于民。一曰誓,用之于军旅;二曰诰,用之于会同;三曰禁,用诸田役;四曰纠,用诸国中;五曰宪,用诸都鄙。"顾炎武《音论》卷下引此段文字后曰:"徐言之则为'之于',疾言之则为'诸',一也。"顾氏这里的"徐言""疾言"说与他晚年的"长言""直言"说中的"奈何→那"相类,即其合音原理是一致的,与宋郑樵的"慢声"说义同。句中"之于"是两个相邻的单音词,而不是一个语素,与现代语言学家说的"联绵字/词—双音单纯词"有本质的区别。

以徐言说附会现代联绵字观念者或曰"徐言"又谓"徐呼"或"徐读",而查阅现有文献资料发现"徐呼"在古代文献中一般见于声律领域,语言文字研究领域里则未见用例。如《韩非子·外储说右上》:"教歌者先揆以法:疾呼中宫,徐呼中徵。"南朝梁刘勰《文心雕龙·声律》引之曰:"古之教歌,先揆以法:使疾呼中宫,徐呼中徵。夫商徵响高,宫羽声下。"照《现代汉语词典》的解释,古代五音宫、商、角、徵、羽相当于现行简谱上的 1、2、3、5、6。那么,用今天的话说,"徐呼中徵"就是拖长音,以合于简谱"5"音。然则不管音拖得多么长,都仍然是一个音,即使施于语言文字领域,也与所谓联绵字的双音节截然不同。

"徐读"在语言文字学领域里也少见使用,我们只发现了一例。《易·说卦》:"艮为山,为路径,为果蓏,为阍寺。"宋冯椅《易外传》卷十五释曰:"阍声昏,寺如字,徐读作侍。"侍,从亻,寺声。《广韵·志部》:"寺,祥吏切。""侍,时吏切。"寺、侍二字同韵部且同声调,只是声母不同。冯椅曰"寺如字,徐读作侍",看来他的"徐读"不支持今之"联绵字—双音单纯词"说。至于"徐读"的其他用例,则多指慢慢读。如宋杨万里《与长孺共读东坡诗》:"急读何如徐读妙,共看更胜独看奇。"

四、慢声说

慢声说为南宋郑樵所创,对后世影响很大。他创此说举了不少例子,有的是双音节复合词急读而合音为一个音节,上文所引顾炎武长言说中的"奈何→那"例与之相类;有的只是两个相邻的单音词,上文所引顾炎武徐言说及王筠长言说中的"之于→诸"例与之同。这两类例子均见于《通志》卷三十五《论急慢戸谐》。书中说:

> 急慢声谐者,慢声为二,急声为一也,梵书谓二合声是矣。……慢声为"者焉",急声为"旃";"旃"为"者焉"之应。慢声为"者与",急声为"诸";"诸"为"者与"之应。又如慢声为"而已",急声为"耳";慢声为"之矣",急声为"只";慢声为"者也",急声为"者";慢声为"也者",急声为"也";慢声为"呜呼",急声为"呜";慢声为"噫嘻",急声为"噫":皆是相应之辞也。……又如语言之中慢声为"激搏",急声为"郭";慢声为"中央",急声为"张"者亦是也。

同样的材料,郑樵以前的人则不这么说。如北宋沈括《梦溪笔谈·文艺二》:"古语已有二声合为一字者。如'不可'为'叵','何不'为'盍','如是'为'尔','而已'为'耳','之乎'为'诸'之类,以西域二合之音,盖切字之原也。"

比较沈括、郑樵两家的说法,最明显的不同是:沈括抓住了语流音变中的合音现象,正确地揭示出"二"与"一"谁产生谁的事实,二者关系一目了然,绝无疑义;郑樵却未揭示出这一事实。他把"二"和"一"放在一个平面上,一定程度上掩盖了谁产生谁的事实,让后世部分读者做出错误的理解,以致拿来证明现代联绵字观念左右下的缓读说、衍音说、长言说、分音说。然而,必须清楚地看到,郑樵的慢声

133

说与附会现代联绵字观念者的缓读说、衍音说、长言说、分音说有着本质的不同：第一，他将"慢声"与"急声"对言，同时不仅比以梵书的"二合声"，而且认定急声之"旃"是慢声之"者焉"之应，急声之"诸"是慢声之"者与"之应，等等，因此并没有完全抹杀"二"与"一"谁产生谁的事实；今天附会现代联绵字观念的缓读说、衍音说、长言说、分音说之创造者的脑子里先有了"上古汉语有一种特殊的构词法"之观念，完全颠倒了"二"和"一"谁产生谁的关系。第二，郑樵所举慢声的"者焉"等均非单纯词，使用缓读说、衍音说、长言说、分音说的现代语言学家中没有谁再用郑樵的例证，他们所举的"二"都是他们心目中的双音节单纯词，即主要是他们因不明其内部结构方式而误作单纯词举出的合成词，只是这些合成词之上字声母与下字韵母可以拼出他们所谓的"一"罢了。

　　顺便考察一下郑樵的"二文一命"说。这也是包括汉语语言学词典在内的今人著作中照"联绵字—双音单纯词"之说作解的重要概念。其实，文者，字也；命者，名也。"二文一命"就是用两个汉字表记一个名称。反映到语言中，这个名称既可能是单纯词，也可能是合成词，并且绝大多数情况下是合成词。如果持"联绵字—双音单纯词"说者不是成见在胸，则不可能做出现有的解释。现在来看郑樵"二文一命"之事实。《尔雅·释诂》："虺颓玄黄劬劳咎顇瘏瘉鳏戮瘉癙悝痒疧疲闵逐疚瘽瘵痱瘵瘼瘥病也。"郑樵注："虺颓、玄黄、劬劳，皆二文一命也。咎，罪病也。瘽音勤。癙，力专反。疧音祁。瘥音妹。鳏即瘝也。戮，郭云：'相戮辱。'亦耻病也。逐，《卫风》云：'硕人之轴。'笺云：'轴，病也。''轴'通作'逐'。"很明显，郑樵这里的"二文"是对后面的"咎"等"一文"说的。"虺颓、玄黄、劬劳，皆二文一命也"的意思是说：虺颓、玄黄、劬劳都是二字一名，分别表示一种疾病。用今天的话说，郑樵这话是站在词义的整体性角度说的。然而，词义的整体性与其语素构成的非单一性正是合成词这张"纸"的两个面。仍就病名说,感冒、咳嗽、肠炎等各是一种疾病,与之相应的"感冒"等词都是"二文一命"(二字一名),但都是合成词,而不是什么单纯词。换一个角度看,800多年以前的传统语文学家郑樵与其他语文学家一样,他也不可能去做只有现代词汇学者才对词的语素构成情况进行分析研究的工作。本文开头处说:小学/传统语文学与"跟着转"的现代语言学是两门截然不同的学问。现在再补充一句:在20世纪以前的文献资料中,查不到一个对某双音节词进行语素构成情况分析的例子。因此,从这个角度说,拿郑樵二文一命说或慢声说证明"联绵字——双音单纯词"说也是靠不住的。

五、"缓言""缓读"诸说

在非语文学领域里,"缓言"有"不忙说""放慢速度说"等含义。此不难理解,无须举例。在语文学领域里,明代以前的"缓言"主要用以提醒读者读某字注意延长其读音。如元程端礼《读书分年日程》卷三:"始,式氏切。初也,对终之称。式志切,缓言。有初。"这里作者已经注明"始"的"式志切"读音,又加"缓言",就是告诉读者:"始"作"有初,亦即好的开端"讲时要拖长其"式志切"的读音。这里可以看出汉何休长言说的影响。

"缓言"有时可作"委婉地说"讲。如《春秋·昭公二十五年》:"九月己亥,公孙于齐,次于阳州。"杜预注:"讳奔,故言孙,若自孙让而去位者。"明熊过注:"亟言之曰奔,缓言之曰孙,讳奔言孙而已。孙于齐以求援;次阳州,待齐命也。"例中"亟言之曰奔,缓言之曰孙"的意思是:直截了当地说(昭公)"出逃",委婉地说(昭公)"让出位子"。

至清初,"缓言"在语文学领域里出现了新的用法和含义,而首见于黄生《义府》。该书卷上"勃鞮"条曰:"《左传·僖二十五年》:'寺人勃鞮。'注:'即寺人披。'按:披即勃鞮二合音,缓言之则曰勃鞮,急言之则曰披,由语有缓急,非人有二名。卫将军文子名木,《檀弓》作弥牟,与此同。"同书"终葵"条下曰:"终葵二字即椎字之切音,急言之曰椎,缓言之则曰终葵。"现存黄生著作中所用"缓言"只此两处。略加比较,可知黄生缓言说的理论观点与郑樵慢声说略同,因而所存在的问题也基本相同;所不同的是黄生所举的"勃鞮"等对"披"等都只起切音作用。然而,不管郑樵和黄生怎样把"二"和"一"放在一个平面上,一定程度上掩盖了谁产生谁的事实,也不管他们分别举了哪些例子,但是他们都是立足切音、合音角度创说的,与今天之分音说的运动方向恰恰相反,所以二者有本质的区别。

黄生缓言说传到后世有时被改了一个字,变成了缓读说。如《四库全书总目·〈中原音韵〉提要》:"然如《檀弓》称:'子辱与弥牟之弟游。'注谓'文子名木'。缓读之则为'弥牟'。"又,《〈音韵阐微〉提要》:"国书十二字头,用合声相切,缓读则为二字,急读则为一音,悉本乎人声之自然。证以《左传》之丁宁为钲,句渎为谷,《国语》之勃鞮为披,《战国策》之勃苏为胥,与三代古法,亦复相协。"对照上引黄生缓言说,《总目》中的这两段文字基本是对黄氏之说的因袭,所不同的主要是把黄生的"缓言"改作"缓读",同时又补充了三个例词。

读者可能会问:上引《四库全书总目》两篇《提要》中的文字并不相同,《〈中原音韵〉提要》中只讲"缓读",未讲"急读",这是怎么回事?答曰:第一,《〈中原音韵〉提要》的例子是黄生《义府》中的原例,黄生此例本其上例"勃鞮→披"。第二,《〈音韵阐微〉提要》中"缓读"与"急读"相对言之,馆臣说话的立足点在"合"不在"分",事实上是以"合声相切"解释合音现象,认为合"二"为"一""悉本乎人声之自然",并举古书中"丁宁→钲""句渎→谷""勃鞮→披""勃苏→胥"等例作证,不容后人做出不同的理解。

六、分音说

语文学领域中的确多见"分音"这一术语,但是没有哪一家与今之"一分为二"说的"分音词"沾上边儿。如宋郑樵《夹漈遗稿》卷二《寄方礼部书》:"今世有韵书虽多,学者不达声音之意;字书虽多,学者不知制作之意。樵于是为韵书,每韵分宫、商、徵、角、羽与半徵、半商,是为七音,纵横成文。盖本浮屠之家作也,故曰分音。"这个"分音"就是分类标音,声、韵相拼。郑樵此说直到清代仍有影响。如清李光地等《音韵阐微·凡例》说:"按韵分音,在于字母。每音上所表见、溪等字,乃字母也。"大家知道,《音韵阐微》分韵112部,各韵分开、合、齐、撮四呼,每呼分三十六字母,然后列字。因此,这里的"分音"就是分声、介、韵三拼之,与郑樵的"分音"相比,其析音更加精细更合于实际读音了。

明梅鼎祚的"分音"则不同于郑樵的"分音"。他在《释文纪》卷二十八《梵汉译经音义同异记》里说:"经言异论咒术,言语文字,皆是佛说。然则言本是一,而梵汉分音,义本不二。"例中"分音"即分别有自己的读音。

明方以智的"分音"又是一种含义。《通雅》卷一《免读为娩之原》:"推其原,盖汉时事变义起,不得不分别,故未分字,先分音,取其易记耳。"例中"分音"指通过变读以别新义。

清人的"分音"多与郑樵"分音"含义相去不远,但有的也有自己的含义。如《四库全书总目·〈音韵源流〉提要》说:"(作者潘咸)以其翕音辟音谓之谐字,以其本音转音谓之分音。"例中"分音"指某字本音、转音不同,转音是从本音分化而来。

七、结 论

通过上面的考察,可得出以下结论:第一,传统语文学史上一些形式上看似支持"联绵字—双音单纯词"之说的说法,如郑樵的慢声说、黄生的缓言说等,它们都是创说者着眼切音立论的,现在附会"联绵字/词—双音单纯词"之说的"缓读"等诸说的"一分为二"却是着眼"分音"立论的,二者运动方向完全相反,所指有着本质的不同。第二,在传统语文学史上,同一术语往往被不同的学者用来指称不同的现象,从而有不同的含义。如上引郑樵、梅鼎祚、方以智、潘咸等语文学家笔下的"分音"就各有所指。但是,还应该顺便指出,无论一个术语有多少不同的含义,都没有附会现代联绵字观念者认定的那种含义。第三,在传统语文学史上,不同的术语在不同学者那里所指也可能基本相同,如郑樵的慢声说、顾炎武的徐言说、黄生的缓言说含义大致相同。第四,有的传统语文学家在术语使用方面显得比较随便,这很可能是由于他对其研究对象还不很清楚。例如,顾炎武先立迟之又迟说,后仿前人而立徐言说,最后又立长言说,其实此三者并无严格的区别。第五,语文学史上的长言说、徐言说、徐呼说、徐读说、慢声说、二文一命说、缓言说、缓读说及分音说等,均不支持当前流行的"联绵字/词—双音单纯词"之说。这是考察汉语言文字学史得出的结论,欢迎读者找出例外。

至于顾炎武的迟之又迟说看似例外,但他的"茨为蒺藜,椎为终葵"例,后来又说成"蒺藜正切茨字""终葵正切椎字",这至少可以说他术语使用不严谨,否则就是他对"蒺藜"与"茨"、"终葵"与"椎"之间的关系认识不清。然而,不管出于哪种原因,结果都一样,都不能用来证明今天附会现代联绵字观念者所偏执的缓读说、"一分为二"说或分音词说。至于有人拿晋方言研究中的"分音词/嵌 l 词"理论证明

"联绵字—双音单纯词"之说,那是不知道前者本来是以后者为理论基础建立起来的,更不计以今之臆测律古之史事的危害,故不足为训。

还有,现代语言学家总是遵循特定的语言观做研究的,如附会"联绵字—双音单纯词"说者总是离不开语言符号系统论;小学家没有什么语言观,不考虑语言究竟是什么的问题。因此,即使只从这一点看,也不能拿古代小学家的长言说等附会今之"联绵字—双音单纯词"说。

参考文献

顾炎武:《音学五书·音论》,中华书局 1982 年据观稼楼仿刻本重印。

黄承吉:《字诂义府合按》,中华书局 1984 年版。

王　筠:《说文释例》,武汉市古籍书店 1983 年影印本。

徐云天:《联绵词研究的历史观与非历史观》,《古汉语研究》2000年第 2 期。

研究现代汉语也需要有历史观点[*]

——从"蝴蝶""凤凰"二词的结构说起

分析复音词的语素构成情况，弄清楚复音词的内部结构关系，是语言研究的基础性工作，也是语言教学的重要内容之一。复音词的语素构成情况本来是客观存在的，自产生之后就一直待在那里，一般不会发生变化，所以照理说，只要研究者肯进行客观的考察与分析，就可以得出正确的结论。然而，由于语言观的偏误及其因循以及语言学方法论的偏执，现代汉语研究的著作中分析判断复音词语素构成情况所得出的结论与实际不相符者特别多。换言之，研究者从共

　　* 初刊于《河南师范大学学报》(哲社版)1993 年第 1 期,发表后曾经引起一些反响。反对者坚持共时论,力主用同型替代法来判断复音词的语素。这是在附和索绪尔"必须把产生这一状态的一切置之度外,不管历时态"之说,也是数十年以来中国现代语言学研究的一种主流倾向。但是,这样做往往扭曲语言事实,得出与客观事实不相符的结论。于是又发表《摆正共时研究与历史研究的关系,把现代汉语研究深入下去》《再论研究现代汉语也需要有历史观点》,引起了更多同行的关注。大家纷纷讨论共时研究与历时研究的关系,直到中国语言学会第九届年会召开(1997 年 8 月 11—14 日,南昌),还把共时研究与历史研究之关系问题作为会议议题之一进行研讨。但是,一种认识一旦成为主流观念,并且久已广泛写进语言学基础理论教科书,不是经过几年的讨论就可以正本清源的。直到"21 世纪首届现代汉语语法国际学术研讨会"上(2001 年 2 月 1—3 日,香港),我在宣读《"离合"说析疑》而强调坚持历史主义做研究时,仍有人大声质问:"历史主义是什么主义? 难道一个词、一条语法规则产生两千年以后再做研究? 到那个时候,我们这些人谁还活着?"这话让我感到完善语言研究方法任重道远,所以在此后发表的文章中往往会从不同的角度谈共时论问题。后来又发现归根结底是由于现行语言观(语言符号系统论)很大程度上脱离了语言实际,于是把语言观与语言学方法论联系起来研究。特别在十多年的联绵字理论及其实践问题专项研究中,越来越多地看到"跟着转"的汉语研究所以臆论纷呈,无根之说随处可见,以至于越来越多的人习非成是,原因之一还是语言观问题与语言学方法论问题。于是就在上述文章中抽出两篇反复论述研究现代汉语需要有历史观点的文章收入本书。但是,毕竟20 多年过去了,其间学界发生了一点变化,作者认识也更清晰了,于是就在坚持原有观点的基础上作了些修改。

时角度出发,偏执同型替代法判断复音词语素构成情况,以至于其结论往往靠不住。特别是遇到字形发生了变化的某些双音词,不求本字而用同型替代法判断其语素构成情况,往往十错八九。这种现象很值得研究。于是撰成本文,借被学者们误判为双音节单纯词的"蝴蝶""凤凰"二词为例,对它们进行历史的考察分析,而得出了不同于流行观点的结论。在此基础上提出新的观点:任何一个词都是历史上产生的,因此要弄清楚它的语素构成情况,必须坚持历史观点,考察其造词之初的情况及其历史上可能发生的变化,特别要注意其字形变化情况,而不应该偏执共时论,机械地用同型替代法比画一番了事。推而广之,现代汉语是由古代汉语演变来的,所以研究现代汉语也需要有历史观点,不可趋从索绪尔之说而偏执共时论。

一、偏执共时论判断汉语复音词语素构成情况的龃龉
——以"蝴蝶""凤凰"为例

长期阅读现代汉语研究著作,渐渐产生了这样一点看法:现代汉语是从古代汉语演变来的,所以研究现代汉语者也应当有点儿历史观点,应当知点儿古。① 正要谈谈这点想法,恰巧看到一篇题为《关于语法问题的研讨》(以下简称《研讨》)的文章,该文发表在《小学教学研究》1991 年第 2 期,是服务于小学语文教学的一篇文章,因而其论述是基础性的、常识性的、普及性的。不过,其所讲汉语语法知识,虽然都有流行的理论观点支持,看上去四平八稳,但是大多经不起事实的验证。看看这篇文章发表的刊物,就知道它的确算不上汉语语法

---

① 不讳地讲,趋从西方语言学理论研究汉语的现代语言学家中,汉语文功底有待提升者出人意料地多。吕叔湘曾经说:"辨认语素跟读没读过古书有关系。读过点古书的人在大小问题上倾向于小,在异同问题上倾向于同。"吕先生看到了出现分歧的原因,但是谁的结论是客观实际的正确反映呢? 为什么?

学的前沿研究。不过,话又说回来,每下愈况。越是基础性、常识性、普及性的知识,才越有代表性;如果讲述中出了问题,甚至经不起事实的验证,才越能说明汉语研究早已脱离了汉语实际。换言之,如果汉语学基础理论知识中存在与客观实际不相符的现象,甚至是普遍流行的谬论,则应该引起汉语研究者多个方面的反思。例如,看看相关的谬论到底是怎么产生的? 为什么能够普遍流行开来? 现代语言学研究中这类现象为什么多,而且多得出人意料? 对语文教育、人才培养有没有影响? 怎样杜绝此类现象继续发生? 于是姑且通过考察分析《研讨》的某一问题,把关于现代汉语研究之原则性的一点想法写出来。①

《研讨》共分九个部分,各部分均以一问一答的形式写成。由于它只是科普文,只是基础性、常识性、普及性的知识,我们只是借它说话,没有必要一一进行考辨,故仅将其第一部分抄录下来,做点考察分析,看看偏执共时论的结果:

问:"蝴蝶"与"凤凰"属于单纯词,还是属于合成词?

答:单纯词是由一个语素构成的,合成词是由两个语素构成的,"蝴蝶""凤凰"这两个词很少拆开使用,基本上是由一个语素构成的词,应属于双音节的单纯词。虽然"凤凰"的"凤"和"蝴蝶"的"蝶"偶尔也有作为语素与其他语素构成别的词的情况,如"丹凤朝阳""凤毛麟角""龙凤呈祥","蝶霜""蝶泳""蝶恋花";但在这些词语中,我们认为,"凤"与"蝶"该是"凤凰"与"蝴蝶"的简称。从语素角度来看,因为"凰""蝴"没有单用的时候,也不能与其他语素构成合成词,所以"凤凰""蝴蝶"还应看作是由一个语素构成的单纯词为妥。

---

① 声明:只是借《研讨》说话,没有批评它的意思,因为它也是受害者,受了共时论的害。

上面引录的理论观点,20 世纪五六十年代只出现在现代语言学的学术专著里。招生制度改革之后,大中专学校的汉语基础知识课本里也开始这么讲。到了 20 世纪 80 年代后期,连小学语文教学中也开始这么讲。也就是说,上引《研讨》中的观点实际上早已成为"定论",作者只是想重复一遍,做点普及工作罢了。所以是否靠得住,问题不在《研讨》。

那么,上述"定论"是否靠得住呢? 只要稍加考察分析,就会发现与事实不符了。很明显,"蝴蝶""凤凰"被判为双音节单纯词,只是偏执共时论而实施同型替代法的产物。

《研讨》和所有谈汉语构词法的著作都说,单纯词是由一个语素构成的词,合成词是由两个或两个以上的语素构成的词。这是规定。但是,以此为准考察"蝴蝶"和"凤凰"二词,它们到底是由一个语素构成的单纯词呢,还是由两个语素构成的合成词?

先看"蝴蝶"。"蝴蝶"本来写作"胡蝶"。证据之一是,直到清代,语文学家的著作里,如王念孙《广雅疏证》、段玉裁《说文解字注》、王筠《说文句读》等,仍写作"胡蝶"。证据之二是,"蝴"字直到《字汇》(1615)始收,并解释说:"古惟单'胡'字,后人加'虫'。"再向前查考,连兼收俗字的《集韵》(1067)里也没有"蝴"字,说明宋代以前一般写作"胡蝶","蝴"作为"胡"的分化字可能是宋代以后才产生的。至于现在能看到的唐代以前的文献中有的写作"蝴",当系后人在传抄或刻版过程中多加了个义符"虫",如《太平御览》卷 945 所引《列子》之文作"蝴蝶"就是。① 因此,"蝴蝶"就是"胡蝶"。

"胡蝶"又是怎么构成的呢? 这就需要从词源学角度进行考察。

① 《太平御览》卷 945 所有引文中只有引自《列子》的一条写作"蝴蝶",其他均写作"胡蝶"。而《太平御览》今行本卷 945 曾经残缺,1935 年商务印书馆影印出版时参考南宋蜀刊本、日本活字等补齐,所以引《列子》之文而臆改者可能是南宋以后的人,不能证明《集韵》成书以前已经有"蝴"字。至于条目"蝴蝶"二字,因系今人修补时所书,便写了今字"蝴"。

李时珍《本草纲目》卷 40 在"蛱蝶"条下解释说:"蛱蝶轻薄,夹翅而飞,栞栞然也。蝶美于须,蛾美于眉,故又名'胡蝶';俗谓须为'胡'也。"李时珍虽然不是语言学家,但是,他的解释却是深入民间访求来的,是"胡蝶"由来中较为可信的一种解释。据此,可以推知"胡蝶"所指称的客观事物最初叫做[﹡jiap]。是由象声命名而来的,也就是由于它飞起来发出"栞栞"声,所以叫做[﹡jiap]。① 只有一个音节,用汉字标记的话,就写作"栞"。由于象声命名的不确切性,所以有的地方给它取个读音与"栞"十分接近的名字"疌"。后来人们注意到栞(或"疌")"夹翅而飞",所以叫它"夹栞"或"夹疌";又由于蝶"美于须",而"俗谓须为'胡'",所以又叫它"胡栞"。为了表达明确,便于理解和记忆,后人又相继给"夹""疌""胡""栞"四个字分别加上义符"虫",写作"蛱蝶""蛱蜨""蝴蝶"。如果推论起来,汉代以前一般写作"蛱蜨",《尔雅》《方言》《说文》均无"蝶"字可证;魏晋以后越来越多地写作"蛱蝶"。与"蛱蝶"(或"蛱蜨")并行的"胡蝶",汉代以前大概是写作"胡栞"的。到了魏晋以后就写作"胡蝶"了。至于"胡蝶"变写为"蝴蝶",再保守的说法也不可能出现在唐代以前的文献中(说见上文)。

通过以上分析讨论,可以清楚地看出"蝴蝶"的前身"胡蝶(胡栞)"是由"胡"和"蝶(栞)"这两个语素构成的,"胡"对"蝶(栞)"有修饰限定作用。可见,"胡蝶""蝴蝶"本来是一个偏正式合成词,而不是双音节单纯词。

再看被判为双音节单纯词的"凤凰"。"凤凰"就是"鳳皇",构成成分"鳳"和"皇"本来所指明确,亦即都是含义确定的单音词。因此,由它们组合而成"鳳皇"只能是合成词,不会是单纯词。只要一翻古

---

① 也可能是由隐喻造词而来。"栞"是"葉"的本字,"葉"是今字。蝴蝶之翅形如树叶,故可通过隐喻造词而谓之"栞"。又因为"蝶美于须",而"俗谓须为'胡'",故谓之"胡蝶(胡栞)",后世加"虫"而写作"蝴蝶"。但是,即使这样,"蝴蝶"仍然是偏正式合成词。

代文献,就可以得到大量例证。例如:

(1)《尔雅·释鸟》:"鶠,鳳。其雌皇。"

(2)《说文》:"鳳,神鸟也。…从鸟,凡声。朋,古文鳳,象形。…鵬,亦古文鳳。"①

(3)《尚书·益稷》:"鳳皇来仪。"传:"雄曰鳳,雌曰皇,灵鸟也。"

(4)《诗经·大雅·卷阿》:"鳳皇于飞。"传:"鳳皇,灵鸟,仁瑞也。雄曰鳳,雌曰皇。"

古代文献中这类例子多得很,但以上数例已经足以证明"鳳"和"皇"本来都是单音节常用词,并且均与"鳳皇"义通,所以由它们组合成的"鳳皇"只能是合成词。

有人可能要说:鳳皇既然是神鸟,难道会让人抓了来辨一辨雌雄?所谓"雄曰鳳,雌曰皇",显系汉人臆造,反映在语言理解上便是拆骈为单,故不足为训。

答曰:非也。虽然不能抓来鳳皇辨其雌雄,但是人类对于自身的情况却是熟悉的。从发生学和认识论的角度讲,人类认识一种新事物,总是首先参照所熟悉的事物进行推论。上古人认识客观世界更是从自身开始并推演开来的,故有"近取诸身,远取诸物"之说。这样,上古之人以"有男女然后有夫妇"这一生活常识为比照基础,以阴阳相配的文化观念为识物导向,不让神鸟鳳打光棍儿,而配之以皇,应该是情理中的事。

那么,配于鳳者为什么叫做"皇",后来又怎么把"皇"写作"凰"了?段玉裁说:"'皇'本大君,因之凡大皆曰'皇',假借之法准此矣。"鳳为羽族之长,其配亦可谓皇大,所以古人就借"皇"字来标记它了。

---

① 见段玉裁《说文解字注》,经韵楼藏本。下同,不再作注。

至于后来又写作"鵟",主要原因是到了汉代,"皇"字已有大、天、王、君王、皇鸟、辉煌、盛大、美、赞美、花、黄雀、黄白色、来得及等十几个意思,这么多的意思用一个"皇"字来标记,用起来难免有时要引起误解,于是就给标记某一意思的"皇"添加有关的义符,创造出"煌""遑""徨"等区别字来减轻"皇"字的负荷。雌性灵鸟"皇"属于鸟类,所以起初人们加义符"鸟",写作"鵟"。然而,文字是记录语言的书写符号,人们总是要求它在能起到一定的区别作用的前提下尽量简单些;"鵟"字多达 20 画,书写起来不够方便,后人受"鳳"字字形的影响,就将"皇"字类推出"凰"字来。"凰"字可能产生于南北朝时期,因为《说文》里没有它,并且从《太平御览》卷 915 引文来看,晋代葛洪的《抱朴子》和南朝宋刘敬叔的《异苑》等书中还写作"皇"。而至迟到唐初,"凰"字就已经见于书面了,如陆德明《经典释文》卷 19"皇"字下说:"本亦作'凰'。""凰"字简单易学,很快取代了"鵟"字。到了现代,"鳳"字又为"凤"字所代替,"凰"字没有改动,这就是书面上的"凤凰"了。

　　总之,尽管"凤凰"的字形几经变化,但是它们所记录的词义和结构并没有改变,古代的"鳳皇"/"鳳鵟"是一个联合式合成词,现在的"凤凰"还是一个联合式合成词,就像张三昨天穿着中山装,今天换了西服,都是张三一样。怎么能因为记录一个词的字形发生了变化就说这个词的结构也发生了变化呢?须知,词是标记客观事物的音义符号,在日常生活中它首先是听觉符号,文字只是书面上记录语言的形式,是视觉符号,二者本来就不同。

二、判断复音词的语素构成情况,必须考察其造词之初的情况

　　通过上面的考察分析,可以看到"蝴蝶"和"凤凰"都是合成词。

那么,为什么研究者们会判它们为双音节单纯词呢？其实,虽然都说单纯词是由一个语素构成的,合成词是由两个或两个以上的语素构成的,但那只是一种规定,而不是深入实际的具体研究。在具体研究中,现代语言学家大多没有采用历史考证法客观地考察某些复音词的语素构成情况。虽然这是现代语言学研究的传统决定的,但是却不可避免地影响了其结论的可靠性。换一个角度讲,如果要客观地考察复音词的语素构成情况,就必须坚持历史主义,具体考察一个复音词在造词之初究竟是怎样构成的,是由一个语素构成的呢,还是由两个语素构成的,而不是在共时论主导下用同型替代法比画比画了事。因为,偏执共时论而用同型替代法判断复音词语素构成情况,说到底是以不同语文水平的研究者的主观认识为前提的。

我们不能否认一个明显的事实:任何事物都是历史上产生的,发生变化也是历史上的事情。因此,研究任何事物,都需要进行历史的考察,[①]决不可迂拘于今而臆断史事。偏执共时论而用同型替代法判断复音词语素构成情况者显然没有贯彻这个基本原则。他们在对复音词进行语素判断时,总是背离构词的历史性,改从研究者之语感及分析能力出发,连构词的历史性也要翻过来服从其主观认识与分析能力,乃至一看到"'蝴蝶''凤凰'这两个词很少拆开使用",就说它们"是由一个语素构成的词",这首先从方法论上看就有问题了。

再退一步来说吧。就是根据一个复音词是否经常被拆开使用为标准来判断其语素构成情况,也应该考查它的历史,看看它在漫长的

---

① 《现代汉语词典》释"历史"曰:"自然界和人类社会的发展过程,也指某种事物的发展过程和个人的经历。"从语言研究角度说的"历史",是指语言成分在人与生活世界互动作用中产生或演变的过程。所谓历史过程,有长有短,有远有近。过程长的,是伴随语言存在及使用的整个历史。如汉语词汇复音化,至少有文献记载就存在了,并且只要汉语继续有人使用,汉语词汇复音化的程度就会不断提高。过程短的也许昙花一现。如某些突发事件中产生的临时说法,该事件过去之后,人们不再提起,相关的临时说法就可能被遗忘,也就成了历史词。远的可以是上古,如甲骨文、金文里那些标记基本概念的词,有一些直到现在还在使用,通常谓之根词。近的就在眼下,在昨天,甚至在上一分钟。

历史发展过程中是否常被拆开使用,或者说它的构成成分是否经常单用。只有这样做,才有利于找到正确答案,怎么能拿从现代汉语共时角度观察到的现象来证明历史上形成的非同一性质的事实呢? 如果只站在现代汉语共时的角度,发现"蝴蝶""凤凰"很少拆开使用就说它们是双音节单纯词,那么现代汉语词汇中不能拆开使用的合成词可多了! 如喻指小事的"锱铢"、当"希望得到(不应当得到的东西)"讲的"觊觎"、当"弯腰驼背"讲的"伛偻"等等,它们也都不能拆开使用了,是否可以说它们都是双音节单纯词呢? 由此看来,既然现代汉语里的基本词多是从古代汉语里继承来的,那么判断它到底是单纯词还是合成词,首先就该考察它在造词之初是怎么构成的。这是一条基本原则。其次再看它在历史上有没有变化,以便起到一点补充证明或间接证明的作用。而不能只根据它现在是否被经常拆开使用就轻率地作出判断,否则就可能得出错误的结论。

现在一些语法著作里把书写形式发生过变化的"蝴蝶""凤凰"之类判为双音节单纯词的另一条根据是"'凰''蝴'没有单用的时候,也不能与其他语素构成合成词"。这样做是把语言符号和文字符号混为一谈,也就是把酒瓶和酒等同起来。因此,首先从理论上就站不住脚了。其次,即使只从书面语方面讲,这样做也明显地暴露出知今而不知古的缺憾。如果人们先把"凰""蝴"二字的来历考查一下,大概就不会这么主观武断了。事实上,"凰"的本字"皇"不是没有单用的时候,而是经常单用。虽然现在写成"凰"字,但所记录的成分仍然是本字"皇"所标记的那个语素,不能因为研究者认识不到这一点就否认这一事实的存在。"蝴"的本字"胡","俗谓须为'胡'",自然也是单用的。虽然现在多了个"虫"旁变成了"蝴"字,但是追究起来,这个"蝴"字应是专指蝶须,仍然标记一个语素。至于"凰""蝴"现在不再用于造词,其主要原因并不在于这两个字所标记的语素本身,而在于语言使用者。这一点,可从"凤""蝶"常用于造词得到间接证明。如果还要深入探讨,则又要涉及语言观问题,那又是一篇大文章,本文暂且不予讨论。

这里要说的是,尽管"凰""蝴"现在不参与造词或者单独使用了,但是并没有而且也不会引起它们所记录的原有词发生结构上的变化。这是因为,"蝴蝶""凤凰"原有的内部结构关系是造词者认知-表述方式在语言中的印迹,①是历史上形成的,是从造词之初就确定了的,造词者早已离开人世,作为当初认知-表述方式的一种印迹,也就永远地定格在语言中了。同时,复音词的内部结构关系与其书写形式是两码事,二者之间没有联系。这个问题在日语中表现得更明显。比如:当"立领制服"讲的"詰襟"本来是偏正式合成词,纯用平假名标记要写作つめえり,杂用汉字与假名标记则要写作"つめ襟"或"詰えり",这么多的书写形式,都不影响原词的内部结构关系。人们要进行词的结构分析,不管看到哪种书写形式,都必须判它为偏正式合成词。可见,词的内部结构与文字之间没有关系,自然也不会相互影响。由此看来,那种名为共时研究而实为主观臆测的传统很该反思一下。

以上借对"蝴蝶""凤凰"构成情况的考察分析,提出了判断词的结构特点的大原则:判断一个复音词是单纯词还是合成词,必须坚持历史观点,看它起初是怎样构成的。为什么呢?因为语言中任何一个新词的产生,都是当时的人们对具体事物认知-表述的结果。当时的人们对某一客观事物有所认识,抽象化之后反映到语言中便形成了词义。当时的人们对特定事物的自身特点的认识或对该事物和他事物的某种联系的认识反映到构词上,就使这个新词有了自己的结构特点。因此,必须根据一个复音词在创造时的实际构成情况来

---

① 确切点说,是造词者遵循语言社会固有的认知-表述方式创造了"蝴蝶""凤凰",语言社会固有的认知-表述方式通过"蝴蝶""凤凰"再次反映出来。但是,这样说要多费笔墨,所以姑且从简。

判断它是单纯词还是合成词。只有了解到它最初的确是由一个语素构成的，才可以判它为单纯词。如果由于受材料限制，一时还弄不清楚某复音词在造词之初的语素构成情况，阙如可也。

三、用同型替代法判断复音词语素，抹杀历史，陷入方法决定论

同型替代法是 20 世纪 40 年代美国结构主义语言学家哈里斯（Z. Harris）所创（一说是陆志韦 1938 年提出的），是服务于共时分析的一种方法，主要被用来调查美洲印第安语或其他某些濒危语言。1951 年引进来区别词和非词，由于实践中行不通，曾引起争议。

大家知道，印第安诸语言多无文字记载，调查者开始只能记录土著人口语，并对所记录的内容进行分析描述；分析过程中必须区别词与非词，于是就采用了同型替代法。又由于没有历史文献查证核实，所以仅仅初步实现了对所调查语言的粗浅认识。汉语则不同。汉语社会有大量文献资料供研究者核实验证，因此汉语研究者也就有了进行共时研究与历时研究相结合、努力实现语言研究的客观性与科学性相统一的有利条件。因此，区别汉语词与非词时，如果也只是机械地套用同型替代法，那便真的是将语言研究庸俗化，简单化了。其结果则是较大程度上影响了语言研究的客观性，以至于既没有多大的理论意义，也没有应有的实践价值。所以其引进者陆志韦于 1955 年否定了这种做法。

但是，随后又被人用来判定复音词语素，并且越向后越普遍。所以致此，主要原因是不清楚语言究竟是什么，不清楚语言、人与生活世界三者之间的关系，而被共时语言学的理论方法障蔽了眼睛和束缚了手脚。次要原因则是人们看到采用朴素分析法判断复音词语素

构成情况容易见仁见智,无法得出一致的结论。但是,由于上述主要原因的存在,用同型替代法判断复音词语素,一个明显的缺憾是抹杀历史,因而容易陷入方法决定论。因此,具体实施中同样不容易得出一致的结论,而且容易导致复音词语素判断庸俗化。因此,这么做一直不被名家认可。例如,一度颇受争议的同型替代法,吕叔湘大概不会不知道。但是,直到 1979 年,吕先生还在《汉语语法分析问题》中为没有好办法进行复音词语素辨认而无奈。如果吕先生认可用同型替代法判断复音词语素,大概说不出前面引录的那段话。又如,赵元任认可用同型替代法判定复音词语素,就不会说判断复音词语素需要"采用语文修养较高的人最大限度的分析"(详见赵元任,1979:79),也就是进行历时研究,让历史事实说话。再如,我们在其他高水平学者如孙常叙、朱德熙等人著作中也没有发现他们有认可用同型替代法判断复音词语素构成情况的表述。

但是,近十几年以来,讲用同型替代法判断复音词语素者越来越多,特别是各家"现代汉语"教材几乎没有例外。这说明用同型替代法判定复音词语素构成情况已经成了常识。应该说,用同型替代法判定一般复音词语素构成情况,如"应该、替代、判定、动宾式、复音词、兼语句"等语词没有问题,尽管这样做没有必要,因为它们的语素构成情况一眼就可以看出来。因此,能用同型替代法替代的复音词肯定是合成词,不能证明不能用同型替代法替代的复音词一定是单纯词,而不是合成词。这看上去是不言而喻的,却被多数汉语研究者给忽视了。例如,一部教育部统编教材《现代汉语》(增订版)里写道:

　　确定语素可以采用替代法,用已知语素替代有待确定是不是语素的语言单位……须注意的是两种替代缺一不可。例如"蝴蝶"中的"蝴",虽然可以为其他语素所替代,如"粉蝶、彩蝶"等,"蝶"却不能为别的已知语素所替代,即"蝴～"不能换填其他

151

语素。因此"蝴蝶"只可能是一个语素。

其他"现代汉语"教材也都这么讲,并且大多举"蝴蝶"为例,很少例外。这样一来,所造成的直接后果就是结论与事实不符,误人子弟,使其习非成是。

通过上面的考察讨论,连同以往读书所得,遂产生了几点认识,试简述如下。

第一,使用同型替代法判定复音词语素,归根结底离不开施法人的语文知识及语感。然而,人的语文知识及语感很不相同,因而其判断结果不会一致。

第二,同样用同型替代法判定复音词语素构成情况者,在像对"蝴蝶"之类词的处理上意见分歧,但是都属臆断。例如,一部"'十五'规划教材"《新编现代汉语》里讲用替代法判定复音词语素问题也举"蝴蝶"为例,并作注说:"'蝴'在古代汉语中曾经是有音有义的语素,我们暂时不考虑古汉语的情况。"又说:"有两种观点,一种认为'蝶'在'蝴蝶'这个词中不是语素,而在'彩蝶'中才是语素;另一种观点认为'蝶'在'蝴蝶'中也是语素,'蝴蝶'是由黏着语素'蝶'和音节'蝴'构成的自由语素。"很明显,其意见分歧,均为臆断,却从不同角度证明用同型替代法判定复音词语素行不通。

第三,同型替代法乃是一种不负责任的障眼法,用于判定复音词语素,不少的情况下都可能会歪曲语言事实。特别用来判定所谓"联绵字/词"语素的时候,错举例始终是大概率。因为一些复音词已经有悠久的历史,由于历史上用了区别字或者讹字夺正等原因,许多本来可以替代的语素在一些语文水平有待提高的研究者那里已经无法用同型替代法判断了;勉强行之,势必会把合成词误判为单纯词。

第四,用同型替代法判定复音词语素,混淆了语言符号和书写符号的区别。因此,如果一个双音节合成词在古代被用了通假字标记,并且通行开来,研究者未作考察,望文生训,这个词就有可能被误判为双音节单纯词。这样的例子太多了。如《现代汉语词典》解释"联绵字"所举的例词"伶俐",本写作"灵利",宋代以后"灵利"与"伶俐"并行。人们用同型替代法判断"灵利",谁也不会得出双音节单纯词的结论,但是用同型替代法判定"伶俐",却只能得出双音节单纯词的结论。

第五,当前用同型替代法判定"联绵字"语素者已经陷入方法决定论的泥沼,不惜削足适履是其证。例如,上举"现代汉语"教材,虽然明明知道"蝴"在古汉语中是个语素,但要施行同型替代法,只好说"我们暂时不考虑古汉语的情况"。然而,"蝴蝶"不是孤立的现象,那些像"蝴蝶"者认作双音节单纯词,不像"蝴蝶"者认作合成词,那些接近"蝴蝶"的该怎么办?并且,"像"和"接近"或"不像"的标准分别是什么?会不会因人而异?这些问题不解决,用同型替代法判定复音词语素就只能见仁见智。

第六,用同型替代法判定"蝴蝶"等复音词语素,结论必错。如果还原为"胡蝶",可能好一些,但是用同型替代法判定复音词语素不能做还原工作,否则便违背了索绪尔(〈汉译本〉1985:120)"必须把产生这一状态的一切置之度外,不管历时态"之教。

然而,像"蝴蝶""伶俐"之类遭遇同型替代法而被误判的例子太多了。这样说来,当前作为常识写进"现代汉语"教材的同型替代法,其实是不能用来判定复音词语素的,因为它为共时论所障蔽,抹杀了历史,是在贻误后生的同时,也为汉语研究埋下了隐患。诚可谓与无知相比,虚假的知识更具危险性。但不幸的是,现行"现代汉语"教材中脱离实际的现象不少,不仅覆盖了讲"联绵字/词"的所有内容,而且几乎覆盖了讲叠音词的所有内容。换言之,不管哪一家"现代汉语"教材,只要讲到"联绵字/词",解说均与汉语事实不符,其所举"联绵字/词—双音单纯词"例词,只要不是误举了拟声词或音译外来词,则无一不是合成词;只要讲到叠音词,其所举例词只要不是误举了拟声词或音译外来词,则无一不是重叠式合成词。因此,我们说:研究现代汉语也需要有历史观点。

还需要顺便说一句:强调研究现代汉语也需要有历史观点,一个"也"字是说,研究古代汉语本来就需要历史观点。

参考文献

黄伯荣、廖序东:《现代汉语》(增订版),高等教育出版社 1991年版。

吕叔湘:《汉语语法分析问题》,商务印书馆 1979 年版。

索绪尔著、高名凯译:《普通语言学教程》,商务印书馆 1985年版。

赵元任著、吕叔湘译:《汉语口语语法》,商务印书馆 1979 年版。

再论研究现代汉语也需要有历史观点 *

一、引　言

近百年以来的中国现代语言学研究是什么样子呢？吕叔湘
(1987)的回答是："过去，中国没有系统的语法论著，也就没有系统的
语法理论，所有理论都是外来的。外国的理论在那儿翻新，咱们也就
跟着转，机械地搬用乃至削足适履的事情不是没有发生。"张志公
(1990)则指出："以印欧语系的语言为基础而产生的语法框架和语言
学理论，从根本上同汉语不适应。"时隔五年，张先生(1995)还指出：
"实事求是地说，到现在为止，恐怕还没有任何一部是真正汉语的汉
语语法。从引进以后，又亦步亦趋，人家有什么，我们就跟着引进什
么。例如人家有结构主义了，我们也引进，人家结构主义都陈旧了，
我们还当新鲜东西来引进；人家又有转换生成了，我们又引进；到今
天还在引进之中，都没有产生过一部真正的能反映汉语实际的汉语
语法的体系。"张先生的这些话很实在，但是在当前国内语言学界，也
只有他这样的重量级大家才敢这样说，因为自 80 年代以来"跟着转"
之风日益盛行，而且赞歌越来越高亢。例如，《语言文字应用》1994 年

---

　　* 初刊于《河南师范大学学报(哲社版)》1996 年第 1 期。现在收入本书，在保持原有基本观点的基础上做了修改。

第3期发表了《索绪尔的语言观在中国的传播与中国现代语言学的发展——"现代语言学在中国"座谈会纪要》(以下简称《纪要》)一文，就主要是在鼓吹索绪尔的语言学理论及其对中国现代语言学发展的促进作用。

如果80年代有这么一篇文章，看到后可能会有另一番感受，因为那时候我正迷上了索绪尔开创的现代语言学理论。但是，后来在套用于汉语研究的过程中，经常发现一些汉语事实不听话，于是开始怀疑索绪尔的《普通语言学教程》中所讲的东西是不是真的普通语言学理论。随着研究的不断加深，又发现索绪尔的语言学理论中有虚构的成分。于是进一步探究，初步发现问题出在索绪尔偏执共时论："必须把产生这一状态的一切置之度外，不管历时态。"(索绪尔〈汉译本〉1985:120)。后来书又读得多一点，开始怀疑索绪尔的语言符号系统论是机械套用西方哲学中本体论思想的产物，且萌生了一种想法：果真如此，就只能"把产生这一状态的一切置之度外，不管历时态"了，因为语言观制约着语言学方法论。有了这些认识之后，倒是觉得国内现代语言学研究不呈现今天这种局面的话，就不容易解释了。有了这番阅历及认识变化之后，现在读《纪要》，虽然也受到一些启发，但是也产生了一些困惑。

特别是《纪要》第二部分的末一自然节，是谈共时研究与历时研究之关系的。但是，一边说"在语法研究中把二者结合起来是一条重要的路子，这一点语言学界已达成共识"，[①]一边却在共时研究之旗帜的掩饰下跟着感觉走了。里面所举以说事的例子引自《研究现代汉语也需要有历史观点——从"蝴蝶""凤凰"二词的结构说起》(以下简称《研》)，[②]但在《研》文中是据以证明相反的观点——研究现代汉语

---

① 近年时或看到"学界共识"之类的说法，很是困惑：明明是"跟着转"、是"亦步亦趋，人家有什么，我们就跟着引进什么"，又哪里来的学界共识？

② 《研》刊登于《河南师范大学学报(哲社版)》1993年第1期。

也需要有历史观点。在《纪要》的表述中,《研》文中有不分共时与历时的糊涂认识。窃以为共时研究与历史研究的关系也的确是当前汉语研究的突出问题之一,于是就写成这篇《再论研究现代汉语也需要有历史观点》寄给《语言文字应用》,未被采用。改投《河南师范大学学报(哲社版)》,得以发表。

《再论》中继续坚持《研究现代汉语也需要有历史观点》的基本观点,回应了《纪要》的批评,讨论了共时研究与历时研究的关系,指出偏执共时论的原因及其所存在的问题,强调了历时研究的必要性,进一步突出了研究现代汉语也需要有历史观点的思想。

二、读《纪要》第二部分的末一自然节所想到的

先引录《纪要》第二部分的末一自然节:

XXX 说,[①]共时和历时的区分也遇到了同样的问题。在语法研究中把二者结合起来是一条重要的路子,这一点语言学界已达成共识。但是,二者之间的区别还是不容抹杀的。有一篇谈现代汉语词的结构分析的文章,以李时珍《本草纲目》中"蝶美于须"的解释为据,说"蝴蝶"是合成词。这种分析与现代的语感相去甚远。我们如何解决这种共时分析和历时分析的矛盾呢?赵元任先生主张,语素的辨认要以"读书识字人的最大限度的分析"为依据,这在很大程度上是一种历时的分析,这种方法有用,可以帮助我们避免臆测,但是不能代替共时分析。例如"琵琶"本作"批把",我们是否可以依据"推手前","引手却"(《释名》),

---

① 《纪要》原文里面是有说话人的姓名的,但是本文只论事,不针对任何个人。再说,《纪要》在复音词语素判断问题上所持基本观点与一般趋从索绪尔语言观与语言学方法论做研究的学者大致相同,这里也没有必要指名道姓。

把"批"和"琶"都看作语素呢？从"批把"到"琵琶"，字形的变化实际上反映了人们语感的变化。在现代汉语中，"琵琶"这两个音节已经成为圆图一团，依依不可分割的单语素词了。

这段话使我想起《研》文发表之后不久，编辑部转来一篇批评文章，题为《也谈词的语素分析的基本原则》（以下简称《也》）。我看过《也》文，发现一些基本问题，如语言与文字的关系问题，怎样理解索绪尔的共时论问题，一般所谓同型替代法的利弊问题，等等，《也》文的认识均可商。但是还是建议编辑部刊出，以便进一步讨论，因为《也》文的观点不是其作者自己的。过了大约一个多月之后，我写好答辩文章，就想打听一下《也》文的情况，得知《也》文送审的结果：审稿人认为《也》文缺乏新意，并且对其某些地方的论述提出了否定意见，最后建议不予发表。因此，《也》文没有刊出，我们没有办法继续讨论下去，问题也就遗留了下来，致使一年半以后出现了上面引录的那段话。

现在需要简要回顾一下《研》文的大体内容。鉴于索绪尔偏执共时论，同行中有些人又机械地理解索绪尔的共时论，以及其他一些原因，致使现代汉语研究领域里无根之说不断出现，《研》文一开头便说："长期阅读现代汉语研究著作，渐渐产生了这样一点看法：现代汉语是从古代汉语演变来的，所以研究现代汉语者也应当有点儿历史观点，应当知点儿古。"接着，《研》文以一篇普及性读物中判"蝴蝶""凤凰"为双音节单纯词的做法为例，对"蝴蝶""凤凰"二词进行考察分析，说明研究现代汉语也需要有历史观点。其实，如果不是被索绪尔偏执共时论的思想所束缚，这个道理十分简单，甚至用不着专文论述，因为研究历史上形成的任何事物都必须坚持历史观点，必须进行历史的考察，考察复音词的语素构成情况当然也不能例外。但遗憾的是，这样一个看上去再简单不过的道理却被"跟着转"的汉语研究者给忽视，以至于习非成是，不能接受不同的意见了。

批评《研》文的《也》文，因为没有正式发表出来而不便分析讨论。但是，借助于对前面所引《纪要》中的那段话的讨论，还是可以多少说明一点问题的。现在先看这段话里所举的一个例子及其所做的议论："'琵琶'本作'批把'，我们是否可以依据'推手前'，'引手却'（《释名》），把'琵'和'琶'都看作语素呢？从'批把'到'琵琶'，字形的变化实际上反映了人们语感的变化。在现代汉语中，'琵琶'这两个音节已经成为囫囵一团，依依不可分割的单语素词了。"这段话里面令人深感困惑的地方不少。

第一，为什么不可以依据"推手前""引手却"，而把"琵"和"琶"这两个汉字所记录的语言单位分别看成一个语素呢？什么叫语素？一般认为，语素就是最小的语音语义结合体。既然"琵"字所记录的音节含有"推手前"的意思，"琶"字所记录的音节含有"引手却"的意思，"琵琶"一词由弹琵琶的动作通过转喻迸词而来，那么又有什么理由不承认它们分别标记了一个语素呢？换言之，有什么理由判"琵琶"为双音节单纯词呢？

第二，"从'批把'到'琵琶'，字形的变化实际上反映了人们语感的变化"云云，是否失之武断？就今音说，词义为"一种木制弦乐器"的 pí pa，历史上或写作"琵琶"，或写作"枇杷"，或写作"批把"，孰为本字，已不容易确证，如何证明"字形的变化实际上反映了人们语感的变化"？退一步说，即使能确证其本字为"批把"，而变至"琵琶"，就是由于人们的语感发生变化了？"凤皇"的"皇"，大约到隋代前后加了个"几"头，成为"凰"，请问：这是因为当时的人们语感事先发生了怎样的变化，才使古"皇"字加了个"几"字头？换句话说，今字"凰"多古字"皇"一个"几"，这种字形的变化究竟反映了人们怎样的语感变化？怎能把汉字演变史上分化专字以表专义而造成的古今字形之异跟人们的语感拉扯到一块儿？况且，如果根据毕沅、王先谦等整理过的几个《释名》刻本,词义为"一种木制弦乐器"的 pí pa 本来写作"枇杷",那么从"枇杷"到"琵琶"又反映了人们怎样的语感变化?如果根据许克勤的《释名》校本,pí pa 最初就写作"琵琶",与今之"琵琶"字同,如此则何以反映人们语感的变化?现代语言学著作中讲得很明白:文字是记录语言的书写符号。然则怎么把书写符号和语言符号混为一谈?况且,即使语言符号发生了变化,也未必都是由于人们的语感发生了变化。

第三,所谓"在现代汉语中,'琵琶'这两个音节已经成为囫囵一团,依依不可分割的单语素词了"云云,语言上的客观依据是什么?何以见得?其实,从其前面的话里不难看出,这话中的"'琵琶'这两个音节已经成为囫囵一团"又是根据"现代的语感"做出的判断,实际上与"琵琶"语素构成情况没有什么关系。因为前面否定"蝴蝶"为合成词时是凭"现代的语感",这里特指现代汉语中的"琵琶",且承"从'枇杷'到'琵琶',字形的变化实际上反映了人们语感的变化"一句而来,自然也是凭"现代的语感"。看来,说话人是在索绪尔共时论的掩饰下把自己的认识等同于"现代的语感"了!不然的话,现代人的语文水平不同,语言功力各异,因而其语感也各不相同,说"'琵琶'这两个音节已经成为囫囵一团",究竟是依据哪些现代人的语感呢?当然,如果这话只说到这里,说在现代人的语感里,"'琵琶'这两个音节已经成为囫囵一团",也许还不致让人糊涂。可是,《纪要》并没有就此画上一个句号,而是要借此证明"琵琶"是一个"依依不可分割的单语素词",这就真的让人大惑不解了:词的构成情况乃是客观存在着的历史事实,怎么能拿现代人的语感为依据来臆断它是单纯词还是合成词呢?从事语言研究,到底是依据语言事实下结论呢,还是依据所谓现代的语感下结论?打个比方来说吧。好比说,张老三自从 60 年前结了婚就一直是两口人过日子,现在李小四凭着自己的感觉硬说人家是单身汉,能行吗?所以这里有必要再重复一遍多次说过的话：研究历史上形成的任何事物，都必须首先对该事物进行历史的考察，决不可迂拘于今而臆断史事，研究历史上形成的一些词的构成情况，同样也不能例外！并且，现在还应该再补充一句：研究历史上形成的一些词的构成情况，只能就其构词之初的语素组合情况作出判断，而不可以凭着"现代的语感"，不能"跟着感觉走"。因为语词在构成之后，作为一种史实，其内部结构不会发生变化了。

读到这里，可能有读者要说，判"琵琶"为单纯词不是从《纪要》开始的。例如，吕叔湘（1942/1982：7）、黄伯荣与廖序东（1983：222；1991：276）等学者早就把"琵琶"作为典型的复音节单纯词的例子举以讲述汉语构词法了。其实，同是"跟着转"，或者更确切地说都是拘于索绪尔的共时论，出现结论相同而皆误的现象是不奇怪的。对此，吕叔湘的感悟是比较深刻的，所以才有了本文开头引录的他那段话。换言之，"学界共识"未必靠得住；只有事实，才具有一票决定权或一票否决权。

可能还有读者要说，包括《纪要》在内的现代语言学家判定"琵琶"为"单语素词"，否定"蝴蝶"为合成词，主要是作了共时分析之后得出的结论，只是原文没有详细介绍其所做共时分析的过程罢了。再说，语言研究总不能排斥共时的吧？

答曰：这里暂不谈共时研究的作用，也不谈共时研究与历时研究的关系。这两个问题将留待后文讨论。这里要说的是，研究复音词的语素构成情况，特别是被现代语言学家称为"联绵词"的某些双音词，唯一可行的方法就是坚持历史主义，搞清楚酱是从哪里咸的，醋是从哪里酸的。不然的话，即使其结论是作了共时分析之后得出的，仍然没有说服力，因为判断复音词的语素构成情况，如果只是进行"共时分析"，充其量也只是一种障眼法。

据考察，一些语言学著作中在分析复音词的语素构成情况时，大多认为确定语素要看其构成音节能否独立成词和能否与其他语素结合构成另一个词。如果《纪要》所做的共时分析也是依据这样两个标准进行的,[①]那就需要简单地讨论一下这两个标准是否行得通。众所周知,如果一个语言单位,其中两个或两个以上的音节成分均为成词语素,它自然不会是单纯词。这道理只可拿去给小学生讲,因为能够在语言学界引起争议的绝不会是这类语词。因此,这两个标准中只有能否与其他语素构成另一个词这一个标准值得讨论。

根据能否与其他语素构成另一个词来判断某成分是不是语素,也就是采用同型替代法来辨识语素。所谓同型替代法,一般认为乃是美国学者哈里斯提出的,虽然现在已经被广泛地用于教学,但是这一方法并不像人们想象的那样有用。首先,从实践方面来看,运用这一方法辨识复音词的语素构成情况,归根到底离不开人们各自的词汇圈,进一步说离不开人们在各自词汇圈里产生的语感。人们的生活环境和实际文化水平不同,各自的词汇圈自然不同,因而其语感也各不相同。有着不同的词汇圈、不同语感的人们采用同一个同型替代法去判断某个复音词的各音节成分是不是语素,遇到不需要辨识而一般人都清楚的成分,当然会一致的,尽管此时此际此法的实施没有任何积极意义。但是,如果遇到某些词,包括词典编纂家在内,则不会取得一致的结论。如《现代汉语词典》在"獗"字条下注曰:"见【猖獗】。"看来,它是把"獗"看作一个非语素音节了。其实不然。"獗"有"放肆"义,不仅久与"猖"组合成"猖獗"一词,而且还久与"狂"组合成"狂獗",至今还在方言口语中。例如,山东省临沂地区的方言土话中就有"狂獗"一词,大致当"乱跑"讲,主要用于批评(小孩子到处)乱跑。如年老的直系男性长辈责骂晚辈中小男孩儿的话里常有:

---

① 从其"在现代汉语中,'琵琶'这两个音节已经成为圆圆一团,依依不可分割的单语素词了"之说看,也没有离开这样两个标准。

（1）子子，到处狂㺢，不着家，看我不毁你！①

（2）快回家做作业吧，不要 yàn de 狂㺢了！②

（3）你一天到晚在外面狂㺢，都快成野孩子啦！

"㺢"在书面语里又与"竖"组合成"㺢竖"一词。如周素园《贵州民党痛史》第六章："案中指目陈永锡、孙镜、黄德铣，㺢竖小人，夤缘阶进。"可见，"㺢"并不是一个非语素音节。否则就只能让汉语不包括汉语方言以及汉语书面语，因为就方言和书面语的材料看，"㺢"是一个有构词能力且参与构词的词根语素。

吕叔湘（1979/1984:490）说："辨认语素跟读没读过古书有关系。读过点古书的人在大小问题上倾向于小，在异同问题上倾向于同。"吕先生看到了人们在辨识语素方面存在的分歧，也道出了存在分歧的部分原因。尽管他没有来得及去寻找避免分歧的有效方法，但是这很简单的两句话却说明了一个重要的事实：运用同型替代法来辨识复音词语素是靠不住的。因为陆志韦于 1951 年引进同型替代法区分词与词组，引起争论，结果使人们发现行不通。1955 年又有人用来辨认复音词语素，刚引起小范围的争论，就被现代汉语规范化的浪潮所淹没，于是外来的"语言本体论"指引下的复音词语素辨认暂告一个段落。"文化大革命"之后，学风大变，"文化大革命"之前的那种学术争鸣的现象很少出现了，就连同型替代法被轻率地写进"现代汉语"教材，也少有人质疑了。这些事实，吕先生不会不知道吧？他不可能不知道在辨识复音词语素方面还有个什么同型替代法，更不会已知同型替代法确能解决问题而还说上面引录的那番话。

其次，采用同型替代法来辨识语素，就像不承认只会唱一种戏的

---

① "子子"是对顽皮的小男孩的昵称。"到处狂㺢"指到处乱跑。"毁"是"打"的意思。说这话者并不是真要打，只是吓唬一下。

② yàn de，土语词，"到处"的意思。有音无字，暂用汉语拼音标记之。

人是演员,而规定至少会唱两种戏才是演员一样,所以理论上也讲不通。在汉语言文字中,分化专字以表专义的例子举不胜举,如果运用同型替代法来辨识语素,特别是让那些不求本字而且经常把书写符号与语言符号混为一谈的汉语研究者运用同型替代法去辨识语素,分化出的专字所记录的最小的音义符号就可能被误判为非语素音节。

退一步说,即使不是专字表专义的场合,一个最小的语言符号如果只有一次组合功能,也会被用同型替代法辨识语素的汉语研究者武断地排除到语素之外去。

再退一步说,即使某个最小的语言符号不只有一次组合的历史,或者其含义曾十分明确,但是由于时间的久远和空间的辽远,它曾与其他语素组合成另一个词的历史已经不为某些汉语研究者所熟悉,或它本来明确的含义在后世一般人头脑中已经不够明确,如果人们仍然机械地用同型替代法来判断语素,它也只能被误判为非语素音节,由它与另一个语素一起构成的合成词也只能被判为单纯词。这是同型替代法的规定。[①] 然而,这又怎么行呢? 例如,"匕首"的"匕"、"鳊鱼"的"鳊"、"驸马"的"驸"、"蓖麻"的"蓖"、"菠菜"的"菠"、"脂肪"的"肪"、"蜉蝣"的"蝣"、"骨骼"的"骼"、"幌子"的"幌"等等,它们有的与其他语素组合成另一个词的历史已不为一般人所熟悉了,有的本来明确的含义已不为一般人所理解了,有的特殊的来历已被一般人给遗忘了,等等,能因此判断它们为非语素音节而判断"匕首"等是单纯词吗? 尤其"幌子"这类词,单从"X 子"就差不多可以看出它是合成词。但是,如果站在所谓现代汉语共时角度用同型替代法去判断

---

① 哈里斯认为:"如果一个音素序列中的任何一部分,在任何情况下没有另一部分就不出现,那么,这个音素序列就是不可切分的。"有人解释说:替换必须是"全方位"的。如果能全方位替换,就是两个语素,否则只是一个语素。另外,还有一种事实是哈里斯没有考虑到的,即语言研究者无法知道一个音素序列中的某一部分在任何情况下没有另一部分就不出现。

它们的构成情况时，又不能不把它们判作单纯词，因为在一般人看来，"幌"在现代汉语普通话里不再与其他语素组合成词了。请问：这种所谓用于共时分析的同型替代法，其可行性究竟在什么地方？

因此，《纪要》否定"蝴蝶"是合成词，判定"琵琶"是单纯词，即使是作了共时分析之后得出的结论，仍然没有说服力。因为从上面的讨论不难看出，考察一个复音词的语素构成情况，如果只是运用同型替代法作一点"共时分析"，首先从方法论上看就是错误的。

赵元任（1979：79）曾经指出，辨识语素，"比较可取的办法是采用读书识字的人的最大限度的分析"。因为，"采用语文修养较高的人最大限度的分析比较容易取得一致的结果"（赵元任，1979：94），否则便"答案大有分歧"。① 因而《研》文中强调指出："既然现代汉语里的基本词多是从古代汉语里继承来的，那么判断它到底是单纯词还是合成词，首先就该考察它在造词之初是怎么构成的。这是一条基本原则。其次再看它在历史上有没有变化，以便起到一点补充证明或间接证明的作用。"

总之，研究词的语素构成情况，就是要坚持历史的观点，对该词进行历史的考察，以期求得合乎客观实际的答案。

三、共时研究与历史研究的关系

由于《纪要》紧承上一自然节中刘丹青批评一些人混淆语言与文字之关系的表现为"糊涂认识"，说"共时和历时的区分也遇到了同样的问题"，这在上文未来得及讲清楚，现在当作点交代。并且，共时与

① 这是赵元任在《汉语口语语法》中介绍了霍克特的一个调查事例后的一句话。霍克特于1948年发出一个调查表，里面有60个双音词，要求被调查者说明是一个语素还是两个语素，结果"答案大有分歧"。笔者不久前在本校中文系学生中进行同类调查的结果也证明了这一点。具体做法是，请被调查的56名学生写出问卷中"嫦娥""杜鹃""狐狸""苹果""芍药""烂漫""慷慨""容易""驰骋""清楚"等10个词分别是含几个语素，并说明判断根据。结果没有一个词的答案没有分歧。

历时之关系也是语言研究的重要问题之一,所以也有必要略陈管见。

从上文的分析讨论已经不难看出,《纪要》中相关发言人的论据只能证明他不仅忽视了索绪尔偏执共时论的问题,而且把索绪尔区分共时、历时的"一家之言"当作教条来理解和执行了,从而在考察复音词的语素构成情况时自觉不自觉地走上了以所谓共时分析取代历时研究的路子。此外,就其论据而言,该发言人同样没有搞清楚语言与文字的关系。不过,因为这在上文对有关问题的分析中已经涉及了,下面只谈谈共时研究和历时研究之关系问题。

共时研究与历时研究之关系问题是索绪尔最先提出的。确切点说,在共时研究与历时研究之关系问题上,索绪尔是偏执共时研究的,并且他这样做是有其学术背景的。大家知道,19世纪早期(1814—1822),丹麦语言学家拉斯克(Rasmus Rask)、德国语言学家波普(Franz Bopp)、德国语言学家格里姆(Jcob Grimm)等开创历史比较语言学的研究道路,吸引了不少语言学家把全部精力投入语言的历时态的研究上,使历史比较语言学迅速发展起来。不久,语言学领域里便呈现出历史比较语言学一统天下的局面。然而,在索绪尔看来,历史比较语言学家们毕竟只是在历史领域中研究一些细节,他们大都只注意个别语言要素的演化,而忽视了对"语言系统"进行较为全面的共时研究;这种"原子主义"的研究,没有真正抓住语言的本质性。他认为,人类所使用的语言,本质上是一种共时系统;要想了解一种语言的"本质和特性",要想确立语言使用的规范,就必须集中精力研究这种共时系统中各要素之间的相互作用关系,必须首先对现有语言作共时的观察、分析和描写,于是便提出了与历时研究相对立的共时研究之方法。应该说,在当时的历史背景下,索绪尔强调共时语言学的重要性,还是有其必要性的。

然而,语言研究者也应该清醒地认识到,索氏共时理论的提出,毕竟存在着严重的不足,所以对后世的消极影响也不可忽视。

先看其不足。索绪尔在《普通语言学教程》一书中,曾反复强调语言的共时的一面,认为语言学家在研究语言的共时状态时,必须把产生这种状态的一切置之度外,必须排除过去,不管历时态(索绪尔〈汉译本〉1985:120)。在他看来,历史的干预只能使语言学家做出错误的判断。索绪尔上述反历史的观点,显然是受其认识的局限做出的。不然的话,请问:世界上已知的语言那么多,有哪一种语言是新产生的?哪一种语言的任何一个历史阶段中,即其所谓共时状态中,不是既包含着许多历史遗留下来的语言成分同时又包含着一些处于演变状态的语言事实?哪一种语言,其共时状态中所能看到的各种结构不是历史演变的产物?对于这些问题,共时语言学家究竟应该怎样看待和处理呢?可见,索绪尔的共时理论是不容易贯彻到底的,他的"共时观点和历时观点的对立是绝对的"的学说从认识论方面看是站不住脚的,因而是不可取的。

索绪尔将共时观点和历时观点对立起来的做法,后世学者多有批评。早在1929年,雅各布逊(Roman Jakobson)就曾在《评论》一文中指出:对语言进行共时分析固然重要,却不能因此把共时观点和历时观点对立起来。因为,一方面,研究语言的变化,不能不考虑产生变化的语言系统;另一方面,共时描写本身,不能排除演变这一概念。雅各布逊的这种批评有没有道理?

如果说雅各布逊的批评还不够深刻的话,那么,当代学者的批评则可谓鞭辟入里了。在当代学者中,分析批评索绪尔共时论者几乎各国都有,如日本语言地理类型学家桥本万太郎,美国社会语言学家拉波夫,法国视觉语言学家游顺钊,我国历史语言学家徐通锵,等等,他们都曾经对索绪尔偏执共时论的做法有过严肃的批评。篇幅有限,下面只看看徐通锵(1989)是怎么说的:

> 共时的"时"是"过去—现在—未来"这个时轴上的一个

"点"，它的分离服务于语言系统的分析，以便可以集中精力来研究这个"点"上的语言现象……但是它毕竟只涉及时轴上的一个"点"，过于狭窄，因而不可避免地会给语言研究带来一些难以克服的矛盾。一些忠实于语言事实分析的语言学家在"共时"问题上早就感到迷惘。结构语言学的创始人布龙菲尔德在这方面就是一个很好的典型……（按：此处省略的是原文引证的布龙菲尔德的两段话）。这说明布龙菲尔德早就感到"共时"的"时"是一种错觉，[①]但是他没有能够找出摆脱错觉的途径，以致后来的结构语言学家在这种"错觉"的道路上越走越远。

时间和空间是联系在一起的。"共时"的"时"既然只是从"过去—现在—未来"这个时轴上割裂出来的一个"点"，那么空间的含义也只能是一个"点"，即只能从实际语言中选择某一种风格状态的个人方言（idiolect）。这种"点"的实质是既没有时间，也没有空间，是一种无时无空的虚构。结构语言学家早就意识到这种虚构……霍克特在回顾结构语言学的发展之后指出：描写语言学家们不但求助于比喻……而且充满"错觉""方便""虚构"之类的词语，使人迷惑不解的是，这些词语的出现不是抱歉地承认方法论上的缺点，反倒成了语言研究的正当理由。霍克特认为结构语言学在这条"虚构"的道路上走得最远的是哈里斯的研究，并把他的某些文章称之为游戏语言学。

看了上引的徐先生的论述，再看看前面所引《纪要》中的"共时和

---

① 徐通锵对布龙菲尔德的理解没有大问题，但是布龙菲尔德对索绪尔的理解未必尽然。因为索绪尔作为现代语言学的开创者，未必不知道共时的"时"是"过去—现在—未来"这个时轴上的一个"点"。但是，他既然反对历史比较语言学的"原子主义"，提出新的语言观——语言符号系统论，并且为语言符号系统论的创建提出语言符号音义结合任意说以及语言基础关系论等理论，如果没有共时论的支持，语言符号系统论的理论基石——音义结合任意说及其理论支柱——语言基础关系论就都经不起语言事实的验证，索绪尔的现代语言学理论大厦无以支撑，怎么办？由此说来，索绪尔出于理论建构的需要，偏执共时论也许是他唯一的选项。这一点，看看西方科学史，可能会有更加真切的理解。

历时的区分也遇到了同样的问题。在语法研究中把二者结合起来是一条重要的路子,这一点语言学界已达成共识"云云,读者不免大惑不解。如果语法研究要走共时研究与历时研究相结合的路子的思想真的在"语言学界已达成共识",上引徐先生的论述又该怎样解释?

不过,徐通锵的这段话倒是较为辩证地指出了索绪尔共时论的正反两个方面的作用,所引布龙菲尔德和霍克特这样两位先入索绪尔共时论之途而后经"痛苦的反思"终于觉悟过来的大学者的话,客观而又深刻地分析评论了这一学说的性质及其致命弱点——由于认识论上的局限而导致方法论上的严重不足,可谓入木三分!

索绪尔偏执共时论的消极影响到处可见,尤其在现代汉语研究领域里。不过,一方面,觉悟者渐多,而无须详加讨论;另一方面,下文在适当的地方还会提到,为了节省篇幅,这里只摘录朱德熙在为桥本万太郎《语言地理类型学》(中译本)所作序中的一段话如下:

> 德·索绪尔区分共时的和历时的语言研究方法的学说,给本世纪的语言研究带来深刻的影响。这种影响有积极的方面,也有消极的方面……消极的方面,指的是由这种学说导致的把对语言的历史研究和断代描写截然分开,看成是毫不相干的东西的倾向……汉语研究自然也受到了这种思潮的影响……就我国国内来说,研究现代汉语的人往往只研究普通话,不但不关心历史,把方言研究也看成隔行。画地为牢,不愿越雷池一步。这不管对本人说,还是对学术发展来说,都不是好事。

那么,究竟应该怎样理解语言的共时研究和历时研究的意义、关系,怎样将共时的和历时的两种研究方法用于语言研究呢?其实,这里面不只是语言学方法论的问题,关键是涉及语言观问题。但是,国内外语言学家对语言究竟是什么这一根本问题还缺乏研究,语言究竟是什么的问题至今还没有弄清楚,所以下面只能姑且大致顺着现代语言学的思路,在不违背语言符号系统论的情况下,谈谈共时研究与历时研究之意义与关系问题。

按照一般的说法,既然语言在每个历史阶段都是作为人们最重要的交际工具而存在的共时系统,①那么对语言进行共时研究,从理论上说应该是语言研究的立足点。因为,按照现在比较通行的说法,对语言进行共时研究不仅是出于弄清各语言成分在"语言系统"中的地位及其在"语言系统"中的相互关系,从而真实地分析描写语言,以确定其使用规范,更好地服务于人们言语交际的需要,而且也是科学地考察语言与人们的语用心理之关系、考察语言与社会诸因素之关系的需要。同时,既然任何一种自然语言都是历史发展来的,那么要正确地解释共时系统中的语言事实,合理地描写共时态中的语言现象,就不能不对语言进行必要的历时研究。对语言进行必要的历时研究,是提高共时研究之科学性的根本保证。这样说来,要附和索绪尔的语言观及其共时论,就应该承认语言的共时研究是语言科学的生命基础;但是,这还不够,所以还应该补充一句,即语言的历时研究对共时研究有谬正作用,是语言科学的"保险公司"。如果说,不是以共时研究为基础的历时研究,也许会重新回到"原子主义"时代,那么缺乏历时研究之谬正作用的共时研究,则至少可以说其科学价值不高,其可靠性不强。久而久之,谁都可能高举共时研究之大旗而跟着感觉走,以至于使语言研究脱离语言实际和社会需要,在"跟着转"的道路上越滑越远。

---

① 实际上,语言工具论也值得怀疑,苏联语言规范化工作的彻底失败大致可做证明。但是,在还没有搞清楚语言究竟是什么之前,也只能附和现在较为通行的语言工具论和语言符号系统论,暂且这么说。另外,本文所言"共时",只是一个大致的概念,特指某一历史阶段。因此,这里所谓"共时系统",也不是就"个人方言"说的,而是就全民族共同使用的一种语言说的。如包括普通话和各方言在内的现代汉语就是汉语在现代社会的一个共时系统。同时还得承认,不管在理论上,还是在实践中,这样说都会遇到麻烦。不过,即使如此随和,索绪尔倡导的共时论仍然无法贯彻到底。这就说明索绪尔语言观及其语言学方法论具有虚构性。因此,要彻底解决共时研究与历史研究之关系问题,必须首先搞清楚语言究竟是什么。

　　因此，现代汉语的研究亟须历史观点，亟须补充一些历时研究，所以这里有必要举一两个缺乏历时研究情况下出现的问题。例如，我们有不少的现代汉语语法书，包括一些权威性著作，讲到语法规律的例外时，总爱说"实际上，没有一条语法规律没有例外。如果讲语法规律而不允许有例外，那就没有什么规律可言了"之类的话。这样说，虽然有利于继续"跟着转"，其结果却是"到现在为止，恐怕还没有任何一部是真正汉语的汉语语法"（张志公，1995）。其实，说出这种无可奈何的话来，就是由于没有对现代汉语中的一些语言事实进行必要的历时研究。早在 1875 年，丹麦语言学家维尔纳就曾经在《不规则中必定有规律，问题在于去找它》一文中指出，"语言中每一个规律的例外都必有一个原因"，他主张把"没有一个规律没有例外"改为"没有一个例外没有规律"。如果我们能够参考维尔纳的说法，对一些"例外"做点历时研究，找出每个"例外"产生的原因，就可以冲破迷雾，大大提高现代汉语研究的科学性，提高其共时描写的可靠性，增强其说服力。

　　又如，在批评生造词方面，很少有人有点历史观点，从不愿意对批评对象做点历史的考察，只凭"现代的语感"行事，以致造成了大量的"冤假错案"。笔者曾于 1988 年秋到 1990 年夏近两年的时间里，因写《论生造词》而查阅了国内主要报刊中自 1951 年之后批评生造词的文章，发现过去 40 年间被各家报刊批评过的大约一千个"生造词"中，不算重复批评的，至少有 146 个是文言词。有的一度被几家"现代汉语"教材一致批评为生造词，如"疵病"，其实本是曾被使用了一两千年的文言词。还有一家使用最广发行量不下三百万部的《现代汉语》，凭着"现代的语感"，数版中所批评的"生造词"，无一处批得对（参看沈怀兴，1992）。可见"现代的语感"并不是那么灵。由此看来，如果有点历史观点，对研究对象先做点历史考察再说话，以降低一下错误率就好了。

其实,这方面的例子不胜枚举。凡讲过几年"现代汉语"课的教师,只要他是认真的,谁都可以举出一些实例,尤以复音词语素构成情况讲解部分为多。如果在举以为例之前做点历史的考察,就不会错得那样多,那样离谱。如果全部例词都做了历史的考察再下结论,恐怕汉语构词法理论部分需要重新改写。须知:只是拿其所谓同型替代法比画比画就匆忙下结论,是不能服人的,虽然同型替代法早已广泛写进了"现代汉语"教材,成了辨识复音词语素的"不二法门"。特别是至今没有人知道汉语词汇户口本上到底有多少成员,甚至连普通话基础方言的基本词汇里到底有多少成员也还不清楚,就更不能只是站在所谓共时角度拿同型替代法比画一番就下结论了。并且,即使再加上"囫囵一团""语素融合""结构退变"之类的臆断,仍然无济于事,因为它们都是附会共时论的产物,或者说都是被共时论扭曲了所致,根本不能实证,所以都只能搪塞门外汉或者不愿较真者。至于部分持论者总爱拿"不可分训"或"不可分释"支持其"语素融合"说,那是不知道王念孙、段玉裁等小学家面对某些二字成分,特别是面对某些同义语素联合构成的双音词,而强调其词义的整体性,告诉人们不能把两个字拆开来做出不同的解释,因此跟现代语言学家判断复音词语素构成情况完全是两股道儿上跑的车,就更不应该硬拉来说事了。

说到如何把共时的和历时的两种研究方法适当地用于语言研究,我想,这既是一个科学的、根本的、急需澄清的理论问题,又是一个重要的、复杂的、亟待解决的实践问题,很需要同人深入研讨。然而,引玉之举义当为焉,故先冒昧略言一二。

首先,在语言研究中,我们要努力克服把这两种研究方法对立起来的观念。这一点,早从 20 世纪 80 年代,国内就已经有人注意到了。尽管他们没有专门提出来详加论证,但是其工作中已经开始了共时研究和历时研究的结合。然而,还有不少学者,至今仍拘泥于索绪尔之说,并且自以为在效索绪尔之法而更走极端者亦不乏其人,所以这一点仍需特别指出。很明显,索绪尔首倡共时、历时相对立,不是从逻辑学角度就"共时"和"历时"的概念义来说的。从他的《普通语言学教程》来看,其所倡导的"共时"和"历时"的对立,主要是指对语言的共时状态进行分析、研究、描写和对语言成分的历时变化进行具体研究探讨来说的。索绪尔的语言观十分偏重于共时方面,以至于有些偏执,前面说过,不管就当时的历史背景来看,还是就索绪尔为了贯彻语言符号系统论、创建现代语言学理论之需要说,都是可以理解的。但是,如果从认识论的角度来看,索绪尔那种反历史主义的倾向却是不可取的。更不幸的是,这种反历史主义的语言学思想一定程度上影响了语言科学的健康发展。后世部分学者只是机械地理解索氏共时、历时相对立的学说,并且作为一种教条,从语言研究的原则到研究的方法,处处搞共时、历时的对立,实则处处否定对语言进行历时研究的必要性。他们常常自觉不自觉地把索绪尔所谓"集体意识"这种极为笼统、极为抽象、难以确切量化的东西作为对语言进行共时分析的标准,不够严肃地解释一些语言事实,这就很难不在一定程度上使得语言研究庸俗化了。因此,我们应该注意克服把共时的和历时的两种研究方法对立起来的思想,大力提倡把这两种研究方法密切结合起来进行语言研究的做法。这一点,布拉格学派的人们,如雅各布逊、马丁内等早从几十年前就已经取得了巨大的成功。然而,国内现代语言学界,尤其现代汉语研究领域里,在此二者的结合上至今还没有多少实质性的进展,所以我们觉得现在很有必要强调一句:研究现代汉语也需要有历史观点,也需要历时研究。

其次,就现代汉语的研究来说,最好是根据不同时期的实际需要或不同课题的具体要求,决定是以共时的研究方法为主,还是以历时的研究方法为主。例如,为了建立现代汉语语法体系,近半个多世纪以来,语言学家们借鉴结构主义语言学的理论、方法,做了大量的工作。做这种工作，无疑需要以共时的研究方法为主。现在，至少从表面上看，现代汉语语法体系已经基本建立起来了（尽管由于它的先天不足，还不能令人满意），今后就该进一步立足汉语实际，研究现代汉语特有的现象，探讨各种现象形成的原因，以便不断完善现代汉语语法体系。因此，今后在现代汉语研究中就该多一点历史观点，多一点历时研究。

但是，不管在哪一个历史时期，即使总体上要求以共时研究为主，也不能要求研究任何一个课题都必须以共时研究为主。特定的研究对象一定程度上决定了研究的方法，仅就这一点来说，它是不受语言研究的总体要求规定的。例如，我们现在研究现代汉语，描写现代汉语语法全貌，总的说来要以共时研究为主。但是，研究语词的构成情况就必须以历史的考查为前提。推而广之，共时状态中所能看到的各种语法结构，要对它们进行描写，有时不能不做历时研究。没有必要的历时研究，我们的共时描写往往与客观事实不相符。此前的现代汉语研究在这方面的教训太多，甚至全球范围内的现代语言学研究，尤其结构主义语言学的研究，在这方面的教训都不少，就是偏执共时论的结果。

又如，现代汉语中一些常用的文言成分，如"不此之图""不自量力""自欺欺人""何乐不为""唯利是图""唯命是从""莫此为甚""莫予毒也"等等，如果不对它们进行历史的考察，只站在现代汉语共时角度上说话，它们自身各成分之间的组合关系就无法说清楚。绝大多数现代汉语语法著作都避而不讲它们的组合关系，就是出于这一原因，而不是由于它们不值得分析讲解或别的什么原因。

再如，研究语言中的变异现象，预测其演变趋势，也必须并且只能以历时研究为主。如果研究者没有历史观点，或者忽视了对语言变异成分进行历史考察，就不能正确地预见某种变异现象的演变趋势。这方面的事例颇多，暂举一例。在北京、河北、河南、山西等地，

174

合口呼韵母 ua、uai、uan、uei、uen、uang 等自成音节时,现在常读作[vA]、[vai]、[van]、[vei]、[vən]、[vəŋ],即其韵头[u]都读成了[v]。这一现象,青年人比中年人明显,更比老年人明显,而青年女子尤为明显。这是为什么? 只站在共时角度看,就不容易做出正确的解释,并且难以预料其前途。《汉语拼音方案》在字母表下注曰:"v 只用来拼写外来语、少数民族语言和方言。"然而,根据目前使用情况,参考社会文明发展趋势,没有特殊情况发生的话,估计在不久的将来,这个唇齿浊擦音会成为普通话合格音。如果一味拘泥于共时论,看到它目前还不是普通话语音中的合格成员,就予以"规范",则不利于汉语社会文明发展。特别是站在汉语规范化角度说,这样做,做得多了,难免会影响社会和谐发展。道理很简单,由于缺乏历史观点,缺乏发展的眼光,每遇到变异现象,总爱斥之为"不规范",久而久之,便要引起广大语言使用者的怀疑,甚至不满,以至于连著名语文学家傅懋勣也发出"无法就范的规范!"的慨叹,也就没有多大的积极意义了。

四、结束语

由于《纪要》中相关表述的理论依据来自索绪尔,所以具体讨论中也绕不开索绪尔语言学理论这一存在。

事实证明,索绪尔(〈汉译本〉1985:120)所以偏执共时论,强调"必须把产生这一状态的一切置之度外,不管历时态",既是对抗历史比较语言学研究方法及研究目的的必然,同时也是贯彻语言符号系统论、创建现代语言学理论的需要。然而,不仅索绪尔的共时论有其虚构的成分(参看徐通锵,1989),而且其语言观(语言符号系统论)也较不得真儿。如果一定要给其语言符号系统论找出立论的依据,能够沾上边的大概就只有西方哲学中的本体论思想。换言之,索绪尔的语言符号系统论当是无限发挥西方哲学中本体论思想而来,并非实际存在于现实语言之中,而要在它的统辖下创建一套崭新的现代语言学理论,就不能不多方设想,于是给语言符号系统论加上了理论基石("音义结合是任意的"之说)及理论支柱(如语言基础关系论),同时还要进行多方限制,提出共时论来接济其语言符号系统论。换一个角度看,如果索绪尔不是"必须把产生这一状态的一切置之度外,不管历时态"(索绪尔〈汉译本〉1985:120),其语言符号系统论则很难成立,其后的理论建设也就无法进行下去了。但是,不管有多么天才的语言理论架构,没有坚实的语言基础是不行的。因此,索绪尔的共时论曾经受到一些语言学名家质疑,只是少有人进一步追究其语言观(语言符号系统论)的问题而已。① 但是,在国内,由于受到"跟着转"的现代语言学家的追捧,所以索绪尔语言学理论至今还印在各种语言学教科书中,"语言学概论""普通语言学""语言学基础"之类的教材中这么讲,"现代汉语""汉语通论""汉语语法学"之类的教材中也这么讲,一代一代的中文学子都是这么学,这么考,反反复复,终于被彻底洗脑,再也想不到语言符号系统论的虚构性及共时论的虚妄性了。所以近年来常有人将"跟着转"而来的东西、三人成虎的东西说成"学界共识",不能不说是学术的悲哀。

不过,我们也坦白承认,虽然我们可以很容易地证明语言符号系统论的理论基石"音义结合是任意的"之说不成立,②同时也有理由怀疑语言符号系统论的理论支柱是否靠得住,但是,毕竟目前还没有足

---

① 具体点说,国外少有人进一步追究语言符号系统论的问题,主要是因为他们大多与索绪尔一样,都受了本体论思想的影响;国内学者受本体论思想影响不重,但是受了"跟着转"潮流的裹挟,自然也少有人追究索绪尔语言符号系统论的问题。

② 例如,只要在从事言语交际时,随便对某一语法位置上的语词改造一下,让它变成音义任意结合的成分,看看能否较好地反映出想要表达的思想感情,再看看受话人能不能顺利地理解,就可以清楚地看到索绪尔"音义结合是任意的"之说的臆断性了。

够多地发表这方面的文章深入讨论这个问题,^①所以上面只能暂时采取较为保守的做法,没有对至今还在国内现代语言学研究中占主导地位的语言符号系统论及其附庸理论（共时论）采取彻底否定的态度。换言之。本文姑且站在一般学者或许能够接受的共时研究与历时研究相结合的立场上,对《纪要》第二部分末一自然节中的相关表述进行考察分析,借以为"跟着转"的汉语研究把脉。

在具体的考察分析中,我们首先发现其所谓"从'批把'到'琵琶',字形的变化实际上反映了人们语感的变化。在现代汉语中,'琵琶'这两个音节已经成为囫囵一团,侬侬不可分割的单语素词了"云云,只是在共时研究之旗帜的掩饰下跟着感觉走,因而不仅不能改变"琵琶"和"蝴蝶"本为合成词的身份,而且还透露出被索绪尔偏执共时论的思想扭曲的实质。由此看来,兑一句"共时研究与历时研究相结合"不困难,难的是如何把这一原则有效地贯彻到语言研究中去。其实,这个例子很有代表性,为读者观察"跟着转"的汉语研究之全景提供了一个窗口,同时也更容易接受张志公（1995）"实事求是地说,到现在为止,恐怕还没有任何一部是真正汉语的汉语语法"之说了。

基于索绪尔语言观（语言符号系统论）及共时论的视角,从宏观角度讲,语言的共时研究是语言科学的生命基础。但是,只了解这一点远远不够,否则就会陷入偏执共时论的泥沼,就像索绪尔及其追随者那样。因此,从事语言研究必须有历史观点。实践证明,语言的历时研究对共时研究有检测作用及诶正作用,是语言科学的防疫站及保险公司。换言之,不是以共时研究为基础的历时研究,也许会重新回到"原子主义"时代;缺乏历时研究之检测作用及诶正作用的共时

---

① 今按:《再论》发表之后,作者一直在留心语言符号系统论的理论基石与理论支柱问题,到第二届中国社会语言学国际学术研讨会（澳门,2003.11）上发表的《更新语言观是 21 世纪汉语学发展的必由之路》中已经简单地讨论索绪尔语言符号系统论的理论基石及理论支柱的臆说特点,后来发表的《"语言是一种符号系统"说疑议》（《宁波大学学报（人文科学版）》2006 年第 5 期）、《试论语言层级装置论的臆断性》（《宁波大学学报（人文科学版）》2017 年第 6 期）等文章中也曾论及索绪尔语言观问题。

研究,很难保证其可靠性,自然也不会有什么实践意义。不过,共时研究与历时研究相结合只是个原则问题。因此,从微观角度说,从事某一具体的课题研究时必须有所侧重。例如,苏联和法国都使用拼音文字,都曾经大搞语言规范化工作,其效果却大不相同。法国在搞法语规范化工作中没有急功近利,没有忽视法语的历时研究,而且循序渐进,三百多年以来不断完善其措施,所以能够延续至今,取得了较好的效果。苏联的情况则异乎是,所以曾经在 20 世纪 20 年代中期至 70 年代后期半个多世纪间规范掉了一百多种少数民族语言,后来其境内再也没有人鼓吹语言规范化了。又如,要判定"蝴蝶""琵琶"等一些复音词的语素构成情况,必须进行具体深入的历时研究;既不能高举共时研究的大旗跟着感觉走,也不能机械地用同型替代法比画一下了事,否则不可能得出符合语言实际的结论。这也是偏执共时论者给广大读者提供的一个重要借鉴。

如果研究语言而有历史观点,不仅可以得出更符合语言实际的结论,从而在促进语言学健康发展的同时为语文教育提供丰富的"绿色食品",为培养实事求是的人才做好示范工作和引导工作,而且还可以有效地避免"跟着转"过程中产生谬论(如衍音说、语音造词说、语素融合说、结构退化说、语音关联造词说、异音联绵构词说、复辅音声母分立说等等),避免诸多谬论在执行过程中所造成的混乱现象,从而早日改变"跟着转"的百年传统。为什么这样说呢?我们不能忘记一个简单的道理:研究内容决定研究方法。然而,印欧语与汉语本来在语言类型学上各有归属,又是在不同的文化土壤中产生和演变的,还是用不同的文字记录的,而且汉语社会有着世界各国无法相比的丰富文献,可供学者对汉语进行更客观、更深入、更全面的研究,因此,如果不是被崇洋心理所扭曲,无论如何也不会趋从未能揭示语言本质的外来语言观及经不起实践检验的语言学方法论研究汉语,更不会在学者已经指出"以印欧语系的语言为基础而产生的语法框架和语言学理论,从根本上同汉语不适应"(张志公:1990)的情况下,仍然"亦步亦趋,人家有什么,我们就跟着引进什么"(张志公:1995)。不过,这些都是另一篇文章要研究的内容了,这里只能点到为止。

总之,从事语言研究,特别是从事现代汉语研究,必须有历史观点,这是百余年来中国现代语言学研究正反两个方面之经验的总结。

参考文献

黄伯荣、廖序东主编:《现代汉语》(修订本),甘肃人民出版社1983年版。又,增订本,高等教育出版社1991年版。

吕叔湘:《中国文法要略》,商务印书馆1982年版。

吕叔湘:《汉语语法分析问题》,商务印书馆1979年版。收入《汉语语法论文集》,商务印书馆1984年版。

吕叔湘:龚千炎《中国语法学史稿》序,语文出版社1987年版。

沈怀兴:《汉语规范化求疵》,《语文建设》1992年第11期。

索绪尔著、高名凯译:《普通语言学教程》,商务印书馆1985年版。

徐通锵:《变异中的时间和语言研究》,《中国语文》1989年第2期。

张志公:《汉语语法的再研究》,《外语教学与研究》1990年第3期。

张志公:《谈〈暂拟汉语教学语法系统〉》,《语文建设》1995年第1—2期。

赵元任著、吕叔湘译:《汉语口语语法》,商务印书馆1979年版。

朱德熙:桥本万太郎《语言地理类型学》(中译本)序,北京大学出版社1985年版。

试论语言层级装置论的臆断性[*]

　　语言层级装置论是索绪尔的追随者对"语言符号系统"再认识的结果。但是,有了语言层级装置论,语言符号系统论在一般人看来就更不容置疑了。所以从这个意义上讲,语言层级装置论也是语言符号系统论的理论支柱之一。再者,语言层级装置论又借语言基础关系论"生根"。① 所以从某种程度上讲,也可以说语言层级装置论是在语言基础关系论基础上产生的。在一般语言学家眼里,语言层级装置论是语言符号系统论的三大理论支柱之中说得最到位、最具标志性的研究成果。但是,在一个已经从"跟着转"的现代语言学之迷雾中走出来的语言研究者看来,语言层级装置论充其量不过画家驰骋想象的一种"美",至少汉语里并不存在什么语言层级装置。何以见得?

一、语言层级装置论概说

　　从理论上看,语言层级装置论看上去与美国语言学家西德尼·

　　* 本文发表在《宁波大学学报(人文科学版)》2017 年第 6 期。从本文起,以下三篇都是国家社科基金重点项目"基于语言观更新的汉语复音词疑难问题研究"(15AYY011)的研究成果。2019 年暑假里又对项目成果进行集中修改,主要是文字表述上的,所使用的材料与基本观点都没有变。

　　① 索绪尔提出语言符号系统论,并且设想句段关系与联想关系为其理论基础。后来丹麦语言学家叶尔姆斯列夫把"句段关系"改为"组合关系",把"联想关系"改为"聚合关系",即所谓语言基础关系论,是语言符号系统论的理论支柱之一。

兰姆（Sydney Lamb）所创立的层次语言学（stratificational linguistics）理论有相似之处,因为二者的立论依据都是语言的组合关系、聚合关系(或称选择关系)。不过,层次语言学派的研究目的在应用,所以特别重视语言知识与语言能力的研究,这便给了我们重要的启示:应该用多个方面的事实来检验学术研究成果的可靠性(参看程琪龙:1986)。

国内现代语言学著作中所讲到的"语言层级装置",表述不够统一,说明不同的研究者脑海里的"语言层级装置"不尽相同。甚至有些著作的前后版本中对"语言层级装置"的表述也有比较大的差别,然而,对于语言这种极其普通的存在,如果真的是一种层级装置,应该一目了然、谁看都一样,为什么连语言学家们也没有一致的认识?语言到底是不是一种层级装置? 现代语言学研究已经一百多年了,什么时候才能在这个基本问题的研究上有所突破? 所以至此,是语言研究难度过大造成的呢,还是现代语言学的研究从一开始就脱离了语言实际,以至于向壁虚造了一些整齐的现代语言学理论而令初学者信以为真,先入为主,代代相传?

为了讨论的方便,下面援引叶蜚声、徐通锵编写的《语言学纲要》(1981)一书里的观点。之所以选用这部书,是因为在国内语言学著作中,这部书阐述"语言层级装置"比较早,而且长期用作教材,在同类教材中使用人数最多。但是,具体讨论时不针对这部书,因为它只是反映了一般现代语言学家的认识。我们只讨论现代语言学研究的基本问题,一般不讨论个别学者或个别著作的问题。

上举《语言学纲要》(1981:34)中指出:"多数学者的看法可以概括成:语言是一种分层装置,这种装置靠组合和替换来运转。"①直到

---

① 这话在该书 2010 年出的第 4 版第 28 页变成:"多数学者的看法可以概括成:语言符号系统是一种层级装置,这种装置靠组合和替换来运转。"把"语言"改为"语言符号系统",把"分层"改为"层级",理论上显得更严密、更到位了。

20 世纪末,坚持语言符号系统论者大多认为语言这种层级装置分底层和上层。底层是音位层。① 一种语言由几十个音位组合成众多的音节,为语言符号准备了语音形式。上层是音义结合的符号和符号的序列。语言的上层又分为若干级。尽管各家所见"级数"不同,但是大多认为语言层级装置中高一层的单位都是由低一层的单位按照一定的规则组合而成的。整个装置的奥妙就在于以少数小单位有规则地组成多数大单位,一级级翻番增量,直至扩大到无穷。交际所要表达的内容是无限的,所以句子也是无限的。要使说话人能够随便地造出新的句子,让听话人一听就明白,语言必须是一种经济有效而又富于弹性和灵活性的装置(详见叶蜚声、徐通锵,1981:35-36)。

进入 21 世纪以来,越来越多的语言研究者认为,立足语言符号系统讲语言层级装置不应该分音位层(或音系层)和语法层,因为通常所谓语言符号已经包括语音形式和语义内容,音位、语法都不是独立的语言符号。下面正式讨论时只就一般性表述为对象,亦即只考察讨论所谓"符号层"的问题。

当前各高校使用的"语言学概论"教材里大多是这么说的:语言是一种层级装置,由语素构成词,由词构成短语,再由词、短语构成句子,一般表述为语素→词→短语→句子,叫作"四级语言单位"。有些语言学著作里还要再加上一句:"由句子构成句群",称"五级语言单位"。例如,现有"现代汉语"教材中多把句群作为一级语言单位。甚至还有篇章语言学家在前面五级语言单位的基础上再加上一句"由句群构成篇章",称"六级语言单位"。但是,不管讲到哪里,最后大都

---

① 上引《语言学纲要》第一版第 34—36 页论述"语言的层级体系"时也持这一观点,并且表述为"音位⇨语素→词→句子,这就是语言的层级装置,几十⇨成千→成万→无穷,这就是这个层级装置所提供的效能"。到了第 4 版第 28—31 页论述同一问题却发生了较大的变化,分为"音系层"和"语法层",并且表述为"音系层:音位→音节→音步……语调段;语法层:语素→词→词组/短语→小句→句子"。时隔 30 年,变化如此大,说明现代语言学研究在理论上越来越缜密,但是所暴露出的问题也越来越多。

要来上一句:"语言就是这样由小到大构成的层级装置,所以语言是一个严密的符号系统。"在现行教育制度下,这些语言学基础理论对学生有较强的"洗脑"作用。学不好它,影响考试,不及格就影响毕业。学好了它,就会影响以后的语言研究,也在一定程度上决定其研究结论。不照"规矩"做吧,没有地方发表,因为你不懂"语言学常识"。一般人在学生时代听过这样的课,先入为主,不会认为它有什么不妥。后来站上讲台,也就把它灌输给学生,再通过提问、考试,迫使他们牢牢记住,也就完成了教学任务。大约进入 21 世纪以来,我才对这种教学任务的完成开始产生愧疚感,但是又能怎么办呢?语言学教材中这类靠不住的理论知识太多了!也曾经在学术研讨会上坦陈鄙见,并且发表了几篇讨论性的文章,但是人微言轻,后不见来者,唯念天地之悠悠耳。再看看"教学效果"吧,像语言层级装置论之类越是"到位"的现代语言学理论知识,一般学生就学得越好,每次的试卷分析都可以看到这一点。

二、持语言层级装置论需要分清语言与言语

索绪尔语言学思想理论的一个重要特点是区分语言与言语,并且力主"语言本体论"。不管这一主张是否正确,只要趋从语言符号系统论框架内建立起的"语言学原理"做研究,就应该按照索绪尔说的去分清语言与言语。不过,只有确知语言是什么,才能衡量语言层级装置论是否靠得住。但是,包括索绪尔在内,也只是从理论上说说,实践中似乎没有谁真正分清楚语言和言语。这并不奇怪:现代语言学家没有对语言与人的关系进行深入而全面的考察,实际上没有真正弄清楚语言究竟是什么,所以在具体研究中就分不清楚语言与言语。因此,附会语言符号系统论而来的语言层级装置论缺乏坚实的立论基础,其臆断性是显而易见的。然而,一些语言研究者轻信语

言层级装置论,在具体研究中也就更不注意区分语言与言语。如有人问:句子、句群等到底是语言单位呢,还是言语单位? 如果回答是言语单位,当然没问题。但是,这样说则明显忽视了语言层级装置论的存在。那么,语言研究者为什么还要说句子、句群是语言单位呢?

索绪尔也许早就预料到这个问题了。他(〈汉译本〉1985:172)说:"可能有人提出异议:句子是句段的最好不过的典型,但是句子属于言语,而不属于语言;由此,句段岂不也是属于言语的范畴吗?"与某些追随者只讲"一面之理"相比,索绪尔没有回避问题,这是值得肯定的。

不过,接下来索绪尔(〈汉译本〉1985:172)又说:"我们不这样想。言语的特点是自由结合,所以我们不免要问:难道一切句段都是同样自由的吗?"很明显,索绪尔这里是把句段与句子看作两种不同的东西了。那么,句段是什么? 一般认为是短语。① 又分固定短语和自由组合两类。所以索绪尔这段辩解可能是在讲有些句段是不自由的。前者是"现成的熟语,习惯上不容许有任何变动",后者是他以为"一切按正规的形式构成的句段类型"。站在现代汉语角度看,如果把熟语看作语言单位,一般人是能接受的。但是,把"一切按正规的形式构成的句段类型"看作语言单位,除了说这样的句段也是短语,规定它只是静态里的语言成分,并且硬说它只有一种含义和一种内部结构关系,就没有别的办法了。

就汉语说,且不说"正规的形式"不容易界定,即使有了通行的定义,也无法付诸实践,因为从"语言本体论"出发研究句段/短语会碰上难以克服的困难。因此,可以怀疑索绪尔当初这么说是否考虑周道。例如,汉语里一般的短语都可能不止一种含义,有些短语的内部结构关系也可分析出很多种,离开了具体的语言环境,根本不能确定

---

① 参看《中国语言学大辞典》第 404 页"句段"义项❶的解释。

它是什么含义,什么结构关系(详见沈怀兴,2000)。至于哪一种结构形式是正规的,也许不是处处都能取得一致的认识。只要有意见不统一的情况,这"正规的形式"之说便不容易执行,怎么办?所以不仅后世一般学者不把"一切按正规的形式构成的句段类型"看作语言单位,而且连索绪尔自己也没有办法把他的这一主张贯彻到底。其实,这是"演绎有余"的现代语言学研究领域里常见的现象。因此,在提出将"一切按正规的形式构成的句段类型"看作语言单位的观点并草草地讲了几句之后,索绪尔(〈汉译本〉1985:174)又无可奈何地讲了下面一段令后世一些追随者十分扫兴却又发人深思的真话:

> 但是我们必须承认,在句段的领域内,作为集体习惯标志的语言事实和决定于个人自由的言语事实之间并没有截然的分界。在许多情况下,要确定单位的组合属于哪一类是很困难的,因为在这组合的产生中,两方面的因素都曾起过作用,而且它们的比例是无法确定的。

在这段话中,"因为"后面的原因说明,明显地流露出底气不足的无奈。但是,说话人并没有甘愿认输,更没有因此反省一下,看看是否其理论出了问题,却表现出一点和稀泥的味道。所以至此,根本原因还是对语言主体的决定性作用认识不够。这同时也说明:尽管索绪尔力主区分语言与言语,但是在关键时刻却遇到了无法克服的困难,看来他没有绝对的把握分清楚语言与言语。这又反过来证明他所提出的语言符号系统论并没有揭示语言的本质,否则就不会分不清语言与言语。

然而,语言学天才如索绪尔,力主语言研究要区分语言与言语,却在关键时刻困于语言与言语的区分,这给后人多个方面的启示。第一,学术研究虽然可以大胆设想,但是其价值之大小最终取决于能否实证,取决于能否落到实践中去;实践一旦证明无效,就应该静下心来看看问题出在哪里。如果不惜穿凿附会，就只能走到科学的反面去。例如，索绪尔发明句段关系说，就要解决"句段"之内涵及如何判断问题；为此提出将"一切按正规的形式构成的句段类型"是语言单位的观点，就不能不解决语言与言语的区分问题。但是，在没有充分考察语言与人的关系、没有探明语言究竟是什么之前，根本没有办法解决语言与言语的区分问题，因而也就只能陷于无奈。即使不惜和稀泥，仍然无济于事。因此，后来叶尔姆斯列夫改"句段关系"为"组合关系"，自觉绕道走了。① 现有各家语言学词典里都说"'组合关系'又称'句段关系'"，那是忽视了它们两者之间的区别，因而并不是原汁原味的索绪尔语言学思想理论。又如，没有搞清楚语言究竟是什么，就说语言是一种层级装置，无论如何也无法给出可信的证明。第二，不管谁怎么说，所有句子统统属于言语单位，而不属于语言单位。这是连索绪尔也无法改变的事实。索绪尔辩解的无力，反过来也证明了这一道理。第三，索绪尔提出语言符号系统论，并且在语言符号系统论的统辖下创立现代语言学理论，倡导区分语言和言语，却不料在关键问题上跌了一跤，被他创建的理论开了个玩笑。这就提醒人们不要过分迷信索绪尔所创建的现代语言学理论，特别提醒汉语研究者一定要从汉语实际出发做研究，而不是趋从语言符号系统论框架内建立起的"语言学原理"研究汉语，更不是跟在人家后面鼓吹"语言学无国界"，并且把亦步亦趋说成"与国际语言学接轨"。第四，从事语言研究而忽视了语言主体的决定性作用，即使看上去理论很"到位"，仍然经不起实践检验。因此，要想弄清楚语言问题，就必须联系人与生活世界互动作用之情形以及语言主体认知—表述之特

---

① 有人说，把"句段关系"改为"组合关系"，是明确了句法观念。不妥。第一，不合索绪尔的原创思想。"句段"与"组合"的含义明显不同；如果索绪尔的"句段关系"真的等于"组合关系"，他当初就用不着再做出上面摘引的那段辩解。第二，如果说"句段关系"只是在说句法关系，那便有意无意地把语言等同于句法了。

点进行深入探讨,在彻底搞清楚语言究竟是什么的情况下顺藤摸瓜,才能得出符合客观实际的结论。第五,现有的语言层级装置论自身问题比较明显,因而不能证明语言符号系统论。所以至此,深层的原因就在于持论者并没有弄清楚语言究竟是什么。

有人可能怀疑上述结论。例如,讨论中有人认为:构成句子、句群(或语段)的是词、短语和语法规则,它们都是语言成分,所以句子、句群(或语段)应该算作语言单位。如果问题这么简单,索绪尔不可能那样无奈。一个十分明显的问题是,如果有人接下来问:言语是什么? 言语与语言的区别到底在哪里? 只从形式上看,几乎所有的话语都是用词、短语和语法规则构成的,能不能说所有话语都是语言而不是言语,或者既是言语又是语言? 又如,大楼是砖头、水泥、钢筋等建筑材料建成的,能不能说大楼就是砖头、水泥、钢筋? 豆腐是大豆、盐卤、水等做成的,能不能说豆腐就是大豆、盐卤、水? 牛、羊是吃草/饲料、饮水、呼吸空气长大的,能不能说牛、羊就是草/饲料、水、空气?

综上所述,要说语言是一种层级装置,就需要先弄清楚语言到底是什么,因为现有的语言符号系统论并没有揭示语言的本质。不然的话,索绪尔就不会力主区分语言与言语,他自己却不能实践其主张。至于将来真正弄清楚了语言究竟是什么,可能更会发现语言层级装置论不成立,那是另一回事。如果一定要坚持在语言符号系统论的框架下证明语言层级装置论,就必须分清楚语言与言语。但是,坚持语言符号系统论者却至今没有分清楚语言与言语,怎么办? 看来,语言层级装置论只是臆断,认不得真的。

三、持语言层级装置论需要分清楚词与短语

有人可能说:至少语素、词、短语应该算作语言单位吧? 那么由语素构成词,由词构成短语,都有语法的参与,也说明语言是一种层

级装置。换言之,语言是一种符号系统。

如果不考虑实践问题,这样说看似蛮有理。但是,如果不是语言层级装置论先入为主的话,就会发现这样说是不成立的。例如,一个很现实的问题:词是什么?现在能看到的百余种解释中,哪一种解释靠得住?如《现代汉语词典》解释"词"说:"语言里最小的、可以自由运用的单位。"这个定义比较通行,但实践中能否行得通?[①] 如"牛肉、猪肉、鸡肉、羊肉"等是不是词?回答"是"或"不是"好像都对,其实都不妥。如"牛肉",说它是短语可以,因为"牛肉"就是指牛的肉。一般认为加"的"后词义不变的是短语,所以说它是词不合适。但是,"注水牛肉"不能说成"注水牛的肉","牛肉包子"不是"牛的肉包子",而且"牛肉"这一语词至少已经产生一千多年了,不能说它结构不稳定。然而"牛肉"到底是词呢,还是短语?由此说来,不知道词是什么,不能区分词与短语,就说"由语素构成词,由词构成短语",很不妥。用来证明语言层级装置论,缺乏必备的前提条件,则没有说服力。

如果像索绪尔(〈汉译本〉1985:36)说的那样:"对词下任何定义都是徒劳的。"[②]那么,语素、词、短语的中间没有了词,语素与短语的关系是什么?如果有词这一中间单位,那么词是什么?为什么"对词下任何定义都是徒劳的"?不知道词是什么而强说词,则难免产生萝卜根理论、簸箕理论之类,而始终搞不出"象学理论"。很明显,通过这样的"基础研究"来证明语言层级装置论或语言符号系统论,则无法实现预期的目标。

其实,之所以出现上述问题,还是由于没有弄清楚语言究竟是什

---

① 吕叔湘(1980:45)指出:"汉语里的'词'之所以不容易归纳出一个令人满意的定义,就是因为本来没有这样一种现成的东西。其实啊,讲汉语语法也不一定非有'词'不可。"然而,连"词"是什么的问题都没有解决好,怎么证明语言是一种层级装置?再说,如果面对一些复音节的语言单位,而要求判定它到底是不是词,就真的不容易。

② 索绪尔的语言学理论很受国内现代语言学家追捧,唯独这句话被忽略掉了,致使汉语研究在模仿与穿凿附会的道路上越走越远。

么。就像《大般涅槃经》里讲的那群盲人不知道大象长啥样，只摸到象牙或象耳等，就创造出"萝卜根理论"或"簸箕理论"一样。换言之，正是由于没有弄清楚语言究竟是什么，缺乏揭示语言本质的语言观引领语言研究，所以具体研究中往往出娄子，以至于透露出语言层级装置论不成立的信息。例如，现代语言学家大多称语素、词、短语、句子为"语言单位"，但是也有语法学家改称"语法单位"，并且赢得了同行们的附和。《语言学名词》在"语法单位"条下的解释就反映了这一事实。它说：语法单位是"语法研究中所使用的单位。一般分为语素、词、短语、句子"。但是，这样一来问题更明显了。因为即使不考虑句子是言语单位，同时也不考虑"词"的界定问题，改称"语法单位"仍然可能在实践中遇到麻烦。因为把语素、词、短语、句子都改称"语法单位"，分明是忽视了语言层级装置论的存在。否则将"语言层级装置"改称"语法层级装置"是否可以？孤立地看似乎没有什么可以不可以，但是联系起来看就大不相同了。如"语言符号系统"是否可以改称"语法符号系统"？语法学家是否可以脱离"语言符号系统"研究语法？可以的话，那便不仅在很大程度上否定了语言符号系统论的存在价值，而且连语言符号系统论框架内建立起的"语言学原理"的大部分内容也给否定了。与此相关的，百年来趋从"语言学原理"所做的与语法无关的研究，也不知道该归到哪里去了。

换一个角度讲，说语素、词、短语、句子是"语法研究中所使用的单位"，那么除了语法学家之外，其他学者研究语素、词、短语、句子，该怎样称呼？如词汇学家研究它们时，是否可以改称"词汇单位"什么的？语义学家研究它们时是否可以改称"义素单位"或者"语义场单位"什么的？这里面有一些人为的矛盾需要解决。但是，只要坚持"语法单位"说，而将所谓"语言层级装置"改称"语法层级装置"，本来就很难证明的语言层级装置论就更不容易证明了。为什么会这样呢？直接原因是将"语言单位"改称"语法单位"者忽视了语言层级装置论的存在。但是,说到底这不是他们的问题,而是索绪尔在语言符号系统论框架内创建的现代语言学理论本来就有问题。因为只要坚持独立思考,谁都可以发现现代语言学研究领域里一些顾此失彼的现象。这在《联绵字理论问题研究》《现代联绵字理论负面影响研究》二书中已经讲到不少实例,可参看。

应该指出的是,现代语言学的研究所以呈现出这样一种局面,其原因主要有二:一是因为没有确能揭示语言本质的语言观引领人们从事语言研究;二是现代语言学方法论有问题,研究方法不够完善。特别是不太重视论从材料来,并且国内不少的现代语言学家只是趋从西方语言学理论做研究,很难做到有一分证据说一分话,所以不可能让现代语言学理论指导下的汉语研究成为一门名副其实的科学。

话再说回来吧。如果坚持语言层级装置论者只研究语素、词、短语的语法特点和语法功能,而不考虑它们的语义内涵,能否行得通?因此,即使仅就这一点来说,虽然称"语言单位"看上去有点"过时",但是改称"语法单位"则问题更明显。所以在这个问题上令人莫衷一是,原因同样是不清楚语言究竟是什么。然而,既然实际上不清楚语言究竟是什么,那么附会语言符号系统论的语言层级装置论又怎么靠得住?

其实,现代语言学研究的问题不止这些。与此相关的是国内的现代语言学研究偏爱从外来的理论出发思考问题。至于其理论是否经得起事实检验,是否真正适合指导汉语研究,则关注不够,以至于经常出现捉襟见肘、顾此失彼的论述。一些研究者不知就里,长期各执一端做研究,其他人只知道现代语言学研究领域里乱象丛生,但是很少有人怀疑其基本理论有问题,自然也就没有意识到探明语言究竟是什么的重要性和紧迫性。

综上所述,要坚持语言层级装置论,不仅要弄清楚语言与言语的区别,而且还必须弄清楚词是什么,实践中把词与短语区别开来。然而,就当前情况看,坚持语言符号系统论者对于语言与言语的区别还停留在理论上,这就暴露了语言层级装置论的无根性。至于词,一百多年以来有无数学者给"词"下定义,却没有一种定义被普遍认可。尤其就汉语的情况而言,一些复音节语串究竟是词呢还是短语,根本无法确断。然则连"词"是什么也没有弄清楚,如何区别词与短语不得而知,语言层级装置论也就不攻自破了。

四、承认语言层级装置论的臆断性,避免继续走弯路

还是换个角度来看问题吧。既然不管是语素,还是词或短语,作为语言单位,都是语言仓库里的材料,音义符号是它们共有的身份特点,就完全可以统统谓之音义符号——人与生活世界互动作用中产生的表情达意的音义符号。这样的话,就没有必要再去强调现实中未必存在的"语言层级装置"或"语言符号系统",免得自找麻烦,生出一些枝节来,不仅让语言学研究越来越脱离实际(参看潘文国,2008;曹志耘,2010;沈怀兴,2013、2015),越来越朝着逆科学的方向迅跑,而且还会给学习者造成不必要的负担,甚至落到学术害人的境地(参看潘文国,2008;沈怀兴,2015)。其实,世界上本来没有鬼,迷信的人认为有鬼,可是证明了几千年,却没有两个人画出一模一样的鬼。汉语里的"词",在某种意义上讲就有这样的特点,所谓语言层级装置也有点像。① 在清末之前的两千多年里,小学/传统语文学的研究中从来没有出现现代语言学里的"词"和"语言层级装置"之类的概念,不仅能够较好地服务于文化教育,较好地满足轩辕子孙的汉语文应用之需要,而且一直推动着国学的坚实发展,为人类文明发展做出了卓

---

① 为了便于说明问题,最初把"语言层级装置"比作气功,但是调查发现还有不少人相信气功,于是只好把"语言层级装置"比作鬼,但绝没有恶意。只是因为"语言层级装置"并不存在,才举以作比。

越的贡献。可是,近百年以来趋从外来的语言符号系统论框架内建立起的"语言学原理"研究汉语,其结果是怎样的呢?真的"处处都是成绩,年年都是进步"吗?从事学术研究,第一要紧的是讲真话,是拿证据来,是实事求是地评价已有的研究,是不断纠偏,促进学术健康发展。因此,如果我们能够接受"跟着转"的教训而换一种思路,从此不再臆说"语言层级装置"之类现实中不存在的东西,那就没有必要斤斤于词和短语的区分,玄乎其玄的语言层级装置论也不用证明了,也就不会再被人讥为"多么美的花纹!多么美的色彩!"了。语言研究者从此退出这个是非之地,去做一些有点积极意义的工作,无疑要比活在语言层级装置论的幻觉中踏实得多。

说语言里不存在什么"层级装置",除了上面讨论中谈到的理由以外,还有其他依据。第一,就自然语言来说,历史上好像没有人设计并创造出什么语言层级装置,至少现有的历史文献中查不到这方面的记载。第二,儿童语言习得及其发展中也体现不出语言有所谓层级装置之特点,也说明语言不会在产生过程中成为什么层级装置。① 第三,社会语言学家认为语言是一种社会现象,文化语言学家认为语言是一种文化载体,虽然都只是说出了语言的某种表象或作用,但是人们可以透过现象及作用推测其本质。如果语言真的是一种层级装置,照理说是可以透过它的表象及作用大致了解到它是一种什么样的"层级装置"。可是,有谁能够采用什么方法、什么手段通过语言的表象及作用发现它有什么"层级装置"的特点呢?这又是为什么?大致回顾一下语言层级装置论产生和不断"充实"的过程,就可以清楚地看到:现有关于"语言层级装置"的论述中充满了想象(参看上文),与其说它们是在讲述"语言层级装置"之特点,倒不如说

---

① 前面说过,本文是国家社科基金重点项目(15AYY011)研究成果之一。该项目第三章第三节的研究也说明,从语言产生的情况看,语言不可能是什么层级装置。该项目第三章第二节的研究则说明,从语言演变的过程看,语言也不可能是什么层级装置。

它们是"主题先行"的穿凿和附会,或者说是语言符号系统论之成见在胸的一种想象。持论者始终拿不出有力的证据来证明它,更没有对"不听话"的现象做出令人信服的解释。但是客观地讲,这也是现代语言学研究的特点之一,所以问题并不全在于语言层级装置论的创说者、补漏者和一般的趋从者。另外,国家社科基金重点项目(15AYY011)中用了二十多万字的篇幅对所提出的新语言观"语言是人与生活世界互动作用中产生的表情达意的音义符号"作了较为全面的阐述,有多大程度的客观性,就对语言层级装置论有多大程度的否定。

至此,也许有人要拿语言基础关系论反驳上面的基本观点和结论了。这是可以理解的,因为语言层级装置论毕竟是在语言基础关系论基础上加以想象并不断完善起来的。不过,如果语言基础关系论也不成立,那便更可以说明语言层级装置论脱离了语言实际,是靠不住的了。然则语言基础关系论是否靠得住?答曰:靠不住。这在国家社科基金重点项目(15AYY011)中已经用了三万多字的篇幅,做了题为"语言基础关系论疑义"的分析批评,这里姑且从略。

其实,如果坚持独立思考,从实际出发做研究,不迷信语言符号系统论,不受语言层级装置论之影响,同时认识到语法规则只是人的认知一表述方式在语言中的印迹,就会自觉尊重语言使用者的表达自由,相信说话人为了更好地实现其表情达意的愿望而选择有效的表述方式。同时,汲取已有的经验教训,不再去做以死规则"规范"活语言、跟在行人后面正脚印的傻事,①或许更能符合"人治"的汉语的特点,同时也更能让我们的语言研究有点积极意义。果真如此,人民大众的思想表述更自由,更活跃,自然更有利于民族文化发展与繁

---

① 我曾经在 20 世纪 90 年代对现代汉语规范化问题做了近 10 年的专项研究,于各家期刊发表讨论性文章 20 余篇,对此深有感受。值得一提的是,在 20 世纪下半叶的现代汉语规范化工作中,"脚印"不歪而给正歪了的也不乏其例。

荣,更有利于我国社会的和谐发展。由此说来,不管退多少步讲,也不管从哪个角度看,我们都没有理由一定要削汉人活语言之足,去适西方语言学的"法治"思想之履。① 如果不去做一些削足适履的研究,不是一意附会语言符号系统论框架内建立起的"语言学原理",面对一种语用事实必须做出评论时,也就可以一视同仁,而不用像以前那样"欺软怕硬"了。

至此,有人或许要提出"汉语词、短语、句子结构的一致性"之说加以反驳了。其实,不管从古代汉语的情况看,还是从现代汉语的情况看,"汉语词、短语、句子结构的一致性"之说都是十分片面的,说到底是不成立的。例如,仅就词汇而言,古代汉语以单音节词为主(现代汉语里至少所有根词和多数虚词也都是单音节词),然则单音节词有没有与短语、句子一致的内部结构? 还有一些复音节象声词以及复音节音译词,它们有没有与短语、句子一致的内部结构? 还有那些重叠词、派生词,它们有没有与短语、句子一致的内部结构? 如果语言研究者置它们于不顾,只拿部分看上去比较听话的复合词说事,以偏概全,虽然有理论整齐之得,但是也有扭曲事实、贻误后学之失,孰轻孰重,无需赘言。另外,不管古代汉语,还是现代汉语,都有一些单音节的独词句,它们有没有与短语一致的内部结构? 如果研究者为了理论的整齐、新鲜、独到而不考虑这类事实,那便已经犯了科学研究之大忌,何谈其理论意义与实践意义?

上面只就宏观角度略言一二。如果着眼微观,问题就更多了。如"房间、枪支、船只"之类,一般语法书上谓之名量结构,这"名量结构"是什么结构? 又如,一般语法书上都说黏着短语不能单独成句,

---

① 语言层级装置论是结构主义语言学研究的一大"创获",也是现代语言学理论整齐性要求的产物。结构主义语言学研究注重理论的新鲜、整齐、到位,以至于越来越脱离语言实际。明乎此,不仅对正确看待语言中并不存在的语言层级装置论有一定的帮助,而且对张志公(1990)"以印欧语系的语言为基础而产生的语法框架和语言学理论,从根本上同汉语不适应"之说有更深刻的理解,同时对在"普通语法学理论"误导下研究出的汉语语法规则的客观性及其应用价值也会有个相对正确的认识。

这便已经承认与句子的结构不尽相同了。再如高名凯、石安石(1983:177)举的那个例子"你想他不想",至少可以表达十多种意思(参看沈怀兴,2000),哪种含义的结构与词一致?其实,"汉语词、短语、句子结构的一致性"的例外太多了,到底应该怎么解释呢?

也许有人会继续发问:总有部分合成词、部分句子与短语的结构是一致的吧?然而这又能说明什么呢?各地、各行当都有部分人富起来了,能说国人都富起来了?各地都有贫困者,能说国人都是贫困者?学术研究,如果刻意回避那些"不听话"的例子,结果会怎样?这里不妨提醒一句,希望将来研究中国现代语言学史的人重点留心这个方面的问题,尽管你不留心也可以大致猜测"跟着转"的结果。

展望未来,如果我们不再迷信语言符号系统论框架内建立起的"语言学原理",不再教条地用基于印欧语研究建立起的"语言学原理"指导汉语研究,不再刻意模仿西方语言学家研究印欧语的一套研究汉语,并且在具体研究中坚持独立思考,从实际出发,自觉做到论从史出,论从材料来,语言层级装置论之类子虚乌有的东西将会越来越少,汉语研究也就不会再走那么多弯路,一代一代的汉语研究者劳心费力地去做一些穿凿附会之研究的历史也就结束了。到那个时候,我们的汉语研究不仅会直接推动语言学事业的健康发展,而且对汉语文教学、人才培养、社会文化的繁荣和发展,都可以发挥前所未有的积极作用。

五、结束语

从上文考察分析的情况看,语言层级装置论本是附会语言符号系统论的产物,是脱离语言实际而片面追求理论完美的典型事例,实际上谁也未曾实证,而且也没有办法实证。因此,虽然语言层级装置论早被写进语言学教材,广泛流行开来,但是它本来不成立,写进语言学教材只能帮助传播谬论,贻误学子。那么,如果有人还要坚持语言层级装置论,至少需要先搞清楚语言究竟是什么。同时,还必须准确界定"词",确保在具体研究中确能分清词与短语。如果上述基本问题都不能解决,那就无法进一步证明语言是一种层级装置,也就只能承认语言层级装置论具有臆断性。值得注意的是,现代语言学研究领域里像语言层级装置论之类脱离语言实际的臆造很不少。特别像语言基础关系论、语言子系统论之类,[①]不仅与语言层级装置论一起奠定了语言符号系统论统辖下的现代语言学的理论基础,而且它们各自影响广泛。只有探明它们形成的原因,看清它们的虚构性实质,正确地对待它们,真正从实际出发做研究,语言研究才会步入科学轨道,从而实现主观认识与客观事实相吻合的学术期待,同时也才能为语文教育、人才培养提供"健康食品"。

参考文献

曹志耘:《语言研究之惑》,《中国社会科学报(语言学版)》2010 年 2 月 23 日。

陈海洋主编:《中国语言学大辞典》,江西教育出版社 1992 年版。

程琪龙:《层次语言学简介》,《外语教学》1986 年第 1 期。

高名凯、石安石:《语言学概论》,中华书局 1983 年版。

吕叔湘:《语文常谈》,生活·读书·新知三联书店 1980 年版。

潘文国:《危机下的中文》,辽宁人民出版社 2008 年版。

沈怀兴:《"现代汉语"教法补遗》,《河南师范大学学报(哲学社会科学版)》2000 年第 2 期。

沈怀兴:《联绵字理论问题研究》,商务印书馆 2013 年版。

---

① 这两种理论在国家社科基金重点项目(15AYY011)研究成果中均有专题论述,其结论是:它们也是从语言符号系统论出发提出的,也没有经过实证,并且由于没有坚实的客观事实做基础,所以也不能实证。只是提出之后又不断有人补充一些看上去还算有点说服力的证据,于是越来越多地赢得了信众,写进语言学教材里,便广泛传播开来了。

沈怀兴:《反思中国现代语言学研究》,《中国社会科学报(语言学版)》2015 年 10 月 27 日。

沈怀兴:《现代联绵字理论负面影响研究》,中国社会科学出版社2015 年版。

索绪尔著、高名凯译:《普通语言学教程》,商务印书馆 1985年版。

叶蜚声、徐通锵著:《语言学纲要》,北京大学出版社 1981—1997年第 1—3 版;王洪君、李娟修订,2010 年第 4 版。

语言学名词审定委员会:《语言学名词》,商务印书馆 2011 年版。

张志公:《语法研究与语法教学》,《语文研究》1980 年第 1 期。又载《张志公自选集》(下册),北京大学出版社 1998 年版。

"不＋名"的现有解释问题及其启示[*]

一、引 言

"不＋名"是一种比较特殊的结构,但是尚未发现确能解决问题的专论。只有在讨论"副＋名"问题的文章里或有所论,而且其观点与《现代汉语词典》"不"字条下的相关解释基本一致。因此,《现代汉语词典》对"不"的相关解释给研究"不＋名"问题提供了方便。下面试借《现代汉语词典》的解释引入讨论。

《现代汉语词典》各版"不"字义项❷:"加在名词或名词性词素前面,构成形容词。"第1－2版里有"不法、不轨、不道德、不规则"四个例子,第3－7版里只保留"不法"和"不规则"。这也可视为对"不＋名"的解释,是给"不＋名"定性。这样解释"不＋名"看上去清楚明白,站在现代语言学的立场上看,也算通顺。但是稍加思考,则不免生疑。如果再深入实际做点考察,不仅会发现现代语言学理论指导下的汉语研究的部分问题,而且还可能发现现代语言学研究的根本问题。下面试述一得之愚。

---

* 本文发表在《宁波大学学报(人文科学版)》2018 年第 6 期。

二、几点疑问

1.看了"（不）加在名词或名词性词素前面，构成形容词"之说有个疑问：词是什么？《现代汉语词典》解释说：词是"语言里最小的可以自由运用的单位"。然而它为"不"的第2个义项所列举的例子"不法、不轨、不道德、不规则"是否都是词？为什么？是其"词"定义有问题呢，还是它对"不十名"的解释有问题，或者二者都有问题？词与非词的界限弄不清，造成的问题很不少，却始终没有人拿出一个让学界都认可的词定义。"跟着转"的现代语言学研究中，这类基础性问题很不少，因而很是发人深思。

仅就"不十名"问题而言，特别值得注意的是，"不法、不轨"等到底是不是形容词？一般的汉语语法书里都说形容词可受程度副词"很"修饰（参看邢福义主编，1992:271－272；胡裕树主编，1996:287－288；张斌主编，2002:305－306；黄伯荣主编，2011下:12－13；邵敬敏主编，2017下:10）。如"很好、很大、很多、很重"等结构中的"好、大、多、重"。然而，"很不道德、很不规则"之类的说法倒是比较常见，因此说它们是形容词性的语词，可能不会有多少人反对。[①] 可是，一般人却不说"很不法""很不轨"。那么，"不法、不轨"是不是形容词？它们到底能不能与"不道德、不规则"归入同类词里去？是现有语法书里讲的有问题呢，还是"不十名"的现有解释有问题？百余年来趋附印欧语言学理论的现代语法学著作中这类顾此失彼的现象很不少。

有人可能要说：汉语语法学家们所谓形容词受程度副词"很"修饰，只指性质形容词说的，不包括状态形容词。其实这话也只是书本

---

① 很明显，"不道德、不规则"也存在词与非词的认定问题。

上说说，不可当真的。就拿上面四个例子来说吧，人们可以说受"很"修饰的"不道德、不规则"就是性质形容词，却很难说不能受"很"修饰的"不法、不轨"就是状态形容词。由此说来，只是一厢情愿地拿人家的理论套汉语，汉语不认套儿时谁也没有办法。

也可能有人说：也有的汉语语法书里说"多数形容词可以受程度副词'很'修饰"，像"不法、不轨"之类是少数。其实，这只是不负责任的和稀泥。因为既没有谁做过具体统计（像上面四例中能受"很"修饰的和不能受"很"修饰的就是 2∶2），也无法确证。

也许就是由于上述问题的存在吧，也有人不再坚持"不＋名"构成形容词的观点。如马景伦、董志翘等（2016∶227）就说："副词（特别是否定副词）后面的名词用如动词，如'不君''遂东'。"既然否定副词后面的名词用如动词，那么包括"不君"在内的大部分"不＋名"就不可能是形容词，否则就需要拿出服人的证据来。很明显，这种观点与《现代汉语词典》对"不＋名"的解释不一致。那么，哪一方的解释是正确的？是不是二者都正确地反映了汉语实际，亦即古今汉语中的"不＋名"具有不同的词性呢？可以这么想，但是不能不拿出服人的证据，证明古汉语里的"不＋名"为什么不是形容词，又为什么后来变成形容词了，是到了哪个时代变成形容词的。然而，此前没有人给予证明，今后也不会有谁能做出令人信服的证明。纵观中国现代语言学史，这样的现象很不少，较为典型的例子是大量双音节合成词被坚持共时论者误判为单纯词，被人辨正后却说是两个语素融合为一个语素了，囫囵一团了，虽然在古汉语是合成词，但是到现代汉语里却是单纯词了，并且拿同型替代法来比画比画，也就糊弄过去了。然而，这在稍能独立思考的读者看来，同型替代法只是一种拙劣的障眼法（沈怀兴∶2010），用它来辨认某些双音词的语素，只能是自欺欺人。否则面对同一个双音节词，一部分人不能用同型替代法进行全方位替代，就说它的两个语素融合为一个语素了；另一部分人能够进行全方位替代,就判断它为两个语素构成的合成词,怎么办?看来,这又是偏执语言符号系统论与共时论惹的乱子。然而,人们为什么要偏执语言符号系统论与共时论呢?

2.《现代汉语词典》第 5—7 版都在"不法"条下解释说:"$\boxed{形}$ 属性词。违反法律的:~行为|~分子。"所谓"$\boxed{形}$ 属性词",指形容词的一个附类。也有人称之为"非谓形容词",指不能作谓语的形容词(参看吕叔湘,1981)。不过,一般语法书里把形容词与动词统称谓词,亦即经常作谓语的词;既然属性词不能作谓语,为什么归入形容词?所以也有语法书里改称"区别词",不说是形容词的一个附类,而与形容词并列,说"区别词表示人或事物的属性或区别特征,有区别事物的分类作用","能直接修饰名词和名词短语,作定语"[①][黄伯荣等,2011:(下册)14]。然而,这样反复"补漏"之后,是否无漏可补了?

例如,遇上不作定语、不能讲成"违反法律的"的"不法"用例,该如何解释?南宋俞文豹《吹剑四录》:"纯熙九年,晦庵为浙东提举,按台州唐仲友不法。"句中"不法",指(台州知府唐仲友残民、贪污、结党、淫恶等)罪行。处在宾语位置上,如果给它归类,就只能归到名词类。遇上这类事实,想补漏也补不成了,怎么办?

也许有人认为这个问题不难解答,并且答案不少。但是,只要坚持语言符号系统论看问题,不能挣脱共时论的束缚,不管哪种答案都靠不住。其实,现代语言学研究中无法补苴的"漏洞"多得很,[②]说到底都是无根之说。这是"跟着转"的汉语研究的大问题,也是一个发人深思的问题,尽管当前这样说难免犯忌讳。

---

① 《现代汉语词典》在"属性词"条下解释说:"形容词的附类,只表示人、事物的属性或特征,具有区别或分类的作用。属性词一般只能作定语(例略)。少数还能够作状语。"这个解释与上引著作对"区别词"的解释大致相同,二者的不同主要在名称。不过,改称"区别词"仍然不能解决其理论上的缺憾。

② 对此,潘文国(2000、2008)、潘文国与谭慧敏(2006)、沈怀兴(2015)等都列举了一些典型事例,可参看。

　　还有,释"不法"曰"违反法律的",其"的"是怎么来的? 照各家历时词典解释"不法"所引的例证看,"不法"早在春秋早期就产生了,而且在历史上始终没有机会产生"的",怎么突然间凭空冒出个"的"来了? 会不会属于吕叔湘(1987)所谓"机械地搬用乃至削足适履的事情"? 如果我们不是机械地"跟着转",稍稍挣脱共时论的束缚,会不会出现这一类的尴尬? 然而,这类只为附会既有理论观点的解释,其后果是什么?

　　有人可能要说,这个"的"是"不+名"结构附带的。那么,遇到"不+名"不作定语的情况怎么办呢? 如把"按台州唐仲友不法"翻译成"按(弹劾)台州唐仲友违反法律的",就给人以话没有说完的感觉,因此它不像正常人说的话,又该怎么办呢? 而译成"弹劾台州唐仲友的罪行"就顺了。

　　其实,认为"的"是"不+名"结构附带的,是因为先把"不+名"判作属性词,只能作定语,同时又受了隐含论影响。对于前者,只要不被共时论给框住,不是机械地坚持不知道语言究竟是什么的"语言本体论"讲话,而是大胆地坚持历史主义考察一下,再到现实中做个调查,就会发现"不+名"并非只能作定语(参后),也就没有多少争议了。对于后者,则要说清楚"不+名"是从什么时代起、在什么条件下隐含"的"的。并且遇上"不+名+的"时,还可以说成"不+名+的+的",例如把"不法之人"说成"违反法律的之人"、"不轨之徒"说成"不合法度的之徒"、"不道德的行为"说成"不道德的的行为"、"不规则的曲线"说成"不规则的的曲线"等,行吗? 这就说明将"不法"释为"违反法律的",其"的"来历不明。为什么会是这样? 应该怎样避免"成见在胸漫雌黄"的现象继续产生?

　　3.再看《现代汉语词典》解释"不法"所举的例子:"不法行为、不法分子"。照现有的解释,"不法行为"可理解为"违反法律的行为",但调查发现人们大多说"不法行为",而且越是文化程度高的人越这么说,一般不说"违反法律的行为"（文化水平低的人常笼统地说"犯法"或"不犯法",不说"不法行为"或"违反法律的行为"）。这大概是因为直接说"不法行为"是节奏和谐的要求,既符合效率原则,又符合经济原则;说成"违反法律的行为"费时费力,违反经济原则,却不增加信息量。至于"不法分子",理解为"违反法律的分子"也有点牵强,所以被调查者中没有人认可,说明正常情况下没有人这么说。看来,是研究者用自己的理解取代研究对象了。这一点,与对"不十名"的解释是一致的,即都是由拍脑袋而来,以至于都脱离了汉语实际。

脱离汉语实际说汉语是"跟着转"的现代语言学研究中比较常见的现象。这一点,局外人倒是比局内人清楚一些。特别是语法研究领域里,这类现象相当普遍。通常情况下是西方语言学家提出一种新理论,"跟着转"者就拿来套汉语,且一拥而上,于是张志公（1995）所谓不是"真正汉语的汉语语法"却成了一门显学,现当代语言学书里也嶷然印着:"中国语言学在 20 世纪二三十年代开始摆脱传统小学的樊篱,进入现代语言学的新阶段。"（《中国当代语言学丛书·出版者前言》,上海教育出版社,2003）可是,这样的学问是否接地气?能不能为语文教育、人才培养、社会进步发挥积极作用? 就连一些有责任意识的语法学家也开始对套用西方语法理论做研究表示担忧。[①]他们一般都承认在现行科研管理体制内拿西方语言学新理论套汉语容易出成果,同时也坦言不知道这样的研究有什么用,更不知道汉语语法研究的出路在哪里。然而,落到这步田地,其深层原因是什么?

4."不轨"是《现代汉语词典》第 1—2 版给"不"所立第 2 个义项的例子,各版都收作词条。第 5—7 版解释较为全面:"形指违反法纪

---

① 有些语法学家已经在微信群里对汉语语法学的前途表示担忧。但是,在职语法学家中像聂仁发、宋闻兵（2014）那样公开承认汉语学研究"明显滞后于社会发展需求,正面临边缘化"者还不多。反思现代语言学研究的学者主要分布在汉语史、对比语言学、汉语方言学、词汇学等研究领域。所以大家有必要一起来为汉语语言学面临边缘化问题想想办法。

或搞叛乱活动:～之徒|行为～|图谋～。"看了这一解释也有个疑问:它与"不法"都是"不＋名",都在春秋早期产生,在现代汉语里都不受程度副词"很"修饰,"法"和"轨"均有"法度"义,①还有个表示"法度"义的"法轨"(《汉语大词典》里收了),可是"不法"被判为属性词,"不轨"被判为形容词,根据是什么? 大概是"不法"被认为只能作定语,而"不轨"既可作定语(如"不轨之徒"),又可作谓语(如《现代汉语词典》所举的"行为不轨")吧? 果真如此,则不仅没有调查"不法"的使用情况,而且还忽视了一个事实:汉语实词,尤其名词、动词,其语法功能不很固定。如果不承认上述观点,就要证明"不法"是属性词、"不轨"是形容词,而不能说大家都是这么认为的,权威词典也是这么解释的。其实,只要不怀成见,稍能较真儿,谁都可以发现汉语研究中这类问题极多。原因是什么? 表面上看是由于汉语词类问题未解决,但怎样解决? 我们现代语言学家从事汉语词类问题研究一百多年了,其间还曾经过三次大讨论,但是至今未能解决问题,原因到底在哪里?

　　另外,"不轨"还可以作宾语(如《现代汉语词典》所举的"图谋不轨"),该归哪类词? 可能有人要说它是形容词用作名词或说它处在宾语位置上,名词化了。然而,它在汉语史上一直是动词性语词,②动转名是表达需要决定的,所以很常见,现在却标以"形",亦即说它是形容词,有什么证据? 前面讨论的"不法"也属于这类情况。

　　5.对照《现代汉语词典》的前两版和后五版给"不＋名"列举的例证,也令人生疑。前者例子是"不法、不轨、不道德、不规则",即按照通行的说法讲,"不"加在名词前的两例,加在名词性词素前的两例;

---

①　如《淮南子·原道》:"是故圣人一度循轨,不变其宜,不易其常。"高诱注:"轨,法也。"

②　《汉语大词典》在"不轨"条下解释说:"越出常规;不合法度。"接下来列举了《左传·隐公五年》《史记·平准书》以及唐李肇《唐国史补》卷中、《红楼梦》第六九回、陈残云《山谷风烟》第六章中的用例,五例中既有上古汉语的,又有中古汉语的,还有近现代汉语的,义例吻合,甚确。但是,这只能证明"不轨"是个动词性语词。

后者删掉了两个,只给"不+名词"和"不+名词性词素"分别保留了一个例子,这样做至少犯了孤证之忌。按照上面的讨论结果看,所保留的"不法"不是所谓属性词,"不规则"是词组,其所谓"'不+名'构成形容词"之说靠什么支持? 没有靠得住的事实支持,却成了"定论",原因是什么? 这也关乎词是什么及其归类问题。换言之,如果词是什么及词类问题解决不好,"'不+名'构成形容词"之说就无法证实(即使这两个问题解决了,也无法证明"不+名"构成形容词。见上文)。然而,像这样的无根之说,现代语言学著作里也很多,又是什么原因造成的?

再举一个例子。《现代汉语词典》1960 年出试印本,在"联绵字"条下释曰:"旧称双音的单纯词,包括:a)双声的,如'仿佛、伶俐';b)叠韵的,如'匍匐、逍遥';c)非双声非叠韵的,如'凤凰、珐琅'。"到1965 年出试用本,解释"联绵字",观点未变,却删掉了原版半数例词,只保留了"仿佛、伶俐、逍遥"等三个;另外又补充了"阑干、妯娌、玛瑙"等三个。之后又出了四版,直到 2005 年第 5 版解释"联绵字",基本观点始终不变,只在最后加了句"也叫联绵词"。2012 年出第 6 版改"联绵词"为正条,末了改为"旧也叫联绵字",其他悉录第 5 版。2016 年出第 7 版,解释"联绵词"照录第 6 版。

从上面简述的情况看,《现代汉语词典》反映"学界共识"而解释"联绵字/词"与"不+名"有一个共同的特点:各版基本观点不变,只变更例词,说明都是先有观点后寻证据,而不是论从材料来;义例不合,却不改变已有的观点。这种不是论从材料来、有一分证据说一分话的现象很不少,从一个侧面反映出脱离汉语实际说汉语的一种倾向,甚至是一种潮流。可是,在中国现代语言学界为什么会形成这样一种潮流啊?

所不同的是,解释"联绵字/词"者不知道自己前后所举 9 个例词都是合成词,没有一个单纯词(沈怀兴,2013:79-86,261-264);解释"不＋名"者则反映了两个事实。其一,谈论词的问题,始终是在不知道词是什么的情况下进行的;其二,在没有解决词类问题的情况下,贸然给"不＋名"归类,却找不到可靠的证据。很明显,这不同之处同样是由脱离汉语实际说汉语造成的。为什么会是这样的呢? 仅仅由于趋附西方语言学理论研究汉语吗?

实际上,《现代汉语词典》只是依据现代语言学研究之主流的学术范式,传达主流观点或"学界共识",是或非多不是它自己的事情。然则现代语言学研究领域里为什么会有这样的学术范式、主流观点或"学界共识"? 假如我们真的搞清楚了语言究竟是什么,有了确能揭示语言本质的语言观引领我们从事汉语研究,我们会不会戴上语言符号系统论这一深度墨镜看汉语? 会不会趋从语言符号系统论的框架内建立起的"语言学原理"研究汉语? 如果正确地把握了语言与人的关系,并在此基础上弄清楚了汉语与印欧语的相通之处及根本区别,我们的具体研究中会不会坚持邯郸学步而忽视汉语实际? 这么说,看上去有点过分了,可是,飞速发展着的时代会不会允许我们把这些问题继续留给后人来解决?

三、从"不＋名"的现有解释看汉语研究的问题

上面主要是提出问题。虽然有些认识不可避免地已经点出汉语研究的问题,但是远远不够,并且很少涉及其成因。下面就前面所涉及的问题择其要者做点探讨。

(一)汉语研究中的"词"判断及词类问题

关于《现代汉语词典》第1—2版为"不"所立第2个义项举的例子,大概多数人会认为其中"不道德、不规则"是词组,因为它们虽然能够独立运用,但不是最小单位。再说,《现代汉语词典》中没有把它

们收作词条,也可能是作自由组合看的。但是,如果说"不法、不轨"是词、"不道德、不规则"是词组,则与"不十名"的现有解释不合,否则其释义就得改为"加在名词性词素或名词前面,构成形容词或形容词性词组"。之所以出现这种顾此失彼的现象,原因是什么呢?主要是因为每个人脑海中的"词"意义不同,某个语串是不是词,判断结果往往因人而异。

但是,如果连"词"这一基本术语也没有公认的界定,每个人大脑里的"词"是不确定的,研究同一语言单位就不容易得出一致的结论,并且很难保证其研究结论与语言事实相吻合,自然无法建立起客观而严谨的语言学理论,也就不能较好地引导人们研究语言,甚至无法摆脱乱象丛生的局面。国内外现代语言学研究中问题都挺多,[①]与这一因素不无关系。因此,徐通锵认为引进"词"概念徒增混乱,于是毅然决然地舍弃"词"概念及相关理论,而创字本位理论,[②]并且发表了不少文章,出版了相关专著。潘文国等著名学者继其后,一边反思趋从西方语言学理论研究汉语的问题,一边发展字本位理论,从而让汉语学研究领域里多了一种不同的声音。

字本位理论是否符合汉语之实际,同时是否对汉语研究更有指导意义,还需要继续接受实践检验。但是"词"概念不适于汉语研究,却是已经被一个世纪以来的汉语研究反复证明了的。西方语言学中对的"词"概念引进的失败与字本位理论的出现都提醒我们,百余年来"跟着转"的现代语言学研究很值得反思,汉语基本语言单位的研

---

① 究其原因,西方语言学家的研究失在机械地理解了他们哲学中的本体论思想,中国现代语言学家则失在"跟着转"。但是,东西方现代语言学研究之所以都存在大量问题,深层原因都是没有搞清楚语言究竟是什么。如果弄清楚了语言究竟是什么,西方语言学家就会发现语言符号系统论并不是在论语言本体,中国语言学家则会从汉语实际出发做研究,不仅不会继续趋从语言符号系统论统辖下的"语言学原理"研究汉语,而且再也不会"跟着转"了。因此,早日解决语言究竟是什么的问题,是各国语言学家面临的根本问题。

② "字本位"这一概念不是徐通锵最先提出来的,但是各家的"字本位"内涵不尽相同,发展成一种系统的语言学理论并产生较大影响者只有徐先生,所以这里说徐先生创字本位理论。

究很值得重视。如果继续模仿西方语言学中对"词"的判断及词类研究来解决汉语词和词类问题,就只能在某种程度上继续促使汉语研究向庸俗化的方向迅跑。

还有,证明"不法、不轨"是形容词也很困难,因为只要进行历史的考察,就会发现它们自产生以来两三千年间未曾做过严格意义上的形容词,也没有什么原因可以让它们变成严格意义上的形容词。然而,现代语言学研究带来的问题,却不能通过现代语言学研究来解决,甚至只有否定现有的解释,另作解释,才是解决问题的唯一方法,这也说明汉语研究要想摆脱困境,就必须深入考察中国现代语言学史,总结其经验教训,适当改变趋从徒有其名的"语言学原理"做研究的百年传统,真正弄清楚语言究竟是什么,立足汉语实际,坚持历史主义做研究,让汉语学理论从汉语研究中来,再回到汉语现实中接受检验。

总之,百余年来对汉语词及其分类与归类的研究,既不能解决词是什么的问题,也不能解决词的分类与归类问题。这样两个有着密切联系的问题都是现代语言学研究带来的;它使汉语研究画虎不成,描凤不像,一定程度上影响了汉语文教学的质量,所以很值得反思。

(二)关于无法补漏的问题

由于中国现代语言学研究没有自己的理论,始终改变不了吕叔湘(1987)说的"跟着转",所以随着时间的推移,研究某种语言现象往往先后有不同的"定论"。其间大多数是在不断"补漏",但是最后还是留下一些无法再补的"漏洞"。在不少的情况下,甚至越补漏洞越多,也越严重。联绵字问题研究中表现得最为突出。例如,在2005年以前的六七十年间,仅用来创造"联绵字/词"的构词法就臆度出十几种,可谓无奇不有;但是互为矛盾,互相拆台,而且各家所列举的例词都是作者不明其语素构成情况的复合词,被人指出,却又杜撰出

"语素融合""结构退化"等说辞来搪塞,以至于越补漏洞越多,危害越来越广泛。只是已有两部专著分别考察现代联绵字理论的产生、发展及其危害(沈怀兴,2013、2015),这里不再多说了。其他如从形容词里分出属性词,是补漏;发现属性词不能作谓语,谓之"非谓形容词",也是补漏;"非谓形容词"有自乱体例之嫌,改为"区别词",还是补漏。但是补到最后,结论仍与事实不符,却作为"定论"继续流传,以至于贻误学子。

还有,虽然持论者给"区别词"作了明确的界定,并且说它只作定语,但是,不同研究者大脑里的"区别词"不同,如果各列一张"现代汉语区别词表",保准没有两份相同或相近的,这说明分出"区别词"是徒自添乱。怎么办呢?这是汉语词类划分遇到的麻烦。纵观两三千年的小学史,古人从来不像"跟着转"的现代语言学研究这样给汉语词分类,而且连现代语言学里的"词"的概念也没有,却把一些语文现象解释得清清楚楚,为汉民族文化传承与发展做出了巨大的贡献。然而,"跟着转"的现代语言学研究为汉语词类问题吵吵了一个世纪了,耗费国人的精力早已无法计算,到头来却使得一些从事现代汉语语法研究的教授读不懂古代经典文献,汉语专业的研究生学位论文中多有语病,却至今还在斤斤于汉语词的分类与归类,还是一厢情愿地跟在人家后面忙"接轨"。可是,谁又能给这样的学术研究找到继续存在的理由?谁又能改变它"面临边缘化"的命运?

从词性角度讲,像本文所举"不＋名"就是一个典型的例子。只是"权威"往往让一些与事实不相符的结论成了"定论"。像被判为属性词的"不法",由于作名词用的例子被忽视,就被定格在属性词里面了。这看上去是个小问题,但论其成因,却是现代语言学研究的一个重要问题。上文所举"不轨"也属于这类情况。它被判为形容词,只能管着作谓语与定语的部分用例,可是像"图谋不轨""又多豪右,共为不轨"等句中作宾语的例子该怎样解释?如果能够作谓语、定语、宾语的语词都可归入形容词，汉语中大多数名词、动词都有这种功能，为什么不能归入形容词？为什么"不＋名"就是形容词？现代语言学著作中这类经不起较真的结论很不少，不坚持历史主义予以正本清源，它们都可能作为"定论"继续贻误学子，继续促进汉语研究脱离汉语实际，影响汉语学的健康发展。

有人可能要拿"词类活用"作解释。其实，那样说至少不能使人知其所以然。更有甚者，不坚持历史主义而持"词类活用"说，则难免结论错误。例如，"不法"本义"不合法度；违法"，很明显是动词性语词。并且，包括"不法"在内的动词性语词作宾语，其间有个转喻过程，由此实现了转指某种动作行为所涉事类而增加信息量的语用目的，所以自然有了名词义，而不会是属性词用作名词。否则就得证明它们起初是属性词，或者产生属性词的功能与用法在前，由于某种原因才有了名词义。如果因为它们经常作定语，就说是属性词，那么，是否可以把常作定语的动词性以及名词性语词也统统说成属性词或兼类词？

还可能有人说，《现代汉语词典》是解释现代汉语词的！其实，汉语史分期是相对的，无法一刀切；也是就整体而言的，不能一一对号入座。某些语词用法、含义发生变化，其历史的联系是明确的，甚至有着古今相同的用法及含义。如"不法"，至迟从南宋做宾语而产生名词义之后，至今还可做主语或宾语。例如，据一位法律工作者说，他们平常会说"严惩不法""惩治不法""不法不同于违法""非法与不法是有区别的"之类的话。① 然而，说"不法、不轨"是形容词者，却很难找到历史的根据。因此，可以说它们到现代汉语里就怎么样了，但是必须拿证据来证明给人看，不能"我说是什么，就是什么"。

---

① 前三例"不法"作宾语或主语，第四例"不法、非法"联合作主语，各句中的"不法"都与其本义联系密切，是名词义。

有些现代汉语研究者不太关心其结论是否找得到历史依据，只满足于"讲得通"。即使被质疑，也说到现代汉语里已经变成他们说的东西了。甚至会自称"历史发展的观点"，像"语素融合"说、"囫囵一团"说、"词义磨损"说等有那么多信众，就与所谓"历史发展的观点"有密切关系。殊不知找不到历史根据及古今联系的"历史观点"不是历史观点。

还可能有人拿省略、隐含之类作解释，其实那也是在用主观认识取代客观事实。因为不管给补出什么内容，都只是研究者的理解，是主观的东西，与客观事实是两码事。语言研究者只能根据语言事实下结论，不能根据臆测下结论，更不能为附会某种理论而曲解语言事实。退一步说，即使能够找到含有研究者所补内容的句子，也无法否定"严惩不法""纵容不法""不法不同于违法""非法与不法是有区别的"等句子存在，因为事实就摆在那里。

其实，只要不是先有"不＋名"构成形容词之成见，只要肯做点考察，就会发现无法"补漏"的不只是"不法、不轨"。换言之，许多双音节"不＋名"及个别三音节"不＋名"都有"不法"或"不轨"的特点。试看《汉语大词典》所收的部分词条："不毛、不功、不世、不仁、不君、不臣、不廷、不宾、不尘、不名、不妇、不节、不体、不形、不男、不迹、不典、不物、不官、不孥、不根、不师、不情、不道、不禄、不党、不德、不器、不丈夫"等，它们起初均为动词性的，后来有的"不＋名"通过转喻而指相关事实，就有了名词义，也都是认定"'不＋名'构成形容词"之说者无法解释的。还有部分"不＋名"只见其动词义的用法，如"不天、不手、不目、不外、不节"等，或只作副词，如"不日、不时"等，也都不是坚持"不＋名"构成形容词之说者可以解释的。

"跟着转"的汉语研究领域里无法"补漏"者太多了，联绵字问题研究中典型事例最多。其他如叠音词研究、重叠词研究、构词法研究、词汇复音化研究、疑难复音词诠释等领域里也都充斥着结论与事实不吻合的现象。有些局部性的理论知识看似久已成定论或常识，已经广泛地写进教材，但它们与事实不相符的本质却始终不会改变。

也就是由于存在着一些大大小小的无法补苴的"漏洞"，才迫使我们思考这样一个问题：现代的汉语研究到底怎么了？趋附西方语言学理论的现代语言学研究明明弊多利少，为什么一直改变不了"跟着转"的习惯？跪久了站起来困难固然是其原因之一，科研管理制度有待完善也是其原因之一，"理论创新"的界定不甚明确、基础教育不够扎实等也都是其原因。但是，这些都是外部原因。如果我们真正搞清楚了语言究竟是什么，真正搞清楚了中西人文社会科学研究的文化差异性，真正搞清楚了没有社会效益的学术研究迟早会被社会抛弃，从而实事求是地考察百余年以来"跟着转"的汉语研究的利与弊，大概一切外部原因都不会起那么大的作用吧。退一步说，至少不会再有人跟在人家后面高喊"语言学是一门领先的科学！"，也没有那么多语言学家把"跟着转"说成"与国际语言学接轨"吧。可以肯定地说，百余年来"跟着转"的汉语研究不适应社会发展的需要。时至今日，真的该拿出一点实在东西了！

四、汉语研究时常脱离汉语实际的原因

其实，那些无法补苴的"漏洞"大多是研究中脱离了汉语实际。换言之，只要脱离语言实际做研究，就可能产生无根之说，也就是某些汉语文功底比较扎实但是又不研究现代语言学问题者眼里的漏洞。然而，明明是在研究汉语，为什么会时常脱离汉语实际呢？这是一个根本性问题，其间主、客观两个方面的原因交织在一起，错综复杂。析言之，主观因素往往因人而异，如国学功底深厚一点，更具独立思考精神一点，求真意识迫切一点，研究方法全面一点，对外来理论依赖性小一点，研究中脱离汉语实际的可能性就小一些；反之则大

一些。一些不熟悉"语言学原理"的训诂学家,其著作中无根之说很少,偏执"语言学原理"研究汉语的一些现代语言学著作中却不乏无根之说,是为什么呢?对多数语言研究者起作用的客观原因又分社会原因和学术研究的原因。社会原因不少,只能靠提高教育质量,培养会思考的人才,以及完善制度、解放思想、促进社会进步来解决。学术原因也很复杂,无法一一展开讨论。下面简单谈谈趋从"语言学原理"做研究的原因以及未能坚持独立思考的原因。

(一)趋从"语言学原理"研究汉语,是时常脱离汉语实际的基本原因

通常所谓"语言学原理",实际上是在语言符号系统论指引下基于印欧语研究建立起来的理论体系,确切地说充其量只是印欧语言学理论。"语言学原理"主要包括语音研究、词汇研究、语法研究等方面的种种理论。其中任何一种理论,只要机械地套用于汉语研究,都可能程度不同地扭曲汉语事实。为什么呢?比较明显的原因就是印欧语与汉语分别属于不同类型的语言。学者们常说印欧语重"法治",汉语重"人治",或者说印欧语重"形合",汉语重"意合"。"法治"也好,"形合"也罢,形态可见,如果不考虑语言的人文性内涵,只就形式论形式,建立一种语言学理论体系照理说不是很困难。汉语呢?不管说它重"人治"也好,还是说它重"意合"也罢,都是由于它没有印欧语那样丰富的形态标志可以把握。研究者趋附基于印欧语研究建立起来的"语言学原理"研究汉语,往往是先到"语言学原理"中选个标签贴在研究对象上,然后根据标签填写内容;一旦标签选得不得体,研究者"缝合"功夫不到家,就很容易出现"漏洞"。甚至有些"漏洞"根本没有办法填补,以至于长期争论不休,直到最后仍然没有妥善解决的办法。这方面的例子很不少,如汉语词类问题研究就表现得比较突出。汉语学界一直纠结于词的分类与归类,20世纪还发生了三次汉语词类问题大讨论,进入 21 世纪以来又卷进去不少的语法学家,但是至今未能解决汉语词类问题。这是印欧语研究中不容易发生的事情。

还有,印欧语与汉语产生和演变的社会文化环境不同,语言主体之文化观念、语用习惯等都有较大的差别,所以适于印欧语研究的理论也未必适于汉语研究。这方面,词汇学研究方面较为典型的例子最多。例如,完全脱离汉语实际的现代联绵字理论之形成和发展都与趋从外来理论做研究分不开,所以我们做了十多年的专项研究,通过求本字等方式先看其例词,再通过论证人与语言之关系看其理论依据,通过考辨其核心理论与各附庸论之间的关系及其各附庸理论之间的关系看其论证方法,实现了正本清源的目标。现在坚持现代联绵字理论做研究的学者越来越少了,从反面印证了上面的观点。

至于在趋附"语言学原理"所做的研究中并非处处皆"漏洞",其间既有印欧语与汉语存在部分共通之处的原因,同时也因为汉语是我们的母语,汉语语感、汉语经验以及汉文化知识可以在某种程度上使我们在具体研究中近乎本能地避开外来理论中明显不适于汉语研究的理论。索绪尔对汉语所知甚少,所以在《普通语言学教程》中,即使论及简单的汉语现象,也往往靠不住,这就从另一个侧面说明了这个道理。

还是结合上文的讨论来说吧。如果不是陷入词类问题的泥沼,就不会说"不法"是属性词,更不会释之为"……的",自然不用曲为之说了。如果不是趋从外来理论做研究,一些问题本来是很简单的。如"不法",就是"不合法;违法",作"行为"的定语,理解时由于节奏和谐的需要就带上了"的",并不是"不法"自身含"的"义。如果不是这样理解,汉语里所谓属性词不知道有多少了,甚至大多数双音节名词、动词都是兼类词,即都兼做属性词。如"群众生活"就是"群众的生活","公民义务"就是"公民的义务","爱国思想"就是"爱国的思想""打工收入"就是"打工的收入"等，其中"群众、公民、爱国、打工"
等是否也可以判为属性词？为什么"不法"却要被判为属性词而释
为"……的"？为什么"不＋名"就是形容词？有什么历史根据？但
是，汉语词类问题无法解决，①却既要模仿印欧语的研究给"不＋名"
定性归类，又必须坚持共时论，要想让结论与语言实际相吻合，可
能吗？

（二）拘泥共时论做研究，是促使汉语研究时常脱离汉语实际的重要原因

共时论是在语言符号系统论框架内构建"语言学原理"的立论基
础。没有共时论，现有的"语言学原理"大半内容都需要重写，所以再
说几句拘泥共时论做研究的问题。

索绪尔（〈汉译本〉1985：120）说，研究语言"必须把产生这一状态
的一切置之度外，不管历时态"。句中"这一状态"就是指语言的共时
状态。这一主张隔断了历史，所以坚持共时论做研究就是要画地为
牢，胶柱鼓瑟，往往曲解语言事实，以至于臆说纷呈，语言学的研究越
来越远离语言事实，越来越脱离社会需要，越来越成了"有闲人的智
力游戏"（霍凯特语），以至于越来越应了索绪尔（〈汉译本〉1985：27）
那句名言："没有任何领域曾经孕育出这么多的荒谬观念、偏见、迷梦
和虚构。"遗憾的是，被现代语言学思想理论"洗过脑"的学者早已习
非成是了。

---

① 2005 年，《现代汉语词典》出第 5 版，于释义前先标词性，并且框起来，写作 名、动、形、数、量、代之类，紧接着一片赞歌，如"是汉语词典学研究的一次飞跃""标志着汉语词类问题研究的重大突破""成功地实现了与国际语言学接轨"云云，差不多都是虚美之词，而少有人指出它的问题。其实，本文所考察分析的"不＋名"之释问题，不过沧海中一滴。其意义在于让读者看到，汉语词性及汉语词归类问题远未解决；一定要"以西化中，以中注西"（苗志刚，2006：65），则很可能事与愿违。至于汉语词典释义前先标词性问题的全面考察分析，请待另文。

其实，所有语言单位和语法规则都是历史上产生的；如果发生变化，也是在历史上完成的。所以研究语言必须坚持历史主义，必须论从史出，论从材料来。如果信守索绪尔之说，研究语言而把产生共时状态的一切置之度外，不管历时态，则无异于鼓励语言研究者凭着想象去附会某种理论，而让臆造合法化，所以出现无法补苴的"漏洞"乃是注定了的，就像把"不法"判为属性词、解释成"……的"那样。其他如前面反复提到的联绵字问题研究，所有信守现代联绵字理论研究"联绵字／词"者无一不误，其原因之一也是没有挣脱共时论的束缚。又如，汉语构词法研究领域里为什么乱象丛生？汉语词汇复音化研究为什么始终不能改变臆度状态？对某些双音词的解释为什么总是意见分歧？也都与接受了共时论的误导密不可分。再如，一部"现代汉语"统编教材在前后 9 版中共批评"生造词"14 个，均未出方言词、文言词、历史词、新词之范围，其错误率 100％（详见沈怀兴，1992、2001）。① 其他同类著作的情况大致同此。这方面的例子也具有一定的启发意义。稳妥是教材编写的基本原则，可是"现代汉语"教材在讲"生造词"问题上错误率高达 100％，原因何在？如果不是接受了共时论的误导，去做点历史考察，就不会把文言词和历史词误判为生造词，做点方言调查或夯实语文功底，也不会把方言词和新词误判为生造词，也就不会贻误万千学子了。

至于现代语言学研究中那些没有历史根据的结论，则均与拘泥于共时论做研究有密切的关系。它们就现象而言是来历不明，就结果而言是无法补苴的"漏洞"，就成因而言则是让语言事实曲附徒有其名的"语言学原理"；而现有"语言学原理"就是偏执语言符号系统论及共时论构建的。由此说来，要想提高语言研究的科学性，就不能

---

① 之所以出现这样的问题，直接原因是接受了共时论的误导，而深层的原因就在于忽视了语言与人的关系，没有弄清楚语言究竟是什么，同时又机械地理解了语言工具论，站在"正义"的制高点上剥夺了人们自由表达思想情感的权利。

忘记偏执共时论的教训。

（三）未能坚持独立思考，是汉语研究脱离实际的主观原因

不管现有的"语言学原理"有多少拥护者，也不管共时论怎样根深蒂固，只要有志于促进汉语学健康发展者能够自觉抵制某些因素的干扰，①坚持独立思考、锐意求真，张汝伦（2007）所谓"邯郸学步，失其故步"的情况就不会产生。

例如，从研究者角度说，如果能够坚持独立思考，就可能自觉"走出'反向格义'的殖民牢笼，实现方法论与研究范式的'中国式'转变"（周景耀，2017）。如果能够坚持锐意求真，每立一论必先看其本证是否结实，旁证是否靠谱，理证是否可行，就不会有太多无根之说发表出来，汉语学界"跟着转"的传统也不会形成。退一步说，即使"跟着转"的传统早已形成，只要我们能够坚持历史主义，坚持独立思考，也会发现现代语言学研究的根本问题是什么，从而破除迷信，用不了多久，就连"学界共识""语言学无国界""与国际语言学接轨"之类空话、大话、套话也不会有人说了。

从读者角度说，虽然汉语学名家中有人"始终抱定一贯的宗旨，就是采取西洋语言学的原理来说明中国语言和各种外国语的现象"，有人主张"不能说中国语言学在观点、方法上也应该有它自己的特点"，但是，只要我们坚持独立思考，面对每一种新的观点或结论，先看看它本证是否可靠，旁证是否充分，理证是否有力，不管已有的研究中有多少无根之说，都可能会及早发现，不仅现代联绵字理论之类的大问题不会出现及流行，就连"'不＋名'构成形容词"之类的小问题也会被及时发现并纠正。进而查一查它们的"家谱"，发现大多是

---

① 如崇洋心理的影响、"跟着转"潮流的裹挟、浮躁学风的浸染、科研工作量的压迫等等，都在影响语言研究者的正常工作。

由于曲附"普通语言学理论"/"语言学原理"造成的,则不仅不会再迷信什么"普通语言学理论"/"语言学原理",而且对"学界共识""语言学无国界""与国际语言学接轨"之类的说辞也有个正确理解了。

研究汉语而脱离汉语实际的原因比较多,但是根本原因在于没有弄清楚语言究竟是什么,没有确能揭示语言本质的语言观引领汉语研究,于是就在崇洋心理影响下趋从没有普遍意义的"普通语言学理论"/"语言学原理"来研究汉语。并且不能一分为二地看待现代语言学的研究,盲目鼓吹现代语言学的科学性,不敢正视"跟着转"的汉语研究所存在的问题(参看潘文国,2008:序言第5页)。如果搞清楚了语言究竟是什么,有了能够揭示语言本质的语言观引领我们从事语言研究,自然不会趋从徒有其名的"普通语言学理论"/"语言学原理"研究汉语,更不会接受共时论的误导了。

五、"不+名"问题的启示

上面的考察讨论给了我们以下启示。

1.总结趋附印欧语言学理论的现代语言学研究的经验教训,坚持独立思考,锐意求真,是开创汉语研究新局面的前提条件。

2.挣脱共时论束缚,坚持论从史出、论从材料来的原则做研究,是避免无根之说产生的基本方法。

3.正视语言与人的关系,认清语言符号系统论的肤泛,探明语言究竟是什么,更新语言观,立足汉语实际做研究,是结束步趋人后做研究之历史的必由之路。

一旦解决了语言究竟是什么的问题,就会认识到语言符号系统论的框架内建立起的普通语言学理论/"语言学原理"只是语言学发展到20世纪的一种阶段性认识。语言符号系统论没有揭示语言的本质,所谓普通语言学理论/"语言学原理"也没有普遍意义。明乎此,才能自觉更新语言观,并在确能揭示语言本质的新语言观引领下进行客观的研究。届时,不仅步趋人后做研究的历史将终结,汉语研究从此进入新时代,而且汉语学研究的转型与创新将为各国语言研究提供理论上的帮助和方法上的借鉴,也将对国内其他人文学科的研究早日"走出'反向格义'的殖民牢笼,实现方法论与研究范式的'中国式'转变"产生积极影响。

到那个时候,所谓"学界共识""与国际语言学接轨"之类,如果还出现在国内学者文章中,则很可能不再是近30年来"跟着转"的部分汉语研究著作中所宣称的"学界共识"或"与国际语言学接轨"了。

参考文献

胡裕树主编:《现代汉语》(重订本),上海教育出版社1996年版。

黄伯荣等主编:《现代汉语》(增订五版),高等教育出版社2011年版。

吕叔湘:《试论非谓形容词》,《中国语文》1981年第2期。

吕叔湘:龚千炎《中国语法学史稿》序,语文出版社1987年版。

马景伦、董志翘等:《王力〈古代汉语〉同步辅导与练习》,中华书局2016年版。

南志刚:《叙述的狂欢和审美的变异》,华夏出版社2006年版。

聂仁发、宋闻兵:《提升中文语言学专业研究生培养质量研究》,《宁波大学学报(教育科学版)》2014年第6期。

潘文国:《汉语研究:世纪之交的思考》,《语言研究》2000年第1期。

潘文国:《危机下的中文》,辽宁人民出版社2008年版。

潘文国、谭慧敏:《对比语言学:历史与哲学思考》,上海教育出版社2006年版。

邵敬敏主编:《现代汉语通论》(第三版),上海教育出版社2017年版。

沈怀兴:《汉语规范化求疵》,《语文建设》1992 年第 11 期。

沈怀兴:《现代汉语词汇规范化的尴尬》,《中国语文通讯》2001 年第 3 期。

沈怀兴:《现行联绵字语素判断方法的局限性》,《宁波大学学报(人文科学版)》2010 年第 3 期。

沈怀兴:《联绵字理论问题研究》,商务印书馆 2013 年版。

沈怀兴:《现代联绵字理论负面影响研究》,中国社会科学出版社 2015 年版。

索绪尔著、高名凯译、岑麒祥校:《普通语言学教程》,商务印书馆 1985 年版。

邢福义主编:《现代汉语》,高等教育出版社 1992 年版。

张斌主编:《新编现代汉语》,复旦大学出版社 2002 年版。

张斌主编:《简明现代汉语》,复旦大学出版社 2002 年版。

张汝伦:《邯郸学步,失其故步——也谈中国哲学研究中的"反向格义"问题》,《南京大学学报(哲学·人文科学·社会科学)》2007 年第 4 期。

张志公:《谈〈暂拟汉语教学语法系统〉》,《语文建设》1995 年第 1—2 期。

周景耀:《"反向格义"与 20 世纪宋诗研究》,《中国社会科学报》2017 年 4 月 11 日第 1 版。

"语言学无国界"说献疑*

一、引　言

1898 年,模仿西方传统语法写成的《马氏文通》问世,标志着中国现代语言学产生。20 世纪 20 年代末,语言符号系统论统辖下的结构主义语言学理论被一知半解地引进,开始影响国内学者从事汉语研究,向后仿之者越来越多,越来越逼真。

20 世纪 50 年代,乔姆斯基革了结构主义语言学的命,建立起转换生成语法理论,由于种种原因,到 70 年代末才开始被中国语言学家模仿,80 年代仿之者增多。

对于以上国内趋附西方语言学理论的现代语言学研究,吕叔湘(1987)概括为"外国的理论在那儿翻新,咱们也就跟着转",同时指出:"机械地搬用乃至削足适履的事情不是没有发生。"

但是,吕叔湘的批评好像没有引起学界的重视。20 世纪 80 年代,志在反对转换生成语法而借认知科学与体验哲学之体出生的认知语言学,生下来不久就"四分五裂"了,这说明认知语言学家也没有弄清楚语言究竟是什么。但是,这并没有影响国内现代语言学家踊跃模仿。所以继吕叔湘之后,张志公(1998:545)批评中国现代语言

＊　本文发表在《宁波大学学报(人文科学版)》2019 年第 5 期。

学是"亦步亦趋,人家有什么,我们就跟着引进什么"。

张志公的批评照旧没有引起人们的重视,随着认知语言学的分裂,也就有趋附其认知语法学研究范式研究汉语的,有趋附其认知语义学研究范式研究汉语的,有趋附其构式语法研究范式研究汉语的。于是潘文国(2008:257)指出:"离开了西方理论的术语,就不会说话了。"但是,好像也没有多少人理会这类批评。大家乘着"跟着转"的惯性忙活着,模仿认知语言学的研究方式研究汉语者越来越多。

为什么"屡遭批评终不悔,为伊消得人憔悴"呢?原因很多。但其重要原因之一也许是大家认为语言学无国界吧?否则为什么"跟着转"现象于今尤甚?并且,早在1997年就有人在《语言文字应用》上发表文章认为语言学无国界了。有百年"跟着转"的传统为背景,近20年来"语言学无国界"说赢得了越来越多的信众。

但是,潘文国《危机下的中文》一书中用了约20万字的篇幅概括讲述了现代语言学研究给中国语文教育、学术研究、人才培养造成的危害,而且此后批评跟着外国理论转者越来越多。可是,又为什么越来越多的语言研究者相信"语言学无国界"之说呢?

而今,"跟着转"从形式上为"语言学无国界"提供了立论支持,"语言学无国界"为"跟着转"提供了理论帮助,但是批评者也越来越多,越来越尖锐。因此,"跟着转"者及其批评者认识的矛盾是汉语研究者必须面对的问题。那么,语言学到底有没有国界?为什么呢?今不揣简陋,试略陈管见。

二、对"语言学无国界"说的一般性认识

起初说"语言学无国界"的,是学成归来的英语专业的学者。后来,有些专事汉语研究者也跟在后面这样说。其实,这也是对过去百年间"跟着转"之合理性的高度肯定,否则便是受了"跟着转"传统之

惯性的裹挟所致。实际上,百余年来国内现代语言学研究也没有能够体现"国"的意识,早已没有国界了。

当前认为"语言学无国界"者多在模仿美国当代语言学家研究英语的方式研究汉语,也有继续牢守结构主义语言学之田园的。这样一来,固有的,新产生的,各语言学流派的理论方法拥挤在汉语语言学研究领域里,致使新观念、新术语层出不穷。再加上或经统计而来、或仅臆造而成的表格充斥在文章中,看上去很是细密,煞有介事,却没有什么应用价值。

有人声称其研究可以服务于人机对话研究,但是计算语言学的研究者一般不看他们的研究成果,而主要在参考数学、计算机科学与技术研究语言。有人声称其研究有利于揭示语言生成规律,还有的声称其研究有利于解开人脑思维的密码,但是都没有给出有力的证据。这跟趋从语言符号系统论的框架内建立起的"语言学原理"研究汉语者不尽相同。后者据说主要是为了取得所憧憬的社会效用,也有研究者说为了探讨语言的结构规律,但是探讨语言结构规律的主要目的,据说还是为了用好语言。其他的好像没有多少人唱出更高的调子。现在有些持"语言学无国界"之说者喜欢说"实现中国语言学与国际语言学接轨",调子明显高得多。两者也有一个共同的特点,即都是步趋西方语言学研究之后做研究。也有一些是把西方语言学家的语言研究当"例题",模仿着"例题"去做汉语的"习题",而且主要是做现代汉语语法的"习题"。因此,前者憧憬的语言学研究之用途很难变成现实,后者的"与国际语言学接轨"又是在借时事政治的东风,所以带上了强烈的政治色彩。其实,要接轨,则必须平等对接,而步趋人后的"接轨"只是依稀看到了"轨",具体研究中大致是依样画葫芦,没有平等对接的条件和表现(沈怀兴,2013)。

特别是在没有弄清楚语言究竟是什么的情况下声称"语言学无国界""与国际语言学接轨",理论方法都是人家的,到头来只能是弊大于利。为什么呢？

首先，不同的语言是不同民族世世代代的民众与其生活世界互动作用中产生和不断演变的，所以不同的语言蕴含着不同民族的文化观念，有着不同的文化特质。而且，研究内容在一定程度上制约着研究方法，进而产生不同的理论方法。例如，汉语研究往往离不开形一音一义互证之法，英语研究大概用不上这种研究方法。又如，索绪尔偏执共时论，排斥历时研究，国内现代语言学家大多奉为金科玉律，但是教条地执行了几十年之后，渐渐发现了它的弊病。特别是进入 20 世纪 90 年代之后，越来越多的汉语研究者发现那样做的结果是产生了大量的"荒谬观念、偏见、迷梦和虚构"，于是展开语言研究方法的大讨论，直到中国语言学会第九届年会召开（1997 年 8 月 11－14 日，南昌），还把共时研究与历史研究之关系问题作为会议议题进行讨论，但是具体研究中似乎没有多大的改观。为什么呢？要挥动青龙偃月刀，需要有关云长的臂力，无奈多数现代语法学家读不懂古书了。又如，汉语社会有着无与伦比的古代文献资料，便于研究者采用文献考察分析法、历史考证法做研究，自然可以得出更符合客观实际的结论；其他民族没有这么丰富的历史文献资料，难免影响文献考察分析法与历史考证法的运用。他们之所以对共时论"情有独钟"，与这方面的因素也有点关系。

因此，用西方语言学家基于印欧语研究建立起来的"语言学原理"指导汉语研究，有时难免像拿着西医的处方去中药店里买药，不可能买到根治疾病的良药。同时，我们不能不承认，拿着西医的处方去中药店里买药算不上地道的中西医结合。换句话说，过去百年间的"跟着转"，可见的成绩主要是在国内建立了一门新学科——中国现代语言学。至于这门新学科自身的科学性如何，为社会发展所做的贡献大小，要讲真话，就难免犯忌讳。

张志公（1995）曾经回忆说："上海《语文学习》让我谈过关于淡化

语法的意见,我开宗明义就说,什么叫做淡化语法,淡化是艺术语言,语法是科学,淡化我不懂,人家实际上就是不要语法。"这话实际上反映了20年代90年代语文教育界的一种呼声:淡化汉语语法教学。接下来持续了近10年的全国语文教育大讨论,讨论的重点之一也是要不要继续进行语法教学问题。最后,力主淡化语法教学的一方获胜,于是语法内容在中学语文教学中似有实无,不久就被彻底"淡化"了。翻开今天使用的人民教育出版社出版的新课标中学语文教材,里面已经基本上没有严格意义上的语法内容了。并且,我们有些汉语专业语法方向的硕士研究生毕业后到中学任语文课教师,回馈的信息是执教以来没有讲过语法知识。回顾1956年开始的全国中学实行汉语、文学分科教学,汉语语法教学一度是中学语文教学中的重中之重,但是只执行了三个学期,就不再实行分科教学了。今天却来了个一百八十度的大转弯,没有汉语语法教学了。这是为什么呀?会不会是"跟着转"的汉语语法研究成果不适于语文教学?如果是这样的,那么,怎能说"语言学无国界"?

聂仁发、宋闻兵(2014)指出:"中文学科明显滞后于社会发展需求,正面临边缘化。"这话是就如何改革汉语专业课程教学内容,大幅度提升汉语专业研究生培养质量说的,从一个侧面也说明趋附"语言学原理"的汉语研究与社会发展不相适应。换言之,也说明语言学并不是没有国界。如果仍然不承认这一事实,那么对于"跟着转"的汉语研究除了语言学界"一派歌舞升平气象,处处都是成绩,年年都是进步"之外(见潘文国,2008:序言第5页),其他少有肯定之声,又是为什么呢?所以有问题不可怕,怕的是不承认问题的存在,偏偏"一派歌舞升平气象,处处都是成绩,年年都是进步",始终不忘高喊"语言学是一门领先的科学!",始终不敢说"不",始终不允许别人说"不"(参看潘文国,2008:序言第5页)。

其次,语言符号系统论统摄下的"语言学原理",虽然已经成了一般现代语言学家比较熟悉的"常识",但主要是基于印欧语研究建立起来的,不是"拿世界上的各种语言加以比较研究得出来的结论",所以并没有普遍意义。然而,由于当初欧风东渐,一些学者一方面求变心切,另一方面又为崇洋心理所左右,同时存在认识上的误区,以至于趋从语言符号系统论的框架内研究印欧语而建立起的"语言学原理"研究汉语,并且向后代代相仍,甚至越来越认为只有西方的月亮圆,于是慢慢形成了"跟着转"的汉语研究传统。然而,对于这一传统,杨自俭(2006:4)不无痛心地指出:"中国语言学百年历史证明,中断自己的传统、跟着外国的理论转是没有出路的。"

由于国内现代语言学研究者大多不怀疑"语言学原理"的可靠性,不清楚它其实没有普遍意义,至今不敢正视"跟着转"带来的危害,没有注意到趋从"语言学原理"研究汉语不仅未能为提高语文教育质量、推动社会发展做出应有的贡献,而且时刻在影响着汉语学的健康发展,所以不管打出多么鲜明的旗帜,喊出多么响亮的口号,但是总体上看弊多利少(参看潘文国,2008;沈怀兴,2015)。然而,效验是检验理论正确与否的重要标准,"语言学原理"于不同语言社会里实施结果不同,就已经证明语言学不具备"无国界"的特点。

换言之,如果"语言学无国界"之说成立,为什么中国现代语言学研究队伍之庞大无与伦比,其研究在世界上却基本上没有影响?或者说,我们这个全球最庞大的语言学研究队伍里为什么产生不出具有原创性的学术理论?如果连一点较有影响的语言学思想贡献也没有,只能说明步趋人后的"接轨"不过掩耳盗铃而已。又怎么能够正确地判断所趋附的西方语言学理论是当之无愧的语言学原理?反过来看,如果作为世界上最庞大的一支语言学研究队伍,我们已经有一定的理论建树,并且的确在促进语言学健康发展,为什么百余年以来连一个稍有影响的语言学流派也没有建立起来?看来,我们的现代语言学研究不过是西方语言学的附庸而已。然则能不能用附庸的自我裹挟来证明"语言学无国界"？

至此，如果还要说什么"无国界"，那就是，为了语言学事业的健康发展而坚持独立思考、勇于批判的学术精神无国界，由此而求真致用的语言研究目的无国界。然而，这种适用于所有学科研究的学术精神、研究目的，在"跟着转"的现代语言学传统里的遭遇如何？潘文国（2008：序言第5页）一针见血地指出："在中国学术界，语言学界是最不喜欢反思的，岂但自己不反思，而且反对别人反思。"①事实如此，语言符号系统论及其统摄下的现代语言学理论在我国想不流行都难。② 但是，能不能用这一现象来证明"语言学无国界"之说？并且，后人会不会继续"跟着转"而不允许说"不"？ 会的话，是一种悲哀；不会的话，也就是不认可"语言学无国界"之说了。

三、"语言学无国界"说没有可靠的理论基础

读者对"语言学无国界"说之是非或许有个基本认识了。但是，

---

① 其实，不喜欢反思是没有正视现实的勇气，是对学术不负责任的表现；自己不反思是缺乏考辨真伪的能力，也是学术自觉性不强的体现；反对别人反思是不知道"学术者，天下之公器也"，不知道任何力量都挡不住学术的进步与历史的发展。所以有这些表现，归根结底是由于缺乏推动语言学健康发展的责任意识，是学科不成熟的表现。果真如此，则让中国现代语言学研究问题越来越多。中国科协《致全国科技工作者倡议书》："坚定地倡导质疑和批判精神。科学的本质是批判，科学是最高意义上的革命。"《科学道德和学风建设宣讲参考大纲》（2012：17）则指出："科学精神的力量让人们能够拥有批判的大脑，能够进行理性的思考，能够展开自由讨论，能够接受实践的检验。科学精神让人们尊重事实，尊重真理，反对迷信，反对盲从，反对因循守旧。"任何一门学科要健康发展，都必须不断反思，不断总结经验教训，不断纠正错误，就像人体要保持卫生而需要经常洗澡一样。

② A.研究语言符号系统论问题，就需要考察现代语言学研究的情况。在现代语言学的产生和发展过程中，语言符号系统论始终发挥着重要作用。从某种程度上看，没有语言符号系统论，就没有现代语言学。B.要考察现代语言学研究问题，就需要考察分析"语言学原理"，包括其元理论与其元理论实施于语言研究的情况这样两个方面的问题。C.语言符号系统论是结构主义语言学派的语言观，奠定了结构主义语言学的理论基础，所以对结构主义语言学的发展也有一定的制约作用。D.在现有的"语言学原理"中，结构主义语言学理论居于核心地位。鉴于上述认识，我们往往根据上下文表述的需要，分别采用"语言符号系统论统摄下的现代语言学、语言符号系统论的框架内建立起的'语言学原理'、语言符号系统统辖下的结构主义语言学理论"等表达方式。

也许还有读者不满足于这种泛泛而谈,所以这一部分考察一下"语言学无国界"之说是否有坚实的理论基础,下一部分简单谈谈"跟着转"的后果,目的在于看看"语言学无国界"之说是否经得起实践的检验。希望通过这样两部分的考察讨论,进一步搞清楚"语言学无国界"说的问题。

就当前条件看,如果"语言学无国界"这话是站在神经语言学、病理语言学、实验语音学等学科角度说的,也不是一点道理也没有。但是这些学科都是自然科学研究的延伸,与作为人文学科的一般语言学关系不够密切。

"语言学无国界"盖由比附"科学无国界"而来,持论者既没有讲清楚其来历,也没有进行实证。但是,"科学无国界"是就自然科学研究说的,不包括人文科学研究在内。至少在没有搞清楚语言究竟是什么之前,在没有消除中西人文科学研究的文化差异性之前,不能说语言学无国界。因为,语言究竟是什么的问题尚未解决,"语言学无国界"无从谈起。也就是说,就当前情况而言,"语言学无国界"之说缺乏必要的理论基础。

语言究竟是什么的问题,是决定语言研究能否进入科学轨道的首要问题,也是决定语言学发展方向的根本问题。这个问题不解决,谁都无法创造出正确引导人们对不同类型的语言进行有效研究的"语言学原理"。不过,就是如此明显的一个道理,却一直没有引起各国语言学家的注意。否则国外就不会有人堂而皇之地将其书名之曰"普通语言学教程",国内学者也不会那样迷信没有普遍意义的"语言学原理",①更不会形成"跟着转"的百年传统。

再说,语言观制约着语言学方法论。大家没有共同的语言观,就没有大致统一的语言研究方法。一部分语言研究者持有这样的语言观而采用这样的研究方法,另一部分语言研究者持有那样的语言观而采用那样的研究方法,研究同一语言现象而采用不同的研究方法,有时可能得出不同的结论,那么哪一种结论符合研究对象的实际情况? 例如,同样面对某些双音词,如《现代汉语词典》试用本和1—7版释"联绵字/词"曰单纯词,所举"匍匐、凤凰、珐琅、仿佛、伶俐、阑干、逍遥、妯娌、玛瑙"等9个例词。但是,如果采用我们的语言观——语言是人与生活世界互动作用中产生的表情达意的音义符号,就不能用同型替代法进行语素判断,而必须对它们进行历史的考证,自然很容易发现它们无一例外统统是合成词(沈怀光,2015a:73—84)。然则它们到底是单纯词呢,还是合成词?

曾经有人采取折中的方法,说历史地看,它们是合成词,但是从现代汉语共时角度看,它们已经语素融合,都变成单纯词了。那么,怎么知道它们已经语素融合而变成单纯词了? 有人说,因为它们现在已经"囫囵一团",不能拆开来讲了。那么,怎样证明它们已经囫囵一团了? 于是他们就用同型替代法来比画一番,却不料陷入方法决定论的泥沼,以至于不可避免地在比画过程中暴露了同型替代法的局限性与施法者语文功夫欠缺情况下的主观臆断性。这样以来,其所谓"语素融合"说也就不攻自破了。至于其他什么"不可分训","结构退化",等等,说到底统统是由语言符号系统论及共时论之成见在

---

① 《现代汉语词典》在"原理"条下释曰:"带有普遍性的、最基本的、可以作为其他规律的基础的规律;具有普遍意义的道理。"据此,现有的"语言学原理"著作没有哪部是当之无愧的。如1930年问世的国内第一本《语言学原理》,只是撮要介绍西方语言学理论,至今所能见到的以"普通语言学""语言学概论""语言学纲要""语言学概要"命名的同类著作,其主要内容也都是介绍西方语言学家基于印欧语研究建立起的理论。提及汉语者,主要是给印欧语言学理论作注脚,而且往往曲解汉语事实以就"语言学原理",也就是吕叔湘批评的"削足适履"。

胸所致,因为它们均不能得到实证。实际上,现代语言学家眼里的"囫囵一团""语素融合""不可分训""结构退化"之类,都是因为被其所持共时论障蔽了视线,束缚了手脚,中止了继续深入研究的想法,没有下意识地去考察被误判为单纯词的"联绵字/词"的造词情况、用词情况或用字标词情况,却依据"音义结合是任意的"这一臆说,臆造出任何语言中都不可能有的构词法,并且多达十多种,如双声构词法、叠韵构词法、异音联绵构词法、语音造词法、语音关联造词法、增字构词法、衍声联绵构词法、衍音法、衍声法、联绵法、缓读法、嵌 l 法、一分为二法等。

既有的教训告诉我们:要避免这类荒唐的现象继续出现,一是要解放思想,坚持独立思考,彻底更新语言观,不断完善研究方法,特别是注意论从史出,论从材料来;二是借鉴小学家的研究,学点辨通假、正讹误的本领,尽快提高语文水平,力求做到既能知道酱是咸的,醋是酸的,同时也能真正搞清楚酱是怎么咸的,醋是怎么酸的。

又如,近二三十年以来,国内现代语言学家越来越注意从细节上模仿西方语言学家的研究。一个突出的表现就是其文章中越来越多地塞进了这样那样的"统计数字表",好像这样的东西越多,其文章就越有学术含金量。对于这种现象,论者褒贬不一。应该说,必要的时候适当地采用统计学的方法是一种补充,但是慎勿过。我们应该看到,这种研究方法是建立在带有假设性质的语言符号系统论的基础之上的。语言符号系统论并没有揭示语言的本质,所以只能靠肤浅而片面的共时论做一些削足适履的研究来勉强应付一下,尽管人们对于它的问题久已习焉不察。因此,一旦语言观发生变化,人们就会发现当前语言学文章中充斥着这样那样的统计表的现象恰恰暴露了现行语言观的肤浅性,同时也说明语言符号系统论指引下的现代语言学研究已经没落到靠刻舟求剑来勉强延续下去的惨境了。

再来看语言学家们是怎样对待"语言是什么"这一根本性问题的

吧。这个问题看上去很简单,甚至妇孺皆知,所以一些名家只是随口给"语言"下个定义,概括交代一两句,殊不知没有那么简单。他们随口给"语言"下的定义,大致像临时圈下一块地开始种水稻,既不问这块地是否圈得住,也不看其水源情况,不考虑能不能种水稻。农村中也许没有这种人,但是现代语言学界却不缺类似的现象。

也有人给"语言"下定义之后稍作阐述,但是缺乏必要的实证,所以结果与未作阐发者没有多大的差别,大致说来都是随便圈地,盲目种植。因此,"语言"定义多得不计其数。兹维金采夫(《汉译本》1981:21-23)一口气列举了 22 种"语言"定义,就都是摸到大象的鼻子、尾巴、肚子等说的。又如潘文国(2001)分类评述了 68 种已有的"语言"定义,它们也只是众多"语言"定义中的一部分。其中部分定义,如语言符号系统论、语言工具论等,虽然提出者作了些阐述,但是无一经得起推敲,反倒反映出它们似是而非、都没有揭示语言本质的实质。由此说来,国际语言学界至今还没有搞清楚语言究竟是什么。

至于一般的语言研究者,大多数没有自己的语言观,只是随大流。例如,国内坚持"语言本体论"做研究者大多信奉索绪尔的语言符号系统论,但是考察发现,语言符号系统论的理论基石及其三大理论支柱都靠不住。至于语言工具论,起初是把语言与言语混为一谈的情况下提出的,后来在执行过程中又走了规定主义路线,以至于以其昏昏使人昭昭的现象十分常见,因而常遭语言社会诟病,更谈不上揭示语言的本质。

既然各国语言学家都还没有真正搞清楚语言究竟是什么,我们就不能指望在现有条件下会有一种语言学理论具有普遍的指导意义,可以在它的框架内研究不同类型的语言,更不敢贸然说"语言学无国界"。并且,张志公(1990)曾经总结百年来趋附印欧语言学理论研究汉语的教训而明确指出:"以印欧语系的语言为基础而产生的语法框架和语言学理论,从根本上同汉语不适应。"但是,"跟着转"者却忽视了这一现实,面对深受西方中心论影响的西方学者把他们基于印欧语研究建立起来的语言学理论说成"普通语言学理论",不仅没有提出疑义,而且编进教材,一代一代鬼使神差地扮演着西方语言学之附庸的角色,所以其弊多利少是无论如何也避免不了的。尽管这里面有历史的原因,也有认识水平的限制,但是不管有多少理由,都说不上是一种审慎负责的态度。明乎此,还要坚持"语言学无国界"之说而继续"跟着转"的话,就只能说明习非成是之传统的可怕了。因此,凡有责任意识者,就该对"跟着转"的现状与结果进行实事求是的考察分析,做出客观公正的评判,同时考察社会上对"跟着转"的研究有什么反应,而不是高举"与国际语言学接轨"的大旗继续"跟着转"。

另外,只要承认中西人文科学研究有其文化差异,就不能说语言学无国界。吕叔湘(1987)、张志公(1995)、杨自俭(2006)、潘文国(2008)等对"跟着转"的批评也提醒我们注意这一点。不过,虽然名家们不断批评"跟着转"的学风及其危害,但是却始终不能改变汉语研究"跟着转"的传统,其原因之一就是忽视了语言学研究的中西文化差异性。

关于人文社会科学研究的中西文化差异性,已有专文待发。简单地说,语言研究者容易带着母语文化墨镜放大人类语言的共性而忽视语言个性(参看程雨民 2003:1);受不同母语文化浸润着的学者所见"语言共性"往往不同,并且其所谓"语言共性"主要是各自母语的特点,即各自从其母语特点看语言共性,所以其结论不尽相同应该是大概率的。明乎此,就不难理解语言研究的中西文化差异性,也就不会认同"语言学无国界"之说,不会"跟着转"了。至于汉语研究常常得出看上去好像支持"语言学原理"的结论,原因主要有二。一是人类语言有共通之处,国内学者凭着母语知识自觉屏蔽了"语言学原理"中部分"问题理论";二是削足适履,如"现代汉语"教科书里讲的叠音词理论、联绵词理论、词类划分之类就都是曲解汉语事实以附会"语言学原理"的结果。①

四、从"跟着转"的结果看"语言学无国界"说问题

从人类社会发展史的角度看,一般学术理论的产生与发展都离不开社会需要。因此,社会现实需要是一般学术理论产生与发展的原动力。换个角度看,如果一种学术理论在现实中不能发挥积极作用,它的产生和发展就一定另有原因。并且,不管什么原因,都不能永远支持它发展,因为随着人类认识的变化和社会的发展,某种只有在特定历史背景下才会形成并且被用来支持某种理论观点的原因也会成为历史。因此,衡量一种学术理论正确与否,不仅要看它的理论依据如何,而且要看它是否经得起实践的检验,尤其看它是否在文化教育、人才培养、学术发展、社会进步中发挥了积极作用。实际上,这个问题在上文的论述中已经不可避免地涉及了,只是语焉不详而已。

既然"跟着转"为"语言学无国界"说提供了立论支持,则不妨看看"跟着转"的现代语言学研究在汉语文教学、人才培养、汉语语言学发展等方面的反映。如果"跟着转"在这些方面发挥了不可或缺的积极作用,"语言学无国界"之说就不是没有道理,否则就证明"语言学无国界"之说靠不住。

张志公(1995)曾经总结百年来的汉语语法研究情况说:"实事求是地说,到现在为止,恐怕还没有任何一部是真正汉语的汉语语法。从引进以后,又亦步亦趋,人家有什么,我们就跟着引进什么。"这是

---

① 其叠音词语素判断十错八九[在国家社科重点基金项目"基于语言观更新的汉语复音词疑难问题研究"(15AYY011)研究成果中有专论],说明其叠音词理论扭曲了汉语事实;汉语里没有"联绵字/词一双音单纯词"(这是《联绵字理论问题研究》一书研究的基本结论),却臆造出一个庞大的现代联绵字理论群,也是对汉语事实的扭曲;"现代汉语"教科书里讲了那么多词的分类与归类意见,却没有哪一条行得通,同样说明其理论与事实不相符。否则汉语词类划分问题为什么至今未解决?

不争的事实,大概没有人提出不同的意见。所以在知名学者中,发表此类观点者很不少。并且,像张世禄(1981)、程雨民(2003)、杨自俭(2006)、潘文国(2008)等人在发表类似观点时还为改变这种状态提出了一些参考意见。下面看百年来"跟着转"的结果,也就是从实践角度反观"语言学无国界"说问题。

(一)"跟着转"缺乏积极的实践意义,说明"语言学无国界"说可疑

讲授"跟着转"之所得的意义在哪里? 张志公(1957)通过典型实例指出:学习语法没有积极意义,根本不能提高语言使用能力。此后张先生反复讲现代语法学理论不适于指导汉语研究,学习现代汉语语法没有用,直到逝世前两年(1995)还说:"本来语言是很普通的东西,每个人从二三岁时就会说话,而学语法反而是越学越困难了,而且也没有什么用。"可是,百年来中国现代语言学家所研究的以及半个多世纪以来国内汉语文课上教给学生的,就是张先生所谓"越学越困难了,而且也没有什么用"的东西,这就不是一般的问题了。

又如,曹志耘(2010)站在"检讨自己"的角度全方位地说道:"我从事语言研究工作已经二十多年了,现在还负责着一个语言研究所,但是我们研究这些东西到底有什么用? 我也主持着一个学术期刊《语言教学与研究》,每年出版 6 期,每期发表十几篇文章,该刊创刊30 年了,已经发表 2000 余篇,这些文章到底有多少人看? 它们的价值体现在哪里? 我还担负着指导研究生的工作,但我能教他们些什么?"试想:在一个"一派歌舞升平气象,处处都是成绩,年年都是进步",而且"语言学界是最不喜欢反思的,岂但自己不反思,而且反对别人反思"的学术环境里(潘文国,2008:序言第 5 页),这种近似全盘否定的话,如果不是通过自我检讨的方式讲出来,其后果将会怎样?[①]因此,作者这种煞费苦心的表述很是发人深思。例如,作者说不知道他和他所负责的语言研究所做的研究到底有什么用,那么其他高校或各级社会科学院的语言研究所做的研究有什么用? 他说自己主持的《语言教学与研究》发表的 2000 余篇文章不知道有多少人看,也不知道这些文章有什么价值,然而在同类期刊中,该刊排名一直是靠前的,那些排名其后者又会有多少人看? 它们刊出的语言学文章有什么价值? 曹先生作为国家"万人计划"哲学社会科学研究队伍的领军人才、中国语言学会副会长,却为不知道拿什么教给学生而困惑,但是凡致力于语言学教学与研究几十年的人,这种困惑会不会都有一点,而且越来越明显,直到退休才算得到了解脱?

就上引张志公、曹志耘的观点看,"跟着转"的研究缺乏现实意义,这就说明"语言学无国界"说经不起实践的检验,其可靠性值得怀疑。

另外,有些中年以前接受西方语言学理论做研究的学者后来改变了研究兴趣,如王力、张世禄 50 岁以前都有接受西方语言学理论做研究的代表作问世,但是越往后却越多地采用小学的方法研究古汉语了。又如,张志公、张寿康早年都采用印欧语法学理论研究现代汉语语法,其研究成果也都产生了较大的影响,但是,后来张志公主要从事汉语修辞和语文教育研究,张寿康则主要从事文章学研究了。为什么呢? 如果"跟着转"的确有语言学教科书里宣称的那种实践意义,他们为什么不继续早年的研究了? 而且,上述四位学者后来都有批评国内现代语言学研究"跟着转"的文字发表,都程度不同地看到

---

① 例如,同样是上引曹先生的话,如果直截了当地说:"跟着转"的研究有什么用? (很难说它有什么积极作用。)现代语言学文章有没有人看? (不知道。)其价值体现在哪里? (也不知道。)现代语言学家能教给学生什么有用的东西? (一个有良知的现代语言学家真的不知道该教给学生什么了。)回看潘文国(2000)发表《汉语研究:世纪之交的思考》的遭遇,可能会对曹先生的"自我检讨"有更深刻的理解,并且对"跟着转"的百年传统以及"语言学无国界"之谜也会有更深刻、更全面的认识。

了"跟着转"的危害。考察他们这些顶级学者的学术历程,也可以发现"语言学无国界"之说十分可疑。虽然研究汉语修辞、语文教育、文章学等也不是完全自起炉灶,但是这些学科研究的积极意义是有的,不像"跟着转"的现代语言学研究那样利少弊多。为什么呢? 其原因之一是这些学科都在较大同程度上脱离了语言符号系统论的束缚,始终抓住"人"的因素做研究,而不像"跟着转"的现代语言学研究那样主要是就符号论符号,基本上是在"语言符号系统"里兜圈子。

(二)"跟着转"后果明显,让人不敢轻信"语言学无国界"之说

"跟着转"之所得对国内语文教育的影响是长期的,负面的,巨大的。吕叔湘(1942/1982:5)指出:"汉语是我们从小学会了的,他的文法条理已经不知不觉的印在我们的脑海里面,无须再学习了。"[①]王力(1944/1984:7)也说:"一切语法上的规律,对于本国人,至多只是'习焉不察'的,并不是尚待学习的。"张志公(1990、1995)则反复讲到这样教汉人学汉语语法的弊病。

不过,在 20 世纪下半叶的大部分时间里,汉语语法知识一直是汉语文教学的重点内容,所以语文教育工作者反对之声不断。到 1997 年,全国掀起语文教育大讨论,批评现代汉语语法教学是其重要内容之一。这场大讨论持续了近十年,此后很少有人再提倡在中学语文课堂上教学现代汉语语法了。今天,汉语语法基本上在中学语文课本中消失了。此类事实,潘文国《危机下的中文》一书中大多提到,并且在该书第 189 页有个概括:50 年代搞了个"暂拟系统",后来被指责为不符合汉语实际,80 年代却搞出了个更不符合汉语实际、在学术界和教育界都更不受欢迎的"试用提要"。然则"跟着转"的成果施于语文教学,最终失败,这就反映出"跟着转"的研究空有科

---

① 这段话引自吕叔湘《中国文法要略》1982 年版。下面一段话引自王力《中国语法理论》1984 年版。

学的假象。既然如此,就不能不让人对与"跟着转"密切相关的"语言学无国界"之说产生怀疑了。

"跟着转"阻碍汉语学发展问题更显而易见。这个问题,在张志公(1990、1995)、潘文国(2000、2008)的相关论述中已有所反映,而且潘氏《危机下的中文》中还有专章论述(潘文国,2008:95—122)。再举个其他学者的例子。徐通锵(2002)说:以印欧语理论为立足点的结合难以解决汉语研究的一些基本问题,其中最突出的是汉语词类划分以及它们和句法结构成分的关系问题,百年来有几次大论战,但是至今未能解决问题。其实,只要"跟着转",而又改变不了汉语之孤立语性质,不管再过几十年,乃至几百年,也不管再有多少次大论战,都不能解决汉语词类问题,这就更让人怀疑"语言学无国界"之说的可信性了。

再举个词汇研究的例子。《联绵字理论问题研究》一书研究发现,国内学者根据索绪尔"音义结合是任意的"之说及其共时论提出"联绵字—双音单纯词"说,但是始终没有举出真正当其说的一个例词。并且可以肯定地说,不管哪个国家,哪位学者,只要轻信了索绪尔的"音义结合是任意的"之说及其共时论,都不可能得出正确结论。因此,20 世纪著名语言学家 Emile Benveniste(1901—1976)指出:"符号根本没有日内瓦学者所设想的那种任意性";并且指出,"语音形式,如果不与某一概念相对应,便不可能为理智所接受"(兹维金采夫,1981:33)。这个例子倒是可以证明错误的理论在任何国家都会误导实践,但是没有发现谁举这一类的例子证明"语言学无国界"之说。

《现代联绵字理论负面影响研究》一书重点考察了现代联绵字理论盛行七八十年以来在语文教学、人才培养、汉语词汇研究、词典编纂释义等方面造成的危害。如此典型的例子,在国内现代语言学研究领域里也不少见,如叠音词、重叠词以及构词法等各研究领域里都存在类似的情况。之所以至此，其重要原因之一在于"跟着转"。这一类的例子看上去也可以证明"语言学无国界"说，即任何非屈折语的语言研究者，只要遵循西方语言学家基于印欧语研究建立起来的"语言学原理"做研究，都可能扭曲语言事实，得出不符合语言实际的结论，从而不仅影响语言学健康发展，而且还会在人才培养等多个方面造成危害。但是，好像也没有人用这一类的事实证明"语言学无国界"之说。

至于"跟着转"的现代语言学是否在人才培养中发挥了积极作用，可以看一个我们经常提到的事实，即我们有着世界上最庞大的现代语言学研究队伍，但是一百多年以来始终没有创建一个语言学流派。长期以来，大家都在强调理论创新。然而，我们到底为语言学的健康发展做出了哪些理论贡献？为什么没有我们自己的语言学流派？这一事实，是否可以证明语言学无国界？但是，美国为什么那么多语言学流派？为什么只有我们的现代语言学家跟在他们后面转，而不见人家跟在我们后面转？原来，跟着转就只能孵化出"跟着转"，所以不能创建自己的语言学流派并不奇怪。但是，这能不能用来证明"语言学无国界"之说？

至于"跟着转"是否在社会进步中发挥了积极作用，答案已经再明显不过了：既然它对汉语文教学、人才培养、汉语学发展的影响多是负面的，就不可能有效地促进社会发展。由此看来，"跟着转"不只是一种现象，"语言学无国界"也不只是一个口号；此二者之间的关系不容忽视。

五、余　论

"跟着转"让一些年轻人对"语言学无国界"说深信不疑，"语言学无国界"说为"跟着转"拓宽了道路，因而近 20 多年来，"跟着转"又被说成"与国际语言学接轨"了(参看《语言学名词·前言》,商务印书馆,2011)。

然而,"语言学无国界"之说没有可靠的理论基础和事实依据,因为语言究竟是什么的问题至今尚未解决,任何一位受母语文化陶冶的学者都不可能创造出适于不同语言研究的理论。一个显而易见的道理是,包括语言研究在内的中西人文学科研究的文化差异性与"语言学无国界"是对立的。因此,只要承认包括语言研究在内的中西人文学科研究具有文化差异性,也就等于否定了"跟着转",自然同时否定了"语言学无国界"说。特别是当看到"跟着转"后果的严重性以后,就更不应该相信"语言学无国界"之说了。

百年来"跟着转"传统的形成是有其历史原因的,而且在国内人文学科研究中,"跟着转"的现象普遍存在(参看杨国枢,2004:12;潘文国,2008:257)。但是随着国家日益强大,越来越多的学者产生了文化自信,于是开始反思百年来"跟着转"的问题。如哲学家张汝伦(2007)发表长文《邯郸学步,失其故步》论述"反向格义"的性质及其危害,文学理论家周景耀(2017)更是明确指出:"当前学界最亟须做的是转变观念,反思其重外遗内、趋附西方话语的研究理路,走出'反向格义'的殖民牢笼,实现方法论与研究范式的'中国式'转换。"语言学家杨自俭(2006)总结现代语言学研究的教训指出:"中国语言学百年历史证明,中断自己的传统、跟着外国的理论转是没有出路的。"看来,"跟着转"的路已到尽头,"语言学无国界"之说不可轻信。

参考文献

曹志耘:《语言研究之惑》,《中国社会科学报(语言学版)》2010年2月23日。

程雨民:《汉语字基语法》,复旦大学出版社2003年版。

吕叔湘:《中国文法要略》,商务印书馆1982年版。

吕叔湘:龚千炎《中国语法学史稿》序,语文出版社1987年版。

聂仁发、宋闻兵:《提升中文语言学专业研究生培养质量研究》,《宁波大学学报(教育科学版)》2014 年第 6 期。

潘文国:《汉语研究:世纪之交的思考》,《语言研究》2000 年第 1 期。

潘文国:《语言的定义》,《华东师范大学学报(哲学社会科学版)》2001 年第 1 期。

潘文国:《危机下的中文》,辽宁人民出版社 2008 年版。

全国科学道德和学风建设宣讲教育领导小组:《科学道德和学风建设宣讲参考大纲》,中国科学技术出版社 2012 年版。

沈怀兴:《中国语言学怎样与国际语言学接轨》,《社会科学报(学术探讨版)》2013 年 8 月 29 日。

沈怀兴:《现代联绵字理论负面影响研究》,中国社会科学出版社 2015 年版。

王　力:《中国语法理论》,见《王力文集(第一卷)》,山东教育出版社 1984 年版。

徐通锵:潘文国《字本位与汉语研究》序,华东师范大学出版社 2002 年版。

杨国枢:《中国人的心理与行为:本土化研究》,中国人民大学出版社 2004 年版。

杨自俭:《对比语言学的新发展》,潘文国、谭慧敏《对比语言学:历史与哲学思考》序,上海教育出版社 2006 年版。

张汝伦:《邯郸学步,失其故步——也谈中国哲学研究中的"反向格义"问题》,《南京大学学报(哲学·人文科学·社会科学)》2007 年第 4 期。

张世禄:《关于汉语的语法体系问题》,《复旦学报(社会科学版)》1981 年第 1 期。

张志公:《语法研究的理论意义和实用意义》,《中国语文》1957 年第 1 期。

张志公:《关于汉语语法体系分歧问题》(1979 年 5 月在上海的讲话),《语言教学与研究》1980 年第 1 期。

张志公:《汉语语法的再研究》,《外语教学与研究》1990 年第 3 期。

张志公:《谈〈暂拟汉语教学语法系统〉》,《语文建设》1995 年第 1—2 期。又载《张志公自选集》,北京大学出版社 1998 年版。

周景耀:《"反向格义"与 20 世纪宋诗研究》,《中国社会科学报》2017 年 4 月 11 日第 1 版。

兹维金采夫:《普通语言学纲要》(汉译本),商务印书馆 1981 年版。

学术研究慎言"学界共识"*

　　近一二十年以来,越来越多的学者喜欢拿"学界共识"压人,吓人。他们习惯把自己的认识冠以"学界共识",以求先声夺人之势。甚至已经形成"潮流",以至于"学界共识"堂而皇之走进词典,成了判断学术观点对错的标准。如《语言学名词·前言》(2011)中说:"开展语言学名词审定工作,对于中国语言学的进一步发展,以及更好地与国际语言学接轨,其重要性是不言而喻的。这一点也早已成为语言学界共识。"都"不言而喻"了,还有不成"学界共识"之理? 不过,既然这么说了,如果有人要问:今所谓"其重要性"早已成为"语言学界共识"的证据是什么? 也许只能"王顾左右而言他"!《语言学名词·前言》中又说:"非学界共识而仅仅属于某一学派观点的内容,一般不予写入。"这个表述理论上容易理解:收入词典的观点理应是学界共识。但是,实践中却很难做到。第一,一种观点是否"学界共识",如何判断? 有没有统计数据为证? 第二,学术研究到底是怎样一种活动? 一个学科内"学界共识"竟然多到一部大书才能载得下? 这么多的"学界共识"都是怎么调查得知的? 第三,怎样区别求真基础上的共识和跟风的"共识"? 谁敢肯定那些貌似"学界共识"的观点都是学者独立思考所得而不是跟风的结果? 没有认真研究的认同算不算科学见解? 由此而来的"学界共识"靠得住靠不住? 第四,一个世纪以来

<hr>

　　* 本文曾经发表在《中国社会科学报(评论版)》2013 年 6 月 10 日,发表时有删节。

的中国现代语言学研究,吕叔湘谓之"外国的理论在那儿翻新,咱们也就跟着转",张志公谓之"亦步亦趋,人家有什么,我们就跟着引进什么",潘文国谓之"离开了西方理论的术语,就不会说话了",杨自俭则总结说:"中国语言学百年历史证明:中断自己的传统、跟着外国的理论转是没有出路的。"如果这些顶级语言学家对百年来中国现代语言学研究的评价是对的,那么咱们的语言学领域里到底有多少"学界共识"? 第五,如果不认为东西方人文科学研究具有文化差异性,而继续坚持"语言学无国界"之说,认定基于印欧语研究建立起来的所谓语言学原理/普通语言学理论较好地反映了人类语言的共同特点(否则就不会"跟着转"了),请问:西方哪位学者已经正确地回答了"语言究竟是什么"的问题? 然而,连语言究竟是什么这一根本问题都没有解决,怎么能够创造出反映人类语言之共同特点的语言学原理/普通语言学理论呢? 这样的话,又哪里来的那么多"学界共识"? 第六,只讲"学界共识",而不区别求真之共识与跟风之"共识",其后果是什么? 潘文国的《危机下的中文》一书较为全面地回答了这个问题。然则那些"跟着转"的现代语言学家所祭起的"学界共识"这一法宝究竟有多大的威力?

近年来,不管朋友聚会,还是参加学术会议,我常以上引《语言学名词·前言》中的"学界共识"与大家讨论,却从未达成"共识"。有朋友说"共识"是个政治外交用词,并认为:"有些学者喜欢打官腔,出现这种现象很正常。"也有朋友说:"人称中国现代语言学界没有流派,只有宗派。有些人喊的'学界共识'至多不过某个宗派的认识而已。"还有朋友说:"一些人写文章喜欢虚张声势,可能认为'学界共识'比他们自己的认识更有说服力吧?"甚至有人认为:"人海战术久了,于是政客有'社会共识',商人有'商界共识',学者笔下就有'学界共识',所有从业者都有'业界共识'了。"

上面只是举例说明当前"学界共识"用的有点乱。《语言学名词·前言》反复讲"学界共识",不过一种噱头学风的自然反映。

下面试把近年就"学界共识"问题思考与讨论之所得做个简单的总结。

"共识"大概是当代汉语的新词。①《汉语大词典》里没有,《现代汉语词典》前四版也都查不到,直到 1996 年修订本才立为词目,释曰:"共同的认识。"之后各版同此。从它举的两个例子看,讲"共识"基本上限于双方或二人之间。学界万千之众,不止双方或二人,照理说,一种学术观点能成为"学界共识"不是很容易。然则拿"学界共识"说事有利也有弊。其利,至多不过把"学界共识"作为继续研究的平台,让人只在这个"平台"上继续做研究。但毋庸讳言,其弊则多得很,而且相当严重。第一,一部人类学术史其实是遵循否定之否定规律不断发展的。科学研究的本质是质疑和批判,是锐意求真,所以其个性非常突出。这一点,全国科学道德和学风建设宣讲教育领导小组编发的《科学道德和学风建设宣讲参考大纲》(2012)一书中做了反复解释和强调,或许没有疑义了。然则拿"学界共识"压人,吓人,实际上就是在遏制学术质疑与批判,排斥学术个性,限制学术创新与科学发现。换言之,过分强调"共识",只能牺牲科学求真,扼杀科学研究的"天性"。第二,科学研究靠证据,无征不信,而"学界共识"不等于证据,没有可操作性;任何"学界共识"都需要实践的检验,必要时还需要重新考察某种"学界共识"形成的证据。一部人类学术史已经充分证明,只有铁的证据才有说服力。因此,科学欢迎质疑,不是因为它拥有"学界共识",而是因为它本性求真,坚持有一分证据说一分话。否则,必人人争言"学界共识",最终必然有名位者胜出,于是学风日下,学术界也就慢慢沦为名利场了。第三,人类的认识是有历史

———————

① 按:这样说可能不够确切。本文发表后,香港中国语文学会姚德怀先生在一次信中指出:"'共识'是 consensus 的译词,可能是香港先用,好像 20 世纪六七十年代便有。"这样说来,是中国内地改革开放以后接受了这个词。

局限性的。历史地看,"学界共识"往往是错误的。比如叶音说,在明代陈第之前流行了千余年,像是"学界共识";陈第的研究初步否定了叶音说,后经顾炎武等各家批判,一般学者也知道它错了。又如1986年以前国内历史课本中说中华民族已经有四千年的文明史,这似乎已成"学界共识",甚至是一种常识了。但是,1986年考古发现了新材料,历史课本里就只能改说中华民族已经有五千多年的文明史。这类例子举不胜举。然则从事科学研究动辄讲"学界共识"可怎么得了?第四,周有光先生一再指出,人类社会大致经历了从神学到玄学又到科学的发展过程。纵观人类学术史,更是如此。然而,科学研究一味儿强调"共识",认识就只能停留在神学或玄学阶段,永远成不了严格意义上的科学。中国现代语言学之所以一定程度上还停留在玄学阶段,原因之一在于忽视了汉语特点,盲目地鼓吹"学界共识",而机械地"与国际语言学接轨"。第五,从事科学研究大讲"学界共识",就是在误导人们从观念出发做研究,特别是在迫使青年学子跟风,后果也许不仅仅是促使学术不断向科学的反面滑落。第六,从事科学研究一味强调"学界共识",则有垄断学术之嫌,说到底是君权思想的遗留,所不同的不过君言不容置疑,"学界共识"一般很难证实罢了。

为什么说"学界共识"很难证实呢?因为"某种观点已成为学界共识"是个伪命题。道理很简单,学术研究不是投票选举,研究对象的复杂性、研究资料的有限性以及研究者的个体差异性等因素让独立思考的不同研究者很难得出共同的认识。哪里会有那么多"学界共识"?考察那些冒称的"学界共识",没有哪种是在实证的基础上提出的;一些冠以"学界共识"的观点,充其量不过"一家言"而已。

从事科学研究而一味强调"学界共识",问题不止上面所讲的。所以我们要为中国语言学健康发展做出贡献,具体研究中就必须凭证据说话,慎言"学界共识"之类无法证实的大话、套话。如果我们能够一切从实际出发,慎言"学界共识",给继续研究留下余地,有些问题也许很快会得到正确的解决,根本用不着拿"学界共识"虚张声势。

中国语言学怎样与国际语言学接轨？[*]

中国语言学不是早就与国际语言学接轨了吗？接轨百余年了，理论方法几乎全是人家的了，还得怎样"接轨"呀？只见近年"与国际语言学接轨"的呼声随处可闻，却不见有专文讨论怎样实现与国际语言学接轨问题，故自忘固陋，试陈管见，以引玉焉。

一、汲取过去百年接轨的经验教训

十几年以来，力主中国语言学与国际语言学接轨的呼声越来越高，与此相关的语言学名词审定也被批准为国家社科基金重点项目（详见《语言学名词·前言》，商务印书馆，2011）。但是，接轨不只是一种愿望，也不是只审定语言学名词就可以了。中国语言学要更好地与国际接轨，必须首先明确接轨观念，确立接轨原则，解决怎样接轨问题。具体点说，就是继续走单纯拿来主义的"接轨"之路呢，还是改走平等对接之路，拿来与输出并重，进而重点强调学术思想的输出呢？这个问题处理不好，希望实现中国语言学更好地与国际语言学接轨就只能是幻想，为接轨所做的其他工作也不可能收到预期的效果。

其实，从《马氏文通》（1898）问世算起，与国际语言学接轨而产生

---

* 本文曾经发表在《社会科学报（学术探讨版）》2013 年 8 月 29 日。

中国现代语言学至今已经 115 年了,尽管未进入 21 世纪之前很少有人高喊"与国际语言学接轨"。毋庸讳言,中国现代语言学之所以一定程度上还停留在玄学阶段,原因之一在于百余年来的语言研究主要是在执行国外某学派语言学思想方法,而忽视了汉语特点。潘文国指出:"一百年来中国的'现代'语言学,……只是徒有其表,或者说,只是时代碰巧在'现代',而在方法论上,却还停留在西方的'古代'。"(详见《社会科学报》2013 年 6 月 13 日"学术探讨"版)所以这样的"接轨"不可避免地要影响中国语言学的健康发展,影响我国语文教育的高质量,以至于从 1997 年开始掀起了长达十年的语文教育大讨论。其间,有人怒斥"误尽苍生是语文教育!",并有书在汕头大学出版社出版。也有人说:"作为'有闲人的智力游戏',现代语言学是现代科学中最没有用的学问。"所以至此,均由习惯拿来,不习惯输出。不习惯输出,是由于自卑、缺乏开创性;习惯拿来,则助长懒惰,扼杀创造性。这样的语言研究不可能促进语言学健康发展,也不可能在社会发展中起多大的作用。

鉴于百余年来中国现代语言学产生发展(或曰"接轨活动")的经验教训,今后从事与国际语言学接轨活动,必须首先克服自卑心理,力求从汉语言文字之实际出发,立足社会发展需要,有计划有选择地"拿来"。换言之,就是要避免单纯拿来主义的"接轨"。同时,要在坚持拿来与输出并重,努力实现平等对接的前提下大力提倡输出,以激发语言研究者的创造力。为此,要做的工作很多很多。

二、接轨就是通过解决重大学术问题共同谋发展

从宏观角度讲,语言观在世界范围内至今多歧,即使比较流行的语言观也多见仁见智、未能统一。然而,如果不能解决语言究竟是什么这一根本问题,语言研究就只能在黑暗中摸索,也就无法满足社会

发展的需要。这样说来，各国语言学家都有提出科学语言观而为语言学健康发展做贡献的责任和义务。特别是汉语学家，更有为语言学在世界范围内的健康发展做贡献的神圣使命。汉语是典型的词根孤立语，具有很强的代表性；使用人口约占世界总人口的1/4，是使用人口最多的语言，因此也是最具研究前途与研究意义的语言；汉语历史文献之丰富是其他任何语言无法比拟的，可以满足学者坚持历史唯物主义探赜索隐、考镜源流之需；而且，我国语言研究队伍庞大，也是任何国家无法比拟的。有这四大得天独厚的条件，只要汉语学家勇于肩负起为语言学健康发展做贡献的历史使命，坚持探索人与生活世界互动作用之力的认知—表述—传播规律，就有可能提出科学的语言观，从而解决这个根本性的世界难题。果真能够解决这一世界性难题，不仅可以提高中国语言学科学研究水平，实现语言研究更好地服务我国社会发展的目标，而且可为促进世界范围内的语言学健康发展做出重要贡献。可以预见，将来哪个国家先正确地解决了语言观问题，哪个国家的语言学就会取得长足的发展，并给其他国家的语言研究以积极影响。到那时，语言学一定会在更大程度上满足社会发展之需要，而不再被讥为"现代科学中最没有用的学问"。由此说来，接轨就是要高屋建瓴，通过解决重大学术问题共同谋发展。

除了语言观问题亟待解决之外，语言学领域里还有几个关乎全局的学术问题需要各国语言学家着力攻关，共谋解决。但是要顺利解决这些问题，则需要等到总摄全局的语言观问题得到正确的解决之后，姑且不赘。

三、接轨就是要促进语言研究方法不断完善

从微观角度讲，由于语言观问题尚未解决，语言观制约着语言学方法论，所以世界范围内的语言研究方法论问题也需要继续研讨。

比如,牵动汉语学各分支学科的现代联绵字理论之所以长期盛行,主要原因之一还是个方法论问题。只要我们既不夜郎自大,又不妄自菲薄,凭着我国两三千年传统语文学的积累,完全可以在这方面发出中国学者自己的声音。如形音义互证,是传统语文学家从事汉语言文字研究的自觉行为,更是历代说文家的绝活儿。特别到了清代,凡有造诣的小学家无不得力于此法的实施。虽然他们没有讲从事汉语言文字研究为什么要采用形音义互证之法,但道理很简单:语言凭借语音载负着语义满足人们表情达意的需要,故音与义缺一不可,具体研究中必须首先考虑这两个方面,注意对其基本单位进行因声求义与因义得声的研究(参看明方以智《通雅》卷六《释诂》"谜语"题解);书面语是文字的天下,而汉字又是语素文字,汉语语素的音与义通过汉字字形反映出来,因此,形音义互证是研究汉语言文字最基本的方法。但是,当前我国现代语言学工作者一般不谙此道了,各国汉语学家大多读不懂中国传统语文学著作了。既然我们有中国传统语文学的丰富"矿藏",只要正确对待,揭示出它的神髓,就可能对各国的汉语言文字研究者有所帮助,甚至对从事孤立语中其他语言研究的学者也有借鉴作用。这不是夜郎自大,也不是阿 Q 精神,而是实事求是。至于部分现代语言学家极力贬斥中国传统语文学,什么"经学的附庸"啦,什么"前科学"啦,其实并不真正了解中国传统语文学,所以他们的言论只是坏中华文化长城而误导后来人而已。致令现在连试图运用中国传统语文学方法做研究的学者也不敢名正言顺地提"中国传统语文学"之名,而改称"中国传统语言学"什么的。其实,改称什么名字也没有"中国传统语文学"这一术语准确。过去两三千年的中国传统语文学不是任何权威一句话就可以"定谳"的,现有对它的某些贬斥某种程度上说并非尽出于学术的原因(参看上文所引潘文国之说),说来话长,本文就不展开讨论了。

还有古今方参求,这小三角的功夫是每一个语言研究者都应该具备的看家本领，也是各国语言学界有识之士大力倡导的。道理也很简单。因为任何语言都是从古代发展来的，而且在各地发展不平衡，所以研究语言离不开古今方参求之法。许多情况下只有通过古今方参求，实现三曹对案，才能得出符合客观实际的结论。但是，由于长期受索绪尔独尚共时而力排历时之方法论的指引以及急功近利之社会风气的影响，现代语言学著作里很少看到古今方参求的"精品"。有使用此法者，由于语文学功夫有待提升，而不免顾此失彼。其实，解决这个问题并不是很困难。前人著作中多有古今方参求之方法的娴熟运用，特别清代王念孙《广雅疏证》、钱绎《方言笺疏》中多见。进入 20 世纪之后，传统语文学家将形音义互证之法与古今方参求之法密切结合起来，自觉用于汉语言文字研究的成功范例就更常见了。特别章太炎《新方言》中多见这类事实，后来杨树达《积微居小学述林》(科学出版社，1954)中亦多见。可以肯定地说，形音义互证、古今方参求是确保汉语研究在求真之路上不断前进的重要方法。只要我们把前人成功的范例稍加归纳，上升到理论层面，自觉指导我们的研究工作，同时积极与国际语言学界同行交流切磋，则不仅对汉语学的健康发展有重要意义，而且对世界各国语言学健康发展也有积极意义。中国语言学家最有潜力为语言学在世界范围内的发展做贡献。时代要求中国语言学家必须以促进语言学健康发展为己任，扎扎实实做研究，积极发出中国学者最有力的声音。

语言研究方法论的完善是实现语言学健康发展的重大课题。上面只是举了个例子，说明中国语言学要更好地与国际语言学接轨，在完善语言研究方法论方面将大有作为。

四、接轨就是更好地实现语言研究的价值

随着我国国际地位的不断提升，国外语言学同行也希望听到中

国语言学家的声音,中国语言学家就应该为促进语言学在世界范围内的健康发展做出与大国相称的贡献。这就需要进一步完善接轨思想,坚持拿来与输出并重。特别在习惯拿来的中国现代语言学界,更有必要强调以积极输出倒逼其语言学思想方法不断完善,以促进中国语言学健康发展,从而实现与国际语言学接轨之成效的迅速提高。

抚今追昔,中国语言学要更好地与国际语言学接轨,必须首先有点文化自信,克服自卑心理,彻底纠正自己缺位的"接轨"习惯,坚持拿来与输出并重,真正实现平等对接。或者进一步讲,鉴于百余年以来的"接轨"史,今后中国学者尤其需要注意准确地发出自己的声音,以输出促进发展,迫使自己的研究上层次,以便为高品位的输出提供学术精品。这样以来,不仅可以有效地推动中国语言学自身健康发展,而且也可以为促进语言学在世界范围内的健康发展做出贡献,同时也就实现了语言学更好地服务社会发展的终极目标。由此观之,接轨的终极目标就是推动社会发展,同时也就是更好地实现语言研究的价值。

语言研究远离社会政治的是与非[*]

一、引　言

有人问：你批评现代语言学研究惯于搭乘政治的顺风车、"左"倾思潮的顺风车，然而，依据语言符号系统论做研究可以远离社会政治，你又否定了语言符号系统论，那么在具体的语言研究中，怎样处理语言研究与社会政治的关系？又怎样看待纯语言研究的语言学发展趋势？这是一个比较复杂的问题。需要先说说我们对语言符号系统论的看法，然后提纲挈领地谈谈语言研究与社会政治的关系。

在正式回答问题之前，需要澄清一个事实：是否远离社会政治，大致说来与国情、时代以及学术风气都有一定的关系，也与每一位语言研究者的价值取向有一定的关系；遵循何种语言观做研究起了一定的作用，但不是决定性作用。例如，同样是遵循语言符号系统论统辖下的结构主义语言学理论做研究，受儒家入世文化影响较大的部分中国学者著作中往往有搭乘政治顺风车的表述；受西方哲学之本体论思想影响较大的欧美学者著作中就不怎么搭乘政治顺风车。如美国结构主义语言学自成一派，萨丕尔、布龙菲尔德、海里斯等大家

---

　　* 本文曾发表在《社会科学报（学术探讨版）》2017 年 8 月 31 日，发表时因受字数限制有删削，本书是未删稿。

的著作里基本上看不到搭乘政治顺风车的表述。

又如,即使在国内,都遵循语言符号系统论或语言工具论研究汉语,主动搭乘政治顺风车者也只是一部分,其他学者则主要是受了某种思潮的裹挟才上了政治顺风车。这一点,1955年之后的十年间表现最为明显。那个时候,国内现代汉语研究者大多高举政治大旗,不同观点者都站在政治制高点上出击或回击,但多是身不由己。进入21世纪以来,这种现象就很少见了。下面简单说说语言符号系统论问题。

语言符号系统论是结构主义语言学创始人索绪尔提出的,包括总观点(语言是一种符号系统)及其理论基石("音义结合是任意的"之说)、理论支柱(语言基础关系论等)、语言研究方法论(偏执共时论)。语言符号系统论是一个世纪以来引领多数现代语言学家从事所谓语言本体研究的语言观。换言之,语言符号系统论既是结构主义语言学的纲领及研究框架,又在较大程度上规定着结构主义语言学研究的方向,同时还影响着其他语言学派的研究。

不过,研究发现,语言符号系统论充其量只是一种假说,甚至是一种虚构。我在《语言观更新是21世纪汉语学发展的必由之路》(2003)中提出了这一观点,后来又在《"语言是一种符号系统"说疑议》(2006)、《联绵字理论问题研究》(2013)中相继作了补充。近年又有新的认识,于是就在国家社科基金重点项目"基于语言观更新的汉语复音词疑难问题研究"(15AYY011)中用了近十万字的篇幅对语言符号系统论作了较为全面的考察分析。其结论是语言符号系统论的理论基石靠不住;理论支柱不成立;偏执共时论的主张只是服务其理论建构提出的,用于语言研究往往得出错误的结论。总的说来,这十几年的研究发现,语言符号系统论只是一种虚构,趋从语言符号系统论统辖下的结构主义语言学理论研究语言最突出的表现是理论越来越整齐,"学术味儿"越来越浓郁,也越来越引导趋从者为了"出新"

与自圆其说而认真造假,因而其后果之严重可能出乎一般人想象。

下面简单谈谈语言研究与社会政治之关系。

二、纯语言研究的语言学发展趋势形成的原因

需要先介绍"政治"一词的不同解释。《现代汉语词典》释曰:"政治是经济的集中表现。"一些教科书释曰:指治理社会、维护统治的行为,是牵动全体社会成员的利益并支配其行为的社会力量。法学家冯象在《法学三十年:重新出发》(2008)中释曰:"政治是摆弄人、与人斗的智慧,有人生来就会,不用学。"以上第一种解释比较抽象,不便使用。第二种解释大致揭示了政治的本质,但是在民间则不如第三种解释通行。因此,下文使用"政治"时,主要根据第二种解释,也参考第三种解释。

所谓纯语言研究的语言学发展势趋,虽然在国内外表现形式差不多,但原因却不尽相同。欧美学者主要是受了西方哲学之本体论思想的熏陶;中国学者的原因,除了"跟着转"传统的作用以外,某些错综复杂的政治因素起作用的后果也迫使学者在语言研究中尽可能避开政治,从事纯语言研究,即所谓语言本体研究。这样一来,又进一步强化了"跟着转"的传统,以至于国内汉语研究也在不断向纯语言研究的方向迈进。

例如,在中国现代语言学史上,特别在 1955 年之后的十年间,现代汉语研究领域里借用"政治正确"打击不同学术观点的例子很不少。这也会让后生才俊引以为戒,从事语言研究而自觉远离政治,只研究"语言本体"。

换一个角度看,曾经有一些活生生的事实让语言研究者清楚地看到,不管站在政治制高点上出击者,还是高举政治大旗还击者,其实都不是什么赢家。这就让更多的人汲取历史教训,自觉远离政治,

只就语言而研究语言,以至于在共时论的约束下走了另一个极端,经常出现画地为牢、胶柱鼓瑟却不自知的现象。

还有些人有志于语言研究,但由于崇洋心理过重,而忽视了包括语言研究在内的中西人文科学研究的文化差异性,遂走上了"跟着转"的道路。又由于在长期缺失文化自信的社会里弥漫着浓浓的崇洋气息,使他们的研究产生了一定的影响,吸引了不少年轻人一起"跟着转"。这在一般人看来,也就是纯语言研究了。

总之,国内学者越来越倾向于纯语言研究既与历史教训有关,也是"跟着转"的结果。但是,在语言究竟是什么问题未解决之前,还不清楚语言本体到底是什么样子,所谓纯语言研究还只是一种表象。

至于国际语言学界,看上去也是越来越倾向于纯语言研究,其原因很复杂。首先,受西方哲学之本体论思想的熏陶,西方语言学家有从事语言本体研究的传统,所以他们的语言研究看上去颇像纯语言研究,尽管也只是一种表象(因为他们也不清楚语言究竟是什么)。

既然西方语言学家的纯语言研究是一种表象,就难免有时其结论靠不住。例如 19 世纪,西方学者受生物进化论影响,基于西方中心论提出语言阶梯论,认为屈折语是高级语言,孤立语是低级语言,黏着语介乎前两者之间。语言阶梯论流行了半个多世纪,曾被列强用作侵略使用孤立语国家的借口。所以语言阶梯论看似纯语言研究的结果,却有种族偏见,所以不能说它没有政治问题。仅就这一事实说,后人强调语言研究要远离政治也是可以理解的。

到了 20 世纪初,索绪尔提出语言符号系统论,并且由此创立了结构主义语言学,推动语言本体研究进入一个新时代,以至于越来越多的语言研究者把语言符号系统论与语言本体论等同起来。于是乎在语言符号系统论框架内做研究,就被看作语言本体研究。然而,一个世纪以来的语言研究早已证明,它在认识论上出了大问题。换言之,在语言究竟是什么问题尚未解决之前,何为语言本体还不清楚,所以现在说的"语言本体论"还得打个问号。因此,遵循语言符号系统论做研究不可能有多大的积极意义。潘文国(2001)曾经指出,语言符号系统论"给本世纪语言研究带来了灾难,它使语言研究脱离了使用它的母体——人,和使用它的环境——社会,成为实验室里供解剖的标本"。而且,潘先生(2008)较为全面地描述了"跟着转"的纯语言研究在汉语研究与汉语文教学等各领域造成的危害。实践证明,这样的语言研究早已偏离了语言学发展的正确方向,所以不可能有语言学的未来。

还有,近百年来世界上两大阵营之间的政治斗争愈演愈烈,各阵营内部的政治斗争也从未停止过,所以语言研究要确保应有的客观性,要提高其学术价值,语言学要健康发展,就不能沦为某种政治的传声筒,这也会让一些语言学家尽可能离政治远一点。

综上所述,从事语言研究而远离社会政治的主张及实践是可以理解的,但是纯语言研究的语言学发展愿望并没有落实下来,其原因之一在于语言究竟是什么的问题尚未解决。因此,要实现纯语言研究的语言学发展方向,须先弄清楚语言究竟是什么,有一个确能揭示语言本质的语言观,先让语言本体论的确是在论语言本体。

三、语言研究无法远离社会政治

百年来,引领语言本体研究的语言观主要是语言符号系统论,引领语言应用研究的语言观主要是语言工具论。后者最容易受社会政治影响。只要考察一下各国进行语言规范化的情况,如苏联半个多世纪的俄语规范化的情况、法国长期进行法语规范化的情况、我国1950年以后开展现代汉语规范化的情况等,就可以清楚地看到语言应用研究与社会政治的关系是多么密切。又如,从事言语交际研究者,也要受到社会政治的影响。因为研究言语交际现象离不开对具体语言环境的考察分析,语言环境包括主、客观两种因素。其客观因素自然包括社会政治因素在内,主观因素的产生也往往是受了社会政治因素的影响,所以言语交际学著作中往往有为了寻求可靠的证据而探析社会政治因素的内容。这些事实显而易见,无须展开论述。下面重点探讨语言本体研究是否可以远离社会政治问题。

其实,这个话题在上面已经涉及,这里再换一个角度略言一二。

总的说来,语言本体研究之所以无法远离社会政治,是因为语言不是在真空中产生和演变的,语言研究也不能在真空中进行。而且,语言研究要求真,语言研究成果要有一定的应用价值,都离不开对语言主体之语用行为的考察,离不开对语言演变环境的探讨,这就不可避免地要涉及社会政治因素。

"语言不是在真空中产生和演变的"的意思是说,包括每一个语言成分在内,都是在人与生活世界互动作用中产生和演变的,具体渠道是人表情达意的需要及其变化。社会语言学家所谓语言随着社会的变化而变化,是从社会学角度说的。政治的产生及其变化都有赖于人与生活世界的互动作用。换一个角度看,社会越发展,政治的变化越能引起社会变化,因此对语言的影响也越大。孙剑艺(2013)对20世纪中国社会变迁与社会称谓进行分期研究,就从一个侧面证明了这一事实。我们从陈原的《社会语言学》(1983)开始查看,查阅了30多年间国内出版的十多部有一定影响的社会语言学著作,大致说来都反映了这一事实,就不展开论述了。

"语言研究也不能在真空中进行"的意思是说,语言研究也不能完全脱离社会政治。这在中国现代语言学的产生和发展过程中表现得十分突出。且不说"在中国的各个学术领域恐怕还没有一个像语言文字那样有着浓厚的政治色彩和官方痕迹"这条"内线"(详见潘文国《危机下的中文·序言》),只看"外线",我们的现代语言学是"跟着转"来的,也是在"跟着转"过程中畸形发展的(吕叔湘,1987;张志公,

1995；潘文国,2008:257),特别五四运动以后的一二十年和 20 世纪 50 年代两个历史时期最明显。但是说到底,它的产生和发展都是历史决定的。借用周景耀(2017)的话说,"重外遗内、趋附西方话语的研究理路",走不出"'反向格义'的殖民牢笼",是中国现代语言学研究的本质特点。

历史学家说,历史就是过去的政治。这话未免有点绝对,但是可以说历史往往与过去的政治密不可分。如晚清以后,由于国势不张而被打开了大门,以至于国人产生了自卑心理及崇洋心理,这无疑是语言符号系统论统辖下的"语言学原理"入主汉语研究的主要原因。后来其他语言学理论涌来并且都受到追捧,也与特定的社会政治密不可分。所以某些现象,孤立地看是纯学术问题,但深层次看却与社会政治有着密切的联系,只是一些语言学家不这么说,而饰之以"与国际语言学接轨"而已。

但是,当某些事实必须澄清时,则免不了要探讨社会政治因素。例如,潘文国一部《危机下的中文》初步介绍了百余年来"跟着转"的汉语研究带来的诸多危害,如果一点社会政治背景也不讲,则无法写成该书,因为有时说明社会政治背景是讲明其所以然的必要条件。

再从一些相关的情况看,一方面,如果当初未受机械唯物主义思潮的影响,索绪尔的现代语言学理论就不会产生。这说明现代语言学的产生并不是纯语言研究的结果。就我们自己的情况看,如果没有近代中国的国势不张,没有列强坚船利炮来犯及其洋货来华倾销,没有西方中心论的强势来袭,国人民族自卑心理和崇洋心理就不会产生而且日渐严重,学者也就不会求变心切,而"跟着转"的现代语言学传统也就不会形成,以至于出现文化断层。中国现代语言学"重外遗内"传统形成的上述原因或直接体现政治因素的影响,或间接与政治有关,要进行研究而不考察社会政治背景,有些现象根本说不清楚。

　　另一方面,我们要改变汉语学研究滞后于时代发展的现状,就必须注意总结"跟着转"的经验教训,有时也要提及非语言因素,特别是历史上的政治因素。否则只能继续"重外遗内",继续邯郸学步,而无法"走出'反向格义'的殖民牢笼"。

　　还有,站在我们所提新语言观"语言是人与生活世界互动作用中产生的表情达意的音义符号"的立场上讲,从事语言研究既要知其然,又要知其所以然。这就要经常考察一些人文社会因素,有时不可避免地探讨相关的社会政治问题及其影响。否则只能继续借口语言本体研究而画地为牢,因循守旧做研究,致使语言研究继续脱离实际。

　　至于不说"跟着转",而附和人家谓之"语言学原理",附和人家说"语言学无国界",其间也隐含着一种政治主张,因为此前世界上并不存在具有普遍意义的"语言学原理"。至于当初索绪尔名其书曰"普通语言学教程",则是由于受了西方中心论的主导;我们趋从"语言学原理"研究汉语的失败,也证明所谓"语言学原理"不是纯语言学的思想理论。至于"语言学无国界"之说,说到底不过西方中心论的余音,就更不能说与政治无关了。

　　上面都是从宏观角度说的。从微观角度看,语言研究也很难远离社会政治。例如,"跟着转"的研究看似远离政治了。但是,"跟着转"者在晋升教授之后,如果不是迫于所在单位规定的科研工作量之压力,大多会搁笔。为什么呢?"跟着转"的原因之一是崇洋,这种意识与有着百余年历史的一种社会思潮有关,所以其间政治因素不言而喻。后来发现其研究没有积极意义,不受社会欢迎而搁笔,其中也有社会政治的作用,只是一般人习焉不察而已。

　　因此,社会政治无处不在,从事语言研究而自觉远离社会政治只是一种愿望,到头来是否离得开,往往不是语言研究者所能决定的。并且,如果真的弄清楚了语言究竟是什么,就会看到无处不在的政治因素时常影响着人们的语言使用,因而不可避免地影响着语言研究。

四、结 论

综上所述,提倡纯语言研究是可以理解的,但是任何一位语言研究者都无法摆脱社会政治影响而从事纯语言研究。并且,即使将来真正弄清楚了语言究竟是什么,语言研究仍然无法绝对摆脱社会政治的影响。那么,我们现在能够做的就是谨防两个偏向。一是防止将嫁接在语言符号系统论上面的"语言本体论"绝对化,因为语言符号系统论充其量只是一种虚构;二是防止甘做政治的传声筒而使语言研究庸俗化,特别要注意防止用"政治正确"压人而使语言研究发生质变。总之,当前从事语言研究,既不能机械地回避政治,也不能旁骛政治,但是在探讨语言变化时,可以看看是否有社会政治因素在里面起作用。

参考文献

陈　原:《社会语言学》,学林出版社 1983 年版。

冯　象:《法学三十年:重新出发》,《读书》2008 年第 9 期。

吕叔湘:龚千炎《中国语法学史稿》序,语文出版社 1987 年版。

潘文国:《语言的定义》,《华东师范大学学报(哲学社会科学版)》2001 年第 1 期。

潘文国:《危机下的中文》,辽宁人民出版社 2008 年版。

沈怀兴:《语言观更新是 21 世纪汉语学发展的必由之路》,第二届中国社会语言学国际学术研讨会(11 月 21—23 日,澳门)。

沈怀兴:《"语言是一种符号系统"说疑议》,《宁波大学学报(人文科学版)》2006 年第 5 期。

沈怀兴:《联绵字理论问题研究》,商务印书馆 2013 年版。

孙剑艺:《二十世纪中国社会变迁与社会称谓分期研究——社会

语言学新探》,商务印书馆 2013 年版。

张志公:《谈〈暂拟汉语教学语法系统〉》,《语文建设》1995 年第 1－2 期。又载《张志公自选集》(下册),北京大学出版社 1998 年版。

周景耀:《"反向格义"与 20 世纪宋诗研究》,《中国社会科学报》2017 年 4 月 11 日第 1 版。

后　记

　　读书,在我是一种生活。记下心得,是一种习惯。这种生活习惯,起因于 50 多年前一场病。病后不能干农活儿,只好在家念书打发日子,且逐渐习惯了这种与世隔绝的生活。一年后能干活儿了,也百不如人,自惭形秽,所以还是待在家里的时间多。待在家里,百无聊赖,就只能念书。

　　十年油灯孤照,有幸赶上招生制度改革,以同等学力参加高考,进了校门,毕业后被分到山东省沂水师范学校教书,仍以读书为主。

　　后来迷上了语言学,又考学,读汉语专业研究生。寒假回家,读到陈寅恪、张志公对现代语言学的批评,不再迷信现代语言学。常验以汉语事实,不再轻信"语言学原理",并且开始怀疑遵循"语言学原理"研究汉语的意义。但是心里没有底,又惦记着学位,就一边应付专业课,一边参编《三向号码字典》(齐鲁书社 1988 年版),帮着齐鲁书社审书稿,学着整理古籍。干这些活儿,本想赚点外快贴补家用,不料歪打正着学了点有用的知识。就这样半工半读到毕业,去了河南师范大学中文系教书,被安排讲"现代汉语"课和"语言学概论"课。

　　河南兄弟给我提供了良好的工作、读书环境。为了端稳饭碗,只好逼着自己再读现代语言学的书。苦读了三四年,逼出一套是其是非其非读书法,也开始享受广泛读书的乐趣。又想,要考学生,得先考自己。于是就在每门课的第一堂课上告诉学生:平时成绩按课堂上质疑我讲课内容或问难次数计算,指出我的错误或我不能答疑者一次记 10 分,即使错指了,也一次记 2 分。另外,指出教材错误一处记 5 分。就这样,十几年间讲过 6 门课,主要时间还是读书。回想起来,我这点墨水一半是受河南朋友帮助和学生激励才有的。但愿人长久!

2004 年 7 月 28 日来到宁波大学。同年 10 月,学校成立研究生教育督导组,共 8 人,在下忝列其中。至今已历 4 届,成员也在逐渐增多。大家都是我学习的榜样。我的文章、书里面多有他们的思想火花,无以为谢,恭祝安康!

十几年以来,作为一名老学生,有选择地旁听了几百节课,多有获益。特别听了一些哲学、史学、文化学课程之后,发现中西人文科学研究实际上有较大的文化差异性,"跟着转"的汉语研究注定弊多利少,于是更加坚信更新语言观是开创汉语研究新局面的第一要事。这里,要向各科老师致谢!

特别要向宁波大学文学院的历任领导及全体老师致谢!我刚到这里时,院长是训诂学家周志锋教授,他带领大家把学院建成了一个和乐融融的大家庭。有缘人从各地来到这里,互帮互助,自觉发着光和热。后来,周老师去主持学报工作,继任的院领导与全体同仁继承和发扬文学院的优良传统,继续发展这个家。我在这里教书、学习、做研究,完成了一个国家社会科学基金后期资助项目,一个教育部人文科学研究项目,一个国家社会科学基金重点项目,省里两个项目和学校的两个项目,在国内外期刊发表了百余篇文章,出版了《联绵字理论问题研究》《现代联绵字理论负面影响研究》,不断检验并修正我的语言观。这些东西,我只有在宁波大学文学院这个家里才做得出。在这里,谨向全家人致谢!所论有不当之处,责任在我自己。

不过,这次学院让我选出部分已发表的文章整合成一本书,倒让我犯了难。曾经发表的论汉语规范化问题的文章可整合成一本小书,但是语言规范化研究已成"过去时"。谈"现代汉语"教学的文章理论性不强，也不宜整合进去。批评现代联绵字理论的文章已经整合成两本书，刚出版了五六年，渐被学界认可，也无须再谈。至于研究汉字的（如《汉字起源四题》等），多出自兴趣；研究古汉语语法的（如《〈诗经〉"于"字辨释》之类），烦冗寡要，均不宜整合进去。还有一些东西，不是围绕一个主题做出的，难以整合成一本书。怎么办呢？思来想去，又必须献丑，也就只能选出某些与语言观及语言学方法论沾点边的东西大致整合一下，希望有点专著的样子。既然是整合，就可能有所增删。同时，要尽可能为读者与学术负责，也不能不再行斟酌。至于这样做是否合适，发言权在读者。

上面之所以叙述了 50 多年来的个人经历，是希望帮助读者解除读此书可能产生的困惑。要不然，读者会说：怎么这么别扭？看了上面的叙述，就会意识到原来是作者的特殊阅历使其闭门造车啊！另外，如果有人也已发现"跟着转"的汉语研究弊多利少，且意识到欲开创汉语研究新局面必先更新语言观，上面的叙述则有利于大家走到一起，共同探讨语言究竟是什么。

至此，忽然想起颜习斋先生的话了，敬录之。

> 立论但言是非，不论异同。是，则一二人之见不可易也；非，虽千万人所同不随声也。岂惟千万人？虽百千年同迷之局，我辈亦当以"先觉觉后觉"，不必附和雷同也。

本书的出版，多劳责任编辑胡畔老师费心。在此，谨向胡老师致谢！

沈怀兴

2020 年 1 月 1 日

图书在版编目(CIP)数据

语海一得:兼及语言是什么 / 沈怀兴著. —杭州:
浙江大学出版社,2020.12
ISBN 978-7-308-20771-3

Ⅰ.①语… Ⅱ.①沈… Ⅲ.①汉语－语言学－研究
Ⅳ.①H1

中国版本图书馆 CIP 数据核字(2020)第 220687 号

语海一得
——兼及语言是什么
沈怀兴　著

责任编辑	胡　畔	
责任校对	宋旭华	
封面设计	周　灵	
出版发行	浙江大学出版社	
	(杭州市天目山路 148 号　邮政编码 310007)	
	(网址:http://www.zjupress.com)	
排　　版	浙江时代出版服务有限公司	
印　　刷	广东虎彩云印刷有限公司绍兴分公司	
开　　本	710mm×1000mm　1/16	
印　　张	18.25	
字　　数	302 千	
版 印 次	2020 年 12 月第 1 版　2020 年 12 月第 1 次印刷	
书　　号	ISBN 978-7-308-20771-3	
定　　价	68.00 元